上海海关学院年鉴

2022

《上海海关学院年鉴（2022）》编纂委员会——编著

中国海关出版社有限公司
·北京·

图书在版编目（CIP）数据

上海海关学院年鉴 . 2022/《上海海关学院年鉴（2022）》编纂委员会编著 . —北京：中国海关出版社有限公司，2023. 2

（中国海关史料丛书）

ISBN 978－7－5175－0636－2

Ⅰ. ①上…　Ⅱ. ①上…　Ⅲ. ①上海海关学院—2022—年鉴　Ⅳ. ①F752. 5-40

中国国家版本馆 CIP 数据核字（2023）第 009313 号

上海海关学院年鉴（2022）

SHANGHAI HAIGUAN XUEYUAN NIANJIAN（2022）

作　　者：《上海海关学院年鉴（2022）》编纂委员会
责任编辑：夏淑婷
出版发行：中国海关出版社有限公司
社　　址：北京市朝阳区东四环南路甲 1 号　　邮政编码：100023
编 辑 部：01065194242-7539（电话）
发 行 部：01065194221/4238/4246/5127（电话）
社办书店：01065195616（电话）
https：//weidian. com/？userid＝319526934（网址）
印　　刷：北京新华印刷有限公司　　经　　销：新华书店
开　　本：889mm×1194mm　1/16
印　　张：20. 25　　字　　数：382 千字
版　　次：2023 年 2 月第 1 版
印　　次：2023 年 2 月第 1 次印刷
书　　号：ISBN 978－7－5175－0636－2
定　　价：180. 00 元

《上海海关学院年鉴（2022）》编纂委员会

《上海海关学院年鉴（2022）》 编辑部

编辑说明

一、《上海海关学院年鉴（2022）》以习近平新时代中国特色社会主义思想为指导，全面系统记述2021年上海海关学院（以下简称“学校”）事业发展基本情况，以便总结经验，凝心聚力，为建设海关特色鲜明、服务国家战略、具有国际影响力的一流高等学府提供精神动力和史实支撑。根据海关总署统一部署，每年出版一卷，本卷是学校编纂的首部年鉴。

二、《上海海关学院年鉴（2022）》记述时限和范围为2021年1月1日至12月31日这一期间内学校发生的重大事件、重要活动及各领域的新进展、新成果。因是学校首部年鉴，前言、专记、概况等内容适当上溯。

三、《上海海关学院年鉴（2022）》内容表述分为类目、分目、条目三个层级，其中设有特载、专记、党的建设、教育教学、学术科研、学生工作、师资队伍建设、党校干部教育与国际交流合作、二级院系（部）、办学支撑与综合保障、表彰与奖励、大事记等12个类目。同时辅以图片，并以附录形式附上海海关学院历史沿革。

四、《上海海关学院年鉴（2022）》由校内各单位确定专人撰稿，本单位负责人审稿，海关史研究院组织统稿核校，最后由《上海海关学院年鉴（2022）》编纂委员会审定。撰稿人在文后署名（按姓氏笔画排序）。

目 录

第四篇　教育教学

第五篇　学术科研

第六篇　学生工作

第七篇　师资队伍建设

第八篇　党校干部教育与国际交流合作

第九篇　二级院系（部）

第十篇　办学支撑与综合保障

第十一篇　表彰与奖励

第十二篇　大事记

附 录

后 记

“中国海关史料丛书” 编委会

综　述

新时代中国海关高等教育的创新发展

中国海关高等教育已有114年的历史。1908年，晚清政府为争取关税自主、培养税务专门人才而创办的税务专门学堂，在捍卫近代国家权利、收回海关主权方面发挥了不可替代的作用。1953年，中华人民共和国为培养人民海关干部而创办了上海海关学校，1980年改建为上海海关专科学校，1996年改名为上海海关高等专科学校，2007年升格为上海海关学院。

上海海关学院（以下简称“学校”）是海关总署（以下简称“总署”）直属的唯一一所高等院校，系统地开设海关类专业和相关课程，培养海关管理、海关检验检疫等方面的专业人才。进入新时代以来，学校在总署党委的正确领导下，在总署各司局、全国海关的鼎力支持下，牢固把握高等教育科学发展和海关改革发展带来的历史机遇，充分发挥海关办学的行业优势、地处上海的区位优势、开放办学的后发优势，围绕立德树人的根本任务，以改革创新为学校发展的动力，稳步推动教学、科研、培训等各项工作的高质量发展。经过多年的努力，学校综合实力大大增强，人才培养质量显著提高，服务海关的能力不断提升，各项事业呈现出健康、快速发展的良好势头。

一、明确特色办学方向，办学层次实现历史性跨越

学校贯彻落实习近平总书记关于教育工作的重要论述，认真落实党中央、国务院关于高等教育的各项部署，深刻反思“为谁培养人、培养什么样的人、怎样培养人”这一根本问题，结合学校实际，分析学校发展存在的主要矛盾，凝练了学校的办学思路：始终坚持社会主义办学方向，全面贯彻落实党的教育方针，落实立德树人的根本任务。在总署的领导和上海市教委的指导下，坚持和完善党委领导下的校长负责制，融入海关，服务国家和地方经济社会发展。围绕“人才强校、关校融合、国际化”三大战略，以需求、目标、问题、效果为导向，坚持继承、稳定、改革和发展，立地顶天，依特做特，

以特促强，走特色办学的内涵发展之路。

学校以一流为目标，抢抓机遇，迎难而上，实现了办学层次的历史性跨越。2018年5月，国务院学位委员会公布上海海关学院获得硕士授予单位授权，同时获得税务硕士和公共管理硕士2个学位授权点，改变了学校多年来既不是硕士授予单位也没有硕士点的现状，为学校实现一流目标创建了良好的平台。

2019年4月，总署署长倪岳峰和上海市市长应勇签署署市合作备忘录，总署与上海市决定共建上海海关学院，为学校发展和服务上海城市建设提供了更加广阔的天地。2021年，顺利获批国际商务、翻译硕士2个专业学位授权点，有力地支撑了海关高层次应用型人才的培养，并纳入上海市博士授予单位培育建设名单以及上海市博士后流动站建设筹备单位名单，持续推动海关研究生教育实现跨越式、内涵式发展。

二、以“国魂、关魂、校魂”为引领，思想政治意识不断强化

学校坚持社会主义办学方向，深入学习习近平新时代中国特色社会主义思想，牢牢把握党的建设和思想政治教育这一主要抓手，加强党对学校事业发展的全面领导。深入开展“群众路线教育实践”“三严三实”“两学一做”“不忘初心、牢记使命”等系列主题教育活动和党史学习教育，不断增强师生“四个意识”，坚定“四个自信”，坚决做到“两个维护”。

学校紧紧盯住党政班子建设这一党建工作的核心，始终如一抓班子建设，抓队伍建设，抓党风廉政建设。2018年，学校顺利召开中共上海海关学院第一次代表大会，选举产生了新一届的党委和纪委。完善落实党委领导下的校长负责制，制定完善《党委会议议事规则》和《校长办公会议议事规则》，建立健全党委统一领导、党政分工合作、协调运行的工作机制。聚焦纪律作风建设，推动开展系列专项整治活动，持之以恒地正风肃纪，不断深化党风廉政建设。优化基层党组织建设工作，推动全面从严治党向基层延伸。

作为培养“国门卫士”的院校，学校认真学习贯彻习近平总书记系列重要讲话精神，开展专题教育实践活动，将高度凝聚国家利益、海关精神和社会责任的“国魂、关魂、校魂”三魂合一，融入办学指导思想之中，印刻到学校师生的内心深处，构成全校上下孜孜追求的办学品格，成为每一位师生员工坚不可摧的道德信念。

学校时刻铭记广大师生员工这一办学力量来源，全心全意体现民意，用好民智。风清气正的校园氛围，焕然一新的党风、教风和学风，赢得了广大师生员工的普遍认可，为学校新时代各项工作的开展奠定了坚实的基础。

三、以学生成才为根本，人才培养质量迈上新台阶

学校主动对接海关服务国家战略和地方经济发展对人才培养的需要，瞄准人才培养和海关需求的结合点，推进与海关的融合，构建海关特色人才培养共同体，完善协同育人机制，将海关的优质教学资源引入学校，努力培养符合海关事业和社会经济发展需要的应用型、复合型、涉外型高素质人才。

学校认真落实“三全育人”，构建“三圈三全十育人”体系，助推学生成长成才。充分发挥思想政治课德育的主渠道作用，集合学校师资和海关系统先进模范、领导干部及业务专家，联合打造“国门中国”系列品牌课程。促进各类课程与思政课程同向同行、协同育人，实现各专业课程思政工作全覆盖。贴近学生实际，开展线上线下的思想政治教育主题活动，立足海关特色推进易班网络思政教育，重点扶持打造“海思宣讲团”和“青马社”等有影响力的学生理论社团。加强校园文化建设，成功展演原创话剧《关魂》，传承和发扬海关文化，努力把学生培养成活跃在海关和外经贸战线上，让党和人民放心的忠诚国门卫士。

2019 年学校增加了行政管理和经济统计学 2 个本科专业，2020 年增加了海关检验检疫安全专业，学校本科专业数量达到 10 个。“十三五”期间，海关管理专业获批国家级一流本科专业建设点，税收学专业获批省级一流本科专业建设点。“十三五”期间学校共获得国家级一流课程 1 门，省部级一流课程 9 门；省部级重点课程 9 门，省部级示范性全英文课程 4 门；省部级教学成果奖 13 项，其中上海市一等奖 1 项、二等奖 4 项；省部级教改项目 11 项，省部级优秀教材 4 部；省部级教学团队 1 个。2020 年，学校教师参加青年教师教学竞赛获得一等奖 1 项，双创大赛获得金奖，取得历史性的突破。学校推进实验室建设，获批省部级虚拟仿真实验教学项目 1 项。学校获批上海市一流本科建设项目，上海市每年支持 500 万元的建设经费；获批上海市一流研究生教育引领计划项目，上海市每年支持 300 万元的建设经费。

四、以“融入海关、服务社会”为目标，科研服务水平实现新提升

学校作为行业性院校，始终坚持“融入海关、服务社会”的服务面向定位，不断深化与总署相关司局的合作，积极承接总署和社会的研究任务，努力提高为海关及社会提供决策咨询研究和应用研究的水平。

学校以高质量研究成果为目标，强化科研机制改革，优化科研管理，完善科研管理制度建设，探索实施全新的科研考核评价体系，力促科研发展体系改革，积极开展应用型研究，不断提升学校科研和智库绩效。“十二五”期间，学校获得国家级项目 14 项、

省部级项目 33 项；学校教师发表海关类论文 289 篇，出版海关类著作 46 本，获得海关类课题立项约 154 项。“十三五”期间，学校共获得纵向科研经费 567.4 万元、横向科研经费 1,153.8 万元；获得国家自然科学基金项目 2 项、国家社科基金项目 4 项；获得省部级科研项目 39 项、省部级科研成果奖 5 项；发表 SSCI、SCI、CSSCI、EI、WCJ 等高质量论文共 72 篇；被录用的省部级决策咨询成果共 26 篇。

在科研体制机制的创新方面，2012—2016 年，学校先后成立了海关风险管理、海关法、海关公共关系、国际贸易、税收和报关等 6 个研究中心；培育了海关史、海关监管、国别海关、海关缉私等工作室、工作小组。2019 年学校成立了海关与国家安全研究中心、海关与经贸研究院，2021 年增设了海关史研究院等科研机构，倡导和支持科研人员选择海关改革发展中的重大现实课题立项，通过与海关和社会专家合作的途径组织开展科研活动，开展多学科交叉前沿研究，聚焦海关改革发展难点问题集中攻关，努力推进科研成果的转化，在服务海关决策、服务教育培训中体现科研的价值。

五、推进国际合作，开放办学范围稳步扩大

作为培养涉外型人才的高等院校和世界海关组织（WCO）亚太地区培训中心，学校坚持开放办学，实施国际化发展战略，推动国际化办学进程与人才培养、师资队伍建设、提高涉外培训质量的紧密融合。

在海关管理专业中探索设立英语特色班，不断拓宽学生赴外交流的渠道，开拓与俄罗斯西北管理学院、荷兰方提斯应用科技大学、德国明斯特大学、韩国建国大学、乌克兰海关与财政大学的交换生项目，留学生数量及学分互认高校数量逐年增加，并体现海关专业特色。“十三五”期间，学校首次接收国外留学生到校进课堂、互换学分，共计 55 人；学校学生首次进入国外高校学习、互换学分，共计 64 人；启动与荷兰伊拉斯姆斯大学鹿特丹管理学院的国际双学位硕士联合培养项目，签订合作备忘录，为之后正式开展招生工作打下基础。2018 年 4 月，世界海关组织（WCO）正式批准学校海关管理本科专业通过 ICARD 认证，国际化与人才培养的紧密结合，有助于涉外型人才的培养，扩大了国际声誉和影响力。

学校依托世界海关组织（WCO）亚太培训中心，打造“一带一路”沿线国家（地区）海关能力建设基地。同时，为俄罗斯、蒙古国、波兰、马来西亚、印度尼西亚、巴基斯坦、哈萨克斯坦、乌兹别克斯坦等 30 多个“一带一路”沿线国家（地区）海关关员举办高层次培训项目，促进了我国海关与“一带一路”沿线国家（地区）的交流。“十三五”时期，学校承办涉外培训 74 期、1,079 人次，外事接待 36 次、120 人次，送教上门 4 次。学校外事接待工作日趋规范，受到来访者的普遍好评和总署国际司的赞扬；

学校国际培训在国际海关教育培训和能力建设领域的影响力日益加大，培训人数大幅度增加，培训地区大幅度拓展，涉外培训发展到新高度。

六、以狠抓培训质量为核心，形成多元化教育培训新格局

学校认真贯彻党中央、总署关于培训工作的部署和要求，遵循培训工作规律，以加强培训内涵建设为主线，创新管理模式和运行机制，完善了涵盖党校主体项目、海关管理和业务培训、国际培训和社会培训的多元化培训项目体系，学校在培训规模和培训质量上均有较大突破。

根据《海关总署党组关于加强海关党校建设的意见》，学校深入思考和全面落实“党校姓党”原则，聚焦主业主课，强化党性教育和理论武装，加强内涵质量建设。通过提高培训项目设计科学化水平，抓好培训管理规范化建设，不断打造和完善培训品牌项目，培训质量得到显著提升。

2020 年前，学校培训规模持续保持高位运行，平均年度办班 114 期、6, 085 人次，超额完成“年培训量达到 100 个培训项目、5, 000人次”的培训任务。新冠肺炎疫情[①]发生以来，学校努力克服疫情带来的影响，积极拓展线上培训方式方法，线上线下培训进一步融合。2020 年年初至 2021 年 7 月，学校共举办各类班次 53 期，培训学员3, 834人次。通过努力，学校在海关干部培训中的主渠道地位进一步巩固，并在全国海关教育培训工作中较好地发挥了示范和引领作用，为海关干部队伍建设和事业发展做出了一定贡献。

七、完善学校内部治理体系，师资队伍建设开创新局面

学校以建设现代大学制度为目标，推进内部治理改革，完善内部治理体系。“十三五”期间，学校制定《上海海关学院章程》，修订《上海海关学院学术委员会章程》，探索完善学术委员会制度下的学术治理机制。深入推进依法治校，对照学校章程，不断健全和完善规章制度，为学校深化改革发展提供强有力的制度保障。

2019 年，学校结合“三定”工作，在对海关职能和需求梳理和研究的基础上，调整优化院系布局，并以此为契机，下移管理重心，增强院系的自主权，优化内部治理体系。学校将海关管理系、经济与工商管理系、法律系、外语系、基础部（思想政治理论部）5 个教学系（部）调整为海关与公共管理学院、海关与公共经济学院、工商管理与关务学院、海关法律系、海关外语系、公共教学部。成立马克思主义学院，聚焦立德树人根本

① 2022 年 12 月 26 日，国家卫生健康委员会发布 2022 年第 7 号公告，将新型冠状病毒肺炎更名为新型冠状病毒感染。本书记述时限为 2021 年 1 月 1 日至 12 月 31 日，因此书中“新冠肺炎疫情”等相关表述，沿用 2022 年第 7 号公告发布之前的说法。

任务；成立检验检疫技术交流部，为进一步完善学科专业结构、深化综合改革奠定了基础。

师资队伍建设是高校内涵发展、特色建设的重要内容，是实现学校中长期发展目标的关键因素。学校将“政治坚定、结构合理、专业扎实、视野开阔”作为师资队伍建设目标，实施“人才强校”战略，通过持续“外引内培”的方式，不断完善师资队伍整体结构、提升教师队伍综合实力；构建师资队伍管理和服务体系，建立了以人事制度改革为核心，各类专项人才计划、培养措施、奖惩考核制度、工资分配制度等相互配套的师资建设体系；注重多措并举，通过教研反哺教学，助力提升教师教育教学水平；依托系统优势，培育师资特色，更好地服务海关建设、服务社会发展；借力系统和社会资源，补充师资总量，不断建设专职为主、兼职补充，与学校人才培养需求相匹配的师资队伍。

“十三五”期间，学校专任教师（不包含学生思想政治系列专任教师和双肩挑人员）在教职工总数中的占比由46.32%上升至54.38%，博士占比由21.05%上升至56.12%，高级职称占比由22.46%上升至43.22%。同期，学校还加大干部交流力度，选聘了一批年轻干部。实施新一轮人事分配制度改革，实施基于成果导向的科研绩效奖励和基于教学质量内涵提升的教学绩效奖励，学校“重质量、奖绩效”的氛围进一步形成。

八、改善办学条件，民生服务保障日益完善

“十三五”期间，学校完成扩建三期项目建设，增加校园建设面积8.8万平方米、建筑面积32,423.07平方米，为学校教育、科研、培训发展打下基础。

2020年6月，在总署的支持下，学校与南京海关签署合作备忘录，共同推进苏州分校的建设。

2021年3月，上海海关学院临港国际校区正式设立，办学平台进一步扩展，为学校教育事业发展创造条件。临港国际校区旨在服务习近平总书记对海关提出的“三智”要求，服务社会主义现代化海关建设，服务中国海关国际影响力的提升，服务中国海关打造先进的、在国际上最具竞争力的海关监管体制机制的目标，努力建成海外人才教育与培训的基地、本土人才国际化培养的平台、国际化人才集聚和交流中心、世界海关前沿问题研究智库、国际海关学术成果展示窗口、中国海关文化品牌传播渠道。

新时代学校在物理空间上取得重大突破，形成“一体两翼”校区格局的同时，坚持“以人为本”，把群众的利益放在首位，关心教职工的生活，做好暖人心、稳人心、得人心的工作。学校积极筹措财力，持续改善民生，为全体教职工缴纳补充公积金，为离退休教职工落实属地政策，教职工收入水平和福利待遇逐年提高。启动创建智慧校园，提升校园信息化水平。实现餐饮供给质量的优化升级，改造学苑餐厅，引进云餐厅等。响

应垃圾分类政策，逐步建立校园生活垃圾分类的常态化、长效化机制。完成田径场跑道及健身步道更新、篮球馆地板改造、计算机机房更新等项目，进一步优化校园环境。优化图书馆电子资源结构，提高资源使用绩效；改造阅览空间，营造书香阅读氛围。

学校始终关心教职工成长和发展，着力为教职工排忧解难。2020 年，在学校收入同口径减少近5,000万元的情况下，保障工资性福利待遇不降。克服重重困难，保障教职工住房一次性补贴和月补发放。在国内新冠肺炎疫情形势严峻和防疫物资紧缺时，多次发放口罩等防疫物资，帮助教职工渡过难关。通过系列民生工程，不断提升师生员工的获得感、幸福感和安全感。

九、开启建设中国海关大学的新征程

进入新时代以来，学校各项事业取得了长足的发展，但与建设成为国内外享有良好声誉、具有鲜明海关特色的高等学府的奋斗目标相比，仍存在着差距。我国现已进入全面建设社会主义现代化国家的新发展阶段，新一轮科技革命和产业变革带来新机遇，新时代新发展阶段的海关工作面临着新任务，高等教育改革和发展也开启了新的征程。

学校高举中国特色社会主义伟大旗帜，以习近平新时代中国特色社会主义思想为指导，全面学习习近平总书记关于教育的重要论述和全国教育大会精神，深入贯彻党的十九大和十九届中央历次全会精神，站在“教育是国之大计、党之大计”的战略高度，坚持教育优先发展，加强党对教育工作的全面领导，坚持为党育人、为国育才；围绕总署对学校提出的“建成海关系统学习宣传贯彻习近平新时代中国特色社会主义思想的主阵地，培养中国特色社会主义海关急需人才的主平台，研究探索中国特色社会主义海关发展规律的主战场”的要求，根据教育部、上海市对高等教育改革发展的部署，以立德树人为根本，以服务海关和国家战略以及上海经济社会发展为核心使命，紧密对接社会主义现代化海关建设的新需求，全面深化教育综合改革和教育评价改革，以一流海关人才培养为目标，加快建设海关特色鲜明、服务国家战略、具有国际影响力的一流高等学府的进程，开启建设中国海关大学新征程。

海关专题图片

领导活动

▲ 2021 年 10 月 13 日，学校党委副书记、校长丛玉豪为大一新生讲授思政课

▲ 2021 年 11 月 19 日，学校党委委员、纪委书记侯长立主持纪检监察业务培训会

▲ 2021 年 10 月 27 日，学校党委委员、副校长李纳新赴上海工程技术大学调研

▲ 2021 年 10 月 27 日，学校党委委员、副校长岳龙主持退役士兵迎接仪式

党的建设

2021年3月30日，学校原创话剧《关魂·怒海雄关》展演 ▶

◀ 2021年4月20日，学校“马克思主义传播在中国——文献中的百年党建”红色专题图片展开展

2021 年 5 月，学校开展“青春艺韵心绽放·百年征程启新章”大型校园文化集汇活动

2021 年 7 月 5 日，学校举办庆祝中国共产党成立 100 周年主题活动暨“两优一先”表彰大会

2021 年 12 月 21 日，学校为工商管理与关务学院“党支部建设示范点”揭牌

规划发展

2021 年 2 月 4 日， ▶
学校举行“十四五”事业发展总体规划专家咨询会

◀ 2021 年 3 月 19 日，
学校正式设立临港国际校区

2021 年 6 月 11 日，上海海关学院、南京海关共同商讨推进上海海关学院苏州分校建设 ▶

◀ 2021 年 11 月 18 日，学校参加上海市博士学位授予单位培育建设项目答辩

上海海关学院临港国际校区 ▶

队伍风采

2021 年 4 月，学校开展学生春季会操评比活动 ▶

◀ 2021 年 5 月 10 日，学校学生参加第十七届“挑战杯”决赛

2021 年 5 月 27 日，学校召开第三十三次学生代表大会 ▶

◀ 2021 年 6 月 18 日，学校举行 2021 届硕士毕业生毕业典礼暨学位授予仪式

◀ 2021 年 9 月，2021 级新生入学军训

▲ 2021 年 10 月 29 日，学校举办第三十二届运动会

2021 年 11 月 5 日至 10 日，学校志愿者圆满完成第四届进博会志愿服务工作 ▶

第一篇

特载

上海海关学院概况

上海海关学院（以下简称“学校”）位于上海市浦东新区，占地面积约34.73万平方米；下设苏州分校，位于江苏省苏州市，占地约8.87万平方米。2021年，学校设立上海海关学院临港国际校区，占地8千平方米。截至2021年12月31日，学校有在编教职工287人，在校学生2,847人。学校现任校长是丛玉豪教授。

学校始终坚持社会主义办学方向，全面贯彻党的教育方针，落实立德树人根本任务，扎根中国大地、对标海关行业需求，围绕“人才强校、关校合作、国际化”三大发展战略，立地顶天、依特做特、以特促强，走特色办学的内涵发展之路。学校以建设海关特色鲜明、服务国家战略、具有国际影响力的一流高等学府为目标，坚持改革创新，推进开放融合，为建设新时代中国特色社会主义海关贡献力量。

学校秉持“致知、力行、慎独、忠诚”校训，凸显以“爱国明志、开放博学”为内涵的大学精神，落实“三全育人”机制，将综合素质教育、准军事化管理贯穿于人才培养全过程。学校主动对接海关服务国家战略和地方社会经济发展对人才培养的需要，深化教育综合改革，加快学科专业建设，创新人才培养模式，推进与海关的融合，努力培养符合海关事业和社会经济发展需要的应用型、复合型、涉外型高素质人才。

学校现设有海关与公共管理学院、海关与公共经济学院、工商管理与关务学院、海关法律系、海关外语系、公共教学部、马克思主义学院、检验检疫技术交流部等8个院（系、部）；设有海关管理、海关检验检疫安全、行政管理、物流管理、审计学、国际商务、税收学、经济统计学、法学、英语等10个本科专业，设有公共管理、税务、国际商务、翻译等4个硕士专业学位点，分属管理学、经济学、法学、文学等学科门类。

除了上述8个二级学院（系、部），学校内设16个职能部门：校长办公室（督查审计室）、党委办公室（政工办、宣传与统战部、工会）、人事处（组织部、教师工作部）、纪检监察室（纪委办公室）、发展规划处、教务处（教学质量监控与评估办公室、实验教学中心、教师教学发展中心）、研究生处、学生处（学生工作部、团委）、科研处、国际交流部（世界海关组织亚太培训中心办公室）、财务处（采购管理办公室）、图书馆（海关信息资料中心）、综合保障处、海关与经贸研究院、党校工作部（继续教育部）、海关史研究院。

2021 年，学校获批教育部新文科教改项目 3 项，实现学校国家级教改类项目零的突破；获批省部级一流本科课程 8 门，新增市级重点课程项目 3 项；获省部级优秀教学成果奖 4 项，优秀教材 2 本，课程思政示范项目 4 项；获批省部级示范实习基地 2 个，省部级实验教学示范中心 1 个，虚拟仿真实验教学中心 1 个。获科研项目总数 66 项，总经费 529 万元，其中，纵向课题经费 211 万元，横向课题经费 318 万元。获批国家哲学社会科学基金资助研究项目 1 项、省部级资助研究项目 15 项，其中，上海市哲学社会科学一般项目 3 项、上海市自然科学基金项目 1 项、上海市人民政府决策咨询课题 1 项。获批总署统计分析司课题 4 项、总署科技发展司项目 4 项，总署课题立项创历史新高。省部级、厅局级项目总数与 2020 年基本持平，横向项目总数同比增长 233%，创横向项目总数新高。

大学生创新创业项目共立项 18 个国家级项目、34 个上海市级项目。其中，1 个项目入选第七届中国国际“互联网+”大学生创新创业大赛全国总决赛，2 个项目获上海赛区铜奖；1 个项目获第七届上海市大学生创新创业训练计划成果展最佳创业项目奖，2 个项目获优秀创业项目奖，3 个项目获优秀展示项目奖，3 个项目获优秀项目报告奖；4 个项目入选第十三届“挑战杯”上海市大学生创业计划竞赛。有 8 个项目入围上海市“知行杯”暑期社会实践大赛复赛，1 个项目进入市级决赛，4 支团队获上海市三等奖。获第十七届“挑战杯”上海市大学生课外学术科技作品竞赛一等奖 1 项、三等奖 6 项。全国“三下乡”“返家乡”等大学生社会实践活动中，2 个团队立项全国重点团队，1 个团队获全国优秀团队，2 个团队获长三角高校暑期社会实践优秀调研报告一等奖。获上海市大学生电子商务“创新、创意及创业”挑战赛优胜奖 9 项。获“工商银行杯”全国大学生金融科技创新大赛上海市特等奖 1 项、三等奖 3 项。学校健美操队获上海市阳光体育大联赛一等奖、上海市上海城市业余联赛一等奖、大学生健美操锦标赛第一名。

发表 SSCI、SCI 论文 8 篇；CSSCI、EI 论文 12 篇，其中，B 类及以上学术论文 2 篇，高水平学术论文较 2020 年有较大增长；正式发表的普刊论文 90 篇；出版专（译）著 17 部，同比增长 70%。省部级获奖 8 项，咨询报告（海关编译参考、领导参阅）4 篇。出版《海关与经贸研究》全年期刊6期，每期发行3,000册。在中国国际贸易学会组织举办的2021年“中国外经贸发展与改革”征文活动中，中国海关学会上海海关学院分会获得优秀组织奖。

重视海关特色校园文化品牌创建工作，打造以广州大铲海关“四勇精神”为蓝本的《关魂·怒海雄关》第二季，获上海大学生文化创意作品展示活动戏剧类一等奖。把党史学习教育作为贯穿全年的重大政治任务，举办3期处科级领导干部党史学习教育培训班，打造《插入敌人心脏的革命利刃——中央特科在沪斗争史》等4门党史课程。深入开展“我为群众办实事”实践活动，牵头制订“我为群众办实事”重点发展项目31个、民生项目38个。精心筹备建党100周年庆祝活动，组织“党旗在基层一线高高飘扬——以实际行动庆祝中国共产党100周年”等庆祝建党百年系列活动，表彰一批“两优一先”典型。开展红色海关研究，牵头编写图书《红色征程——中国共产党领导下的海关革命斗争史》；举办“马克思主义传播在中国——文献中的百年党建”红色专题图片展、“浴血中成长——中国共产党领导下的江海关职工革命斗争史”等特色展览，弘扬伟大建党精神，激发爱党爱国情怀。组织老中青三代党员共话党史、校史；开展“百名学生党员，讲建党百年故事”，凝聚学校新时期奋进力量。

举办各类培训班41期、培训学员3,964人次，其中，总署计划内班次19期、培训学员2,220人次。举办党的十九届五中全会精神培训5期，培训全国海关司局级干部519名。33名学生在线参加俄罗斯西北管理学院课程，45名留学生（交换生）参加学校的线上课程；与阿塞拜疆海关学院和乌兹别克斯坦海关学院签署合作备忘录；全年承办涉外培训项目8期、参训学员382人次。

上海海关学院2021年党委工作要点

2021年是中国共产党成立100周年，也是学校“十四五”开局之年，校党委全年工作总体思路是：以习近平新时代中国特色社会主义思想为指导，深入学习贯彻习近平总书记关于海关和教育工作的重要论述、党的十九大和十九届中央历次全会精神，增强“四个意识”、坚定“四个自信”、做到“两个维护”，坚持稳中求进工作总基调，立足新发展阶段，贯彻新发展理念，构建新发展格局，以高质量发展为主题，以改革创新为根本动力，坚持系统观念，坚持统筹发展与安全，坚持和加强党对教育工作的全面领导，全面落实立德树人根本任务，持续提升治理能力建设水平，乘势而上，接续奋斗，奋力开创学校事业高质量发展新局面，以优异成绩迎接建党100周年。

一、持之以恒把党的政治建设摆在首位，加强党对学校工作的全面领导，坚决做到“两个维护”

（一）强化政治理论武装，坚决做到“两个维护”。

坚决落实习近平总书记重要指示批示精神和党中央决策部署，坚持“第一议题”制度，完善党委议决事项督办机制。持续抓好党的十九届五中全会精神学习贯彻，2021年5月底前完成处级以上领导干部轮训。扎实做好习近平新时代中国特色社会主义思想“三进”工作，持续推进马克思主义学院和马克思主义学科建设，开好“习近平新时代中国特色社会主义思想概论”课程。组织党员干部贯通学习《习近平谈治国理政》第一卷、第二卷、第三卷，增强“四个意识”，坚定“四个自信”，做到“两个维护”。

（二）扎实开展党史学习教育。

按照中央要求和上级部署安排，结合学校实际扎实开展党史学习教育。突出学党史、悟思想、办实事、开新局，围绕学史明理、学史增信、学史崇德、学史力行，开展专题学习，加强政治引领，组织专题培训，开展“我为群众办实事”实践活动，召开专题组织生活会。采用随机抽查、调研访谈等方式，加强对学习教育情况的督促指导。

（三）提升思想政治工作实效。

认真落实学校《“三全育人”实施方

案》，充分发挥思政理论课主渠道作用，推动思政课程提质升级。结合建党100周年系列庆祝活动，党政主要领导带头为广大师生讲好新时代思政课；持续深化课程思政改革，开发完善“国门中国”系列课程，打造具有鲜明海关特色的课程思政品牌。充分发挥教师工作部作用，健全工作运行机制，强化师德师风教育，教育广大教师守牢师德底线。深化社会主义核心价值观教育，推进精神文明建设，强化创建保障，形成齐抓共管的文明建设新格局。

（四）筑牢意识形态主阵地。

牢牢把握意识形态工作领导权，抓好意识形态工作责任制落实，强化政治责任，加强国际交流中的政治建设，讲好中国故事，确保校园政治安全。

二、全面推进党建工作高质量发展，推动基层党组织全面进步全面过硬

（五）隆重庆祝建党100周年。

组织“党旗在基层一线高高飘扬——以实际行动庆祝中国共产党成立100周年”等庆祝建党百年系列活动，表彰一批“两优一先”典型，激励基层党组织和广大党员干部新时代新担当新作为。充分发挥党校资源集聚优势，加强党史党建理论研究与党史宣讲。加强建党100周年主题文化建设，推出原创话剧《关魂》2.0版。

（六）持续深化“四强”支部建设。

系统总结合格支部建设经验，建立基础工作常态化检视机制。以更高标准、更严要求，持续开展党建品牌创建工作，集中展示优秀品牌建设成果。着力破解党建难题，加强对“三会一课”等组织生活成效评估，提升组织力。强化党组织在政治建设中的主体责任，提高党内政治生活质量。发挥专职组织员作用，高质量做好学生党员工作。进一步加强基层党组织书记抓党建工作述职评议考核，坚持党建和业务联动式评价，强化考核结果运用。

（七）全面夯实党的建设根基。

贯彻落实新修订的《中国共产党普通高校基层组织工作条例》，完善党委领导下的校长负责制，推动学校党的领导制度体系更加健全。落实二级院系支委会和党政联席会议议事规则，强化党组织的政治把关功能，健全完善工作机制。贯彻落实总署要求，调整优化基层党组织设置，推动智慧党建系统应用。选优配强党务干部，畅通党务工作者“双重身份、双线晋升”路径，落实党务工作者津贴制度。

三、深入践行新时代党的组织路线，打造忠诚、干净、担当的高素质专业化干部队伍

（八）深化干部人事制度改革。

认真贯彻落实新时代组织路线和干部人事工作各项政策措施，以深化教育评价改革为契机，以建立更加合理、更加科学的评价体系为抓手，继续优化考核制度、

职务职称晋升制度、薪酬体系制度、奖励制度，不断构建激励干事创业、担当作为、人尽其才、才尽其用的干部人事管理工作体系。在领导干部考核考察中，把党建工作成效作为衡量领导干部工作实绩的必要内容，做到选任干部看党建、用好干部促党建。

（九）统筹推进各类人才队伍建设。

优化干部年龄结构，注重年轻干部的培养工作，坚持引育并举，构建常态化岗位交流机制，切实提升干部综合素质，为学校发展储备管理人才。加强教师队伍建设，多渠道引进高层次人才，更好发挥行业系统兼职师资作用。加大青年教师培育力度，继续做好教学、科研扶持计划，搭建发展平台，鼓励人才脱颖而出。制订一般管理和服务人员聘任与轮岗制度并组织实施。

（十）用心用情做好统战、群众和离退休干部工作。

加强统战基础工作，推进知联会建设，鼓励党外教职工积极建言献策。充分发挥好工青妇等群团组织凝聚群众的桥梁纽带作用。发挥工会民主管理作用，高质量开好教职工代表大会，推进基层民主政治建设。团委组织开展好校园文化建设活动，做好志愿者服务和社会实践工作。关心关爱老干部，以庆祝建党百年为契机，充分发挥老同志的独特优势，讲好党史、海关史和校史。主动听取老同志的意见和建议，为老同志办好实事。

四、聚焦立德树人根本任务，凝心聚力做好顶层设计，全力以赴推动学校改革创新

（十一）汇聚力量，做好学校“十四五”谋篇布局。

始终胸怀“国之大者”，自觉在国家及海关发展大局中谋划学校工作，坚持目标导向，坚持系统观念，对标国家及海关“十四五”发展规划，结合学校实际，科学编制学校“十四五”规划，明确学校学位点和专业建设、学科布局、智库研究、国际合作、治理体系、生态环境等发展愿景，使其成为今后五年引领学校事业发展的纲领性文件。

（十二）砥砺前行，开创学校事业发展新局面。

聚焦立德树人根本任务，大力推进海关高等教育内涵建设，优化学科专业建设规划布局，深化人才培养模式改革，力求办好人民满意的教育。大力推进海关智库建设，围绕加快形成“双循环”新发展格局、坚持统筹发展和安全等重大命题开展深入研究，主动探索海关发展规律，打造咨政建言新型智库，提高服务海关水平。统筹抓好新冠肺炎疫情防控和事业发展，完善常态化制度机制。

（十三）大力推进总署党校建设。

坚持“党校姓党”、质量立校、改革创新、从严治校，办好中青年处科级领导干部党校理论进修班、年轻干部党性教育培训班，充分发挥党校的主阵地作用。探索“智慧党校”建设，推进线上线下教育

培训创新融合。

五、驰而不息抓好作风纪律建设，推动全面从严治党向纵深发展

（十四）充分发挥全面从严治党引领保障作用。

深入贯彻全面从严治党方针，深化“四责协同”机制。毫不松懈纠治“四风”，力戒形式主义、官僚主义，坚决整治群众身边腐败和作风问题。持续做好校内巡察工作，提高巡察质量。用好“第一种形态”，常态化抓好党规党纪学习，推进工作向“治本”转变，切实营造风清气正的政治生态。

（十五）持续深化准军事化纪律部队建设。

深入落实准军事化建设“十六字”方针要求，加强和改进教职员工作风纪律建设督察工作机制，推动内务督查由校容风纪向内务规范全领域延伸；紧密结合学生特点，有针对性地分时期、分阶段开展宣传教育、专项训练、评比督查，深化准军事化建设内涵。结合学校实际，突出需求导向，务实抓好岗位练兵比武，深化岗位业务技能培训，提高岗位能力。

（十六）强化监督执纪问责，保障学校事业发展。

加强政治监督，做好日常监督，拓宽重点监督领域视角，提升监督效能。依规依纪做好执纪审查工作，深化运用“四种形态”，加强对受处分处理人员的跟踪回访工作。支持纪检监察机构履行职责，发挥支部纪检委员作用，加强纪检监察队伍建设。

上海海关学院2021年行政工作要点[①]

2021年学校行政工作的总体思路是：以习近平新时代中国特色社会主义思想为指导，深入学习习近平总书记关于海关和教育工作的重要论述精神，学习贯彻党的十九大和十九届中央历次全会精神，增强“四个意识”、坚定“四个自信”，做到“两个维护”，准确把握立足新发展阶段、贯彻新发展理念、构建新发展格局对海关高等教育提出的新任务、新要求，认真落实2021年全国海关工作会议、全国海关全面从严治党工作会议以及上海市高校党政干部会议部署，围绕总署对学校提出的“建成海关系统学习宣传贯彻习近平新时代中国特色社会主义思想的主阵地，培养中国特色社会主义海关急需人才的主平台，研究探索中国特色社会主义海关发展规律的主战场”的目标，按照学校党委的整体部署，坚持系统观念，深入推进人才强校、关校融合和国际化战略，推动学校行政工作高质量发展，书写“十四五”谋篇开局新文章，迈上全方位改革发展新征程，取得立德树人新成效，为建设社会主义现代化海关开好局、起好步做出应有贡献，以优异成绩迎接建党100周年。重点做好以下各项工作：

一、思想政治工作

（一）强化立德树人根本任务。

深化课程思政改革，推动以习近平新时代中国特色社会主义思想为核心内容的思政课课程群建设。围绕迎接和庆祝建党100周年，开展系列主题教育活动，深化“三全育人”综合改革。充分挖掘海关特色，完善具有学校特色的课程思政教育教学体系，形成思想政治理论课建设亮点品牌至少1个。

二、新冠肺炎疫情防控

（二）常态化新冠肺炎疫情防控工作。

始终坚持把全体师生的生命安全和身体健康放在第一位，严格落实新冠肺炎疫情防控各项管理规定，加强应急预

① 该工作要点即2021年上海海关学院行政工作计划。

案演练，强化应急储备保障。进一步加强校园管理，做好校园防疫研判，紧盯关键点、关节点，健全完善新冠肺炎疫情防控长效机制，维护学校的学习工作生活秩序。

三、人才培养

（三）综合调整专业布局。

对接新时代海关新业务需求，调整学校专业结构和布局，对现有 8 个涉关专业进行全面改造，做好专业转变方向培养方案的整体设计。加强海关检验检疫安全专业建设。借助署市共建机遇，利用总署和上海市“双渠道”申报海关类新专业，推动海关类专业群建设，强化学校办学的海关特色。

（四）建设一流专业与一流课程。

根据教育部有关文件精神，努力推进现有国家级（海关管理）、省部级（税收学）一流本科专业建设工作；培育校内各本科专业，积极做好 2021 年一流本科专业建设点申报工作，至少获批国家级和省部级各 1 项。启动全校一流本科建设工程。深入推进课堂教学改革，对标教育部“金课”的“两性一度”建设标准，建设线上、线下、线上线下混合式、虚拟仿真和社会实践五大类型“金课”，获批国家级一流课程至少 2 门。建设新课程至少 50 门，逐步提高生均课程门数。

（五）提升硕士点的数量与质量。

积极跟进学位点申报工作，获批硕士学位点至少 1 个。狠抓研究生教育教学质量，争取获批省部级研究生教学成果奖 1 项，教学中运用经专业学位教指委认定的教学案例 28 个，培育优质研究生课程 3 门，编写优秀教材 1 本，优秀研究生学位论文比例达到 20%，研究生发表北大目录及以上级别期刊论文 5 篇，新增实践基地至少 4 个。做好一级学科硕士点（应用经济学、公共管理）的培育工作。完善研究生教学资源系统、课堂教学系统、实践培养系统、师资队伍系统、教学管理系统、质量保障系统，形成培养合力。按照国务院学位委员会《学位授权点合格评估办法》，构建评估工作体系，完成学位点专项评估自评工作。修订研究生导师考核办法，启动导师考核工作，制订硕士生导师、副导师管理办法。

（六）学生工作。

努力克服新冠肺炎疫情、就业市场不稳定等不利因素影响，用“绣花功夫”来做好毕业生就业工作，优化“一人一策”，加强个性化指导，为毕业生精准推送政策、岗位和求职技能指导，引导毕业生合理调整就业预期、找准职业定位，确保 2021 年学校毕业生就业率不低于上海市平均水平。丰富准军事化管理内涵，申报并获批省部级教学成果奖 1 项，获得“挑战杯”国家级奖项不少于 1 项，获得省部级及以上学生科创竞赛奖不少于 16 项。丰富学生文体活动，推进原创校本话剧校外展演并获奖。优化学生社团，建设理论类和学术类社团品牌项目2项。加强辅导员队伍建设工作，学生对学生工作者（辅导员）工作满意度不低于95%，师生对学风建设满意度不低于90%。

（七）教学成果奖培育。

结合学校教育教学改革和内涵建设特色发展，培育申报教学成果奖。完成教学奖励办法的制订与实施。以教学成果奖等各级各类项目的申报为契机，加大培育力度，尽早启动申报材料的准备、成果的整理和总结，提高申报的质量，争取国家级教学成果奖1项，争取至少省部级一等奖3项、二等奖5项。获省部级教材奖1项，省部级虚拟仿真实验教学示范中心1项。通过教学成果奖培育，推进人才培养工作。

四、学科建设

（八）提升学科建设质量。

谋划学校学科发展格局，加强海关学学科论证，抓住国家设立国家安全学的机遇，争取将海关学纳入学科目录。引育并举，进一步加强学科负责人建设。加强对“高峰”“高原”学科的培育。强化马克思主义理论学科建设，深化思政教育教学改革。启动省部级特色学科的培育工作，争取总署培育学科。

五、科学研究

（九）科研工作上水平上台阶。

推进学校科研工作上水平上台阶、上数量、上质量，为海关建设提供更多的智力支持，更好地反哺人才培养工作。培育省部级及以上科研成果奖，争取实现新的突破。争取国家级项目立项至少3项、省部级项目13项，SSCI、SCI、CSSCI、EI论文16篇、专（译）著10部、省部级及以上领导肯定性批示决策咨询6篇或获得省部级科研奖项6项，全校科研总经费达到550万元，其中纵向经费不少于200万元。根据学校现有科研成果奖励办法实施中存在的不合理问题，明确科研成果归属，分类别、分层次，修订实施《上海海关学院科研成果奖励办法》，并合理确定不同学科学术期刊的层次和种类。开展博士沙龙至少4次，完成博士及青年教师研究方向确定工作。形成并实施《海关与经贸研究》杂志进入核心目录的行动方案。

（十）抓好智库建设。

聚焦海关及外经贸事业发展前沿领域的热点问题，形成相对稳定的智库研究队伍，提升智库研究质量。依托海关与经贸研究院，形成稳定的智库研究队伍，建立至少1个跨学科研究团队，解决研究项目来源、研究队伍、研究能力、智库成果应用转化等问题。积极承接国家、总署和上海部署的决策咨询项目，组织研究力量高质量完成承接的定向课题、委托任务，注重在承接重大任务、紧急任务中历练和培养年轻骨干。构建高质量学术成果和高标准的决策咨询成果互认互通机制。形成学科研究和智库研究相互促进，学科成果和智库成果相互转化的良性循环。

六、治理体系与治理能力

（十一）教育评价改革。

扭转不科学的教育评价导向，克服“唯分数、唯升学、唯文凭、唯论文、唯帽子”的顽瘴痼疾。在职称评审、项目申报、成果奖励等方面对学术不端行为加大惩治力度。相关单位要根据《深化新时代教育评价改革总体方案》的要求，修订学校教学、科研等评价办法，把中央的精神理解透，营造良好的以评价促进事业发展的氛围，更好地为学校的事业发展保驾护航。

（十二）综合保障改革。

完善学校综合保障改革方案并落地实施，保证工作质量的同时，切实体现大部制的工作特性和成效，整体用工经费较2019年下降15%。灵活采用自管、采购服务，统筹人力，通过制度建设、队伍建设、业务培训和能力锻炼，使改革方案落地生效。明确劳务工工资包干政策运行机制，优化劳务派遣薪资结构，开展服务质量标准化体系建设，强化考核，充分体现多劳多得；在建立服务标准化体系基础上，进一步提升信息化管理效能。学校能源消耗（水、电、煤、通信网络等）费用较2019年降低5%。

（十三）绩效考核、职称晋升办法。

及时总结学校部门绩效考核的经验，持续改进方式方法，推进年度个人绩效考核工作落地，出台管理和服务人员超工作量绩效办法。修订专业技术职务职称晋升办法并组织实施。

（十四）科员轮岗竞聘。

制订一般管理和服务人员聘任与轮岗制度并组织实施，促进人员合理流动，科学配置人员，增强队伍活力。

七、专项建设

（十五）办学资源建设和署市共建。

推进苏州分校和临港国际校区建设，拓展学校办学资源。协调推进署市共建项目，至少落地5项工作。推进长三角高水平行业特色大学联盟工作。

（十六）队伍建设。

持续优化师资队伍结构，专任教师占比提升2%；继续加强高层次人才引育工作，引进高层次人才两人；探索对新招录青年博士和高层次人才实行“任务聘期制”。制订劳务工“三定”方案并组织实施。完成收入分配制度改革方案。出台管理服务人员奖励办法。完成本科教学教师激励计划实施方案的修订。制订诬告陷害专题教育整治方案并组织实施，取得实质性效果。

（十七）民生和办学条件改善。

在财力更为紧张的形势下，开源节流，确保民生和重点项目经费。推进校园二期维修改造，本年度招标项目完成率达到100%，二期维修项目实质性启动。与周边优质教育资源开展合作共建，新增1所合作学校；拓展文体活动品牌项目1~2

项。推进教师住房保障各项措施，编制规划教职工宿舍建设可行性方案。推进智慧教学建设，完成智慧教室改造任务。

八、其他工作

（十八）出台“十四五”规划。

编制印发《上海海关学院“十四五”事业发展规划》，制订规划分工方案，推动目标任务落实落地。根据《深化新时代教育评价改革总体方案》文件精神，组织开展新一轮综合教育改革工作。

（十九）国际化办学。

拓宽国际化发展的层次，提升国际化办学质量，为师生继续搭建国际交流平台。增加至少2所国际合作院校或机构；探索线上开展来华留学生课程教学及涉外培训工作。完成MPA专业的PICARD认证工作；获得上海市来华留学生全英文示范课程立项1门，使用原版教材课程数增加1门，纯英语授课课程数增加4门，组织师生参加国际学术会议上宣读、报告论文至少10篇，获得国家外专局或教育部、上海市外专局等系统引智项目1项，在校国际学生数量占比在上海应用技术性高校排位达到11位，与国（境）外学分互认高校数在上海应用技术性高校排位达到13位。获批承接商务部委托援外培训项目至少8项。

（二十）党校培训工作。

顺利完成总署交办的各类培训任务的同时，积极争取培训资源，制订并组织实施培训激励办法。做好申报新一轮全国海关干部教育培训成果的评选工作。党校培训与学历教育融合有实质性的新举措、新成效。

（二十一）图书馆工作。

实质性推进信息资料中心建设。整合全体系海关文献资源，建设一站式学术资源门户。对接总署“海关知识库”项目建设，提升服务海关的能力。

上海海关学院2021年党政工作要点

2021年，是中国共产党百年华诞，也是实施“十四五”规划、开启全面建设社会主义现代化国家新征程的第一年。学校坚持以习近平新时代中国特色社会主义思想为指导，深入学习贯彻党的十九大和十九届中央历次全会精神，坚决落实党中央、总署党委和市教卫工作党委各项决策部署，围绕建设海关特色鲜明、服务国家战略、具有国际影响力的一流高等学府的发展目标，团结带领全体党员干部和师生员工，主动跟进海关改革与发展的实践，全面履职尽责，强化使命担当，持续接力奋斗，有序开展工作，学校各项事业发展取得新进展、新成效。

一、主要工作

（一）强化理论武装，提升党建工作质量。

持续深入学习习近平新时代中国特色社会主义思想。严格落实党委会、形势分析及工作督查会“第一议题”制度，跟进学习习近平总书记关于教育、海关工作系列重要论述和党的十九届六中全会精神。扎实开展党史学习教育。把党史学习教育作为贯穿全年的重大政治任务，举办3期处科级领导干部党史学习教育培训班，开展全员网上专题培训班和中国共产党人伟大精神谱系读书活动。成立师生党史学习宣讲团，打造4门党史课程。深入开展“我为群众办实事”实践活动，党委班子成员多次深入基层调研师生最急最盼的关切诉求，制订“我为群众办实事”重点发展项目31个、民生项目38个。精心筹备建党100周年庆祝活动，开展红色海关研究，编写图书《红色征程——中国共产党领导下的海关革命斗争史》，举办特色展览活动，组织老中青三代党员共话党史、校史，开展“百名学生党员，讲建党百年故事”活动，弘扬伟大建党精神，激发爱党爱国情怀。巩固深化“强基提质工程”，全面贯彻落实《中国共产党普通高等学校基层组织工作条例》，召开5次党建专题研究部署会议，深化“四强”支部建设，持续深化党建品牌创建。

（二）设立临港国际校区，拓展办学空间。

在总署的大力支持下，经过多方争取与协调，2021年3月学校正式设立临港国际校区。经过多方论证，最终明确了临港国际校区的6大功能定位，即海外人才教育与培训基地、本土人才国际化培养平台、国际化人才集聚和交流中心、世界海关前沿问题研究智库、国际海关学术成果展示窗口及中国海关文化品牌传播渠道。成立临港国际校区建设工作组，有条不紊地推进临港国际校区改造施工项目，完成施工前期各项准备工作。临港国际校区的设立，将有效缓解学校办学资源紧张局面，同时也将加快学校国际化办学步伐，有力地支撑学校“十四五”发展，为学校更好服务海关高质量人才培养打下坚实基础。

（三）深化教育教学改革，办学层次实现突破。

主动对接海关服务国家战略对人才培养的需要，瞄准人才培养和海关需求的结合点，构建海关特色人才培养共同体，完善协同育人机制。学校顺利获批国际商务、翻译硕士2个专业学位授权点，有力支撑海关高层次应用型人才的培养，并纳入上海市博士授予单位培育建设名单以及上海市博士后流动站建设筹备单位名单，持续推动海关研究生教育实现跨越式、内涵式发展。海关检验检疫安全新专业获批并纳入本科提前批次录取，完成第一年招生工作。成功获批3项教育部新文科研究与改革实践项目，在上海高校中位列第十；荣获市级重点课程3项，市级一流本科课程4项；荣获署级一流本科课程4项、课程思政示范项目4项、优秀教学案例两项。获评教育部首批全国研究生课程思政示范项目。招生工作继续呈现良好态势，海关类专业录取分均高于当地一本线；涉关类专业一本率98.9%，同比提高2%；硕士研究生招生计划数90人，一志愿报考人数超300人，超过国家进入复试基本分数线人数近百人。

（四）科学谋划“十四五”，开启发展新征程。

经过多方调研论证，多轮沟通、反复打磨，高质量出台学校“十四五”发展规划，并形成配套专项（题）规划和院系规划。明确学校“十四五”时期发展目标，提出“截至2025年，按大学规格建设发展和高质量精准服务海关”两个目标性抓手，努力建成海关特色鲜明、服务国家战略、具有国际影响力的一流高等学府。争取到2035年，建成学科专业优势明显，服务海关能力显著增强，海关特色更加鲜明，具有博士学位授予资格和重要国际影响力的中国一流海关大学。

（五）聚焦立德树人根本，构建特色思政体系。

牢牢把握学校意识形态工作领导权，健全和完善意识形态工作责任体系，制订《上海海关学院党委意识形态工作责任制实施细则》及清单，确保校园政治环境和意识形态领域安全稳定；强化舆情处置能力，建立每日值班制度，认真甄别涉校舆情，及时发声并加强正面引导。始终把锻造过硬政治素质作为培养新时代“忠诚国门卫士”的核心内容，持续推进习近平新时代中国特色社会主义思想“三进”工作。党委班子成员认真落实领导干部上讲台制度和联系学生班级制度，党委书记为本科生讲授“国门中国”系列课程第一讲，为大一新生“规划人生路，逐梦新时代，成就更好的自己”的职业生涯规划做指导；校长为党支部书记作“砥砺政治品格，锤炼过硬本领，推进学校‘十四五’高质量发展”主题报告，为本科生讲授“学习习近平新时代中国特色社会主义思想，做实现中华民族伟大复兴中国梦的接班人”的思政课。大力支持马克思主义学院建设，专题听取思想政治工作情况报告，参与集体备课，赴课堂一线听评、指导思政课程教学。

（六）优化教学联动资源，着力丰富育人内涵。

以立德树人为核心，发挥辅导员、党团组织、学生骨干三支队伍的力量，整合“思想引领、党团建设、学业发展、科创竞赛、帮困助学、心理健康、内涵学军、就业指导”等资源，提升学生政治素质、纪律意识、专业能力和人文素养等能力。2021 年，学校在各项科创竞赛中共荣获 27 项荣誉，获得全国大学生数学建模竞赛二等奖、全国大学生计算机设计大赛三等奖；在“挑战杯”全国大学生创业计划竞赛中荣获全国铜奖 1 项；荣获上海市“知行杯”暑期社会实践大赛三等奖 4 项，1 个团队推荐至全国“三下乡”优秀团队；荣获中国国际“互联网+”大学生创新创业大赛上海市铜奖两项。校健美操队获得上海市阳光体育大联赛一等奖、上海城市业余联赛一等奖、大学生健美操锦标赛第一名。原创话剧《关魂·怒海雄关》荣获 2021 年第六届“汇创青春”上海大学生文化创意作品展示活动戏剧类一等奖、第十七届上海市大学生话剧节优秀演出团队奖。

（七）精准对标海关需求，科研培训再上新台阶。

紧密结合海关改革发展需要，开展科学研究。2021 年，完成国家级课题 1 项、总署署级课题 4 项、总署科技发展司项目 4 项，获批总署省部级课题数量创历史新高。发表 CSSCI、EI 论文 12 篇，建立海关学科、海关国门安全、国际贸易规则与海关开放监管 3 个跨学科研究团队。设立海关史研究院，加强对海关史的研究，为海关事业未来发展提供镜鉴。学校与总署风险管理司签署合作备忘录，就学科专业建设、科学研究、海关风险防控业务等方面开展合作。

严格落实新冠肺炎疫情防控措施，扎实开展党的十九届五中全会精神和党史学习教育，推动高质量培训办学。2021 年，举办各类培训班次 39 期、培训学员 3,828 人次，其中，党校主体班次 9 期、培训学员 954 人次。与乌兹别克斯坦海关学院和阿塞拜疆海关学院签署合作协议。来华留学生（线上）共 45 人，赴外交换生 38 人。以质量建设为核心，改革来华留学生课程，增加关税技术、中国海关制度、国际海关制度等海关特色课程。举办商务部援外培训 5 期。

（八）深化人事制度改革，激发教职员工活力。

以综合考量、量化考核、优绩优效为导向，制订并运行教职工个人年度考核办法，完善相关支持配套措施。结合学校实际，修订专业技术职务职称晋升办法，全面规划设计部门绩效考核指标体系，实现定量和定性相结合、定量为主的目标，将学校事业发展目标具体化、细化、量化到各单位。通过考核机制的改革，促进基层队伍建设，更好地激发教职工的活力，激励全校师生同心同德，营造干事创业的良好风气，推动学校高质量发展。坚持“党管干部，党管人才”原则，启动干部选聘工作；规范干部选任工作程序，修订领导干部选拔任用工作动议规则等相关规定。加大青年教师培育力度，开展“传、帮、带”项目，为 10 名青年教师配备导师。继续做好教学、科研扶持计划，出台教育教学培育计划实施办法等系列规定。加强与地方的沟通联系，学校干部培养首次被纳入上海市教卫系统干部培养体系。

（九）抓好巡视整改落地，推动建立长效机制。

2021 年，总署党委对学校党委开展了常规巡视，针对巡视发现的 4 个方面 32 个主要问题，制订了 113 项巡视整改具体措施，立行立改项目均已完成。召开巡视整改专题民主生活会，开展批评与自我批评，凝聚了抓整改的思想共识，形成了抓整改的工作合力。推动开展巡视发现问题的责任分析和追究，对其中的 23 个问题开展了责任分析，运用“第一种形态”对相关部门负责同志进行提醒谈话或约谈。督促做好巡视移交问题线索处置，党委听取汇报 4 次，专题研究 1 次，现已处理结案。

（十）坚持以人为本，促进民生持续改善。

一年来，密切联系群众，始终关心师生成长和发展，着力为师生排忧解难。做好常态化新冠肺炎疫情防控工作，严格落实常态化新冠肺炎疫情防控措施，有序推进教学科研和管理工作。完善激励机制，大幅提高了教职工收入水平，切实提高教职工获得感。与建平香梅中药、建平中学西校签订共建协议，解决教职工子女入学问题。财务管理信息化水平不断提升，优化财务报销流程。推进二期维修改造项目，改善师生工作学习环境。推进智慧教学建设，完成 23 间智慧教室改造。推进教师住房保障各项措施，编制规划教职工宿舍建设可行性方案。多方面拓宽馆际资源合作共享渠道，与校外其他图书馆、图书情报行业文献保障联盟等建立资源共享机制，提高文献资源精准服务的能力。丰富校园文化生活，组织教职工羽毛球比赛、游泳比赛、女教工舞蹈比赛、“六一”亲子活动等。

二、存在的问题

一年来，面对国内外的复杂形势和严峻挑战，全校上下坚持以习近平新时代中国特色社会主义思想为指导，深入贯彻落实总署党委的部署和要求，在危机中育先机、于变局中开新局，凝心聚力、攻坚克难、奋发进取，共同书写了一份学校高质量发展的答卷。这一年的实践让学校深刻认识到，党的全面领导是学校改革发展的根本保证，习近平新时代中国特色社会主义思想是推动学校事业不断向前发展的科学指南，总署党委的支持和关心是学校取得进步的有力保障，广大党员干部、师生员工干事创业、担当作为的精神是学校事业发展的不竭动力。正因有不怕“路漫漫修远”的勇气，经历“上下而求索”的努力，才能在不同寻常的年份取得优异的成绩。同时，在推进学校事业发展过程中，学校仍面临一些问题。

（一）党建引领事业发展仍有较大提升空间。

学校始终坚持和加强党对学校的全面领导，坚持和完善党委领导下的校长负责制，但基层党组织内生动力没有完全激发。作为全国海关系统唯一一所高等院校，学校在“海关+党建”方面开展了一些探索，但将实践创新上升为理论经验的意识还不够强，用创新理论指导再实践的步伐还不够快，党建优势和引领作用没有很好发挥，推动学校事业高质量发展的能力水平有待提升。

（二）突破瓶颈求发展的能力有待提升。

新时代对人才提出了更高要求和更多需求。面对高等教育普及化发展的大趋势，面对社会主义现代化海关对人才队伍高素质专业化的要求，面对人民群众对高质量教育的期盼，行业院校在办学体系、学科建设、专业设置、人才培养模式方面面临着新的复杂而又严峻的挑战。学校作为一所行业院校，运用习近平新时代中国特色社会主义思想破解制约学校事业改革发展的瓶颈、真正实现高质量发展的本领还不强，在建构以培养全面发展的人为出发点的学科专业结构、建立协调可持续发展的办学体系方面仍需不断探索和实践。

（三）内涵建设有待深化。

学校明确了“十四五”时期发展目标，即按大学规格建设发展和高质量精准服务海关，学校距离这两项目标的实现还有很大差距。学校内部组织架构和运行机制不够协调，高水平师资引进不够力度，人事工作改革推进存在一定阻力，工作督办和落实不到位，学校谋事干事的生态环境不理想。在破解历史遗留问题和干部队伍中深层次矛盾问题时，有时存在畏难情绪，啃“硬骨头”的狠劲、冲劲不足。

三、2022年工作思路

（一）持续加强政治建设，始终保持政治上的清醒。

持续深入学习习近平新时代中国特色

社会主义思想，在学懂弄通做实上下功夫，进一步增强“四个意识”，坚定“四个自信”，做到“两个维护”。自觉运用习近平新时代中国特色社会主义思想指导实践、推动工作，把学习成果转化为推动学校事业发展的新思路、新举措、新成效。对习近平总书记的重要指示批示，第一时间列入党委会、形势分析及工作督查例会“第一议题”，组织学习贯彻；对上级的重要文件，第一时间阅批，不折不扣推动落实；深入基层调研检查，动真碰硬、追踪问效。

（二）持续推动强基提质，全面夯实党建工作根基。

扎实开展党史学习教育、“我为群众办实事”等活动，推动“不忘初心、牢记使命”主题教育常态化制度化。以提升基层组织力为重点，严格执行“三会一课”、组织生活会等党内政治生活制度，从严管理党员。持续推进“四强”支部创建活动，选树培育一批过得硬、叫得响的党建品牌。优化学校基层党组织结构，选优配强领导班子，加强党建工作的指导、培训和监督。

（三）坚持举一反三，推动巡视整改落地见效。

根据学校党委对总署党委第十二巡视组巡视反馈意见的整改方案及任务分解表，全面落实分管领域的巡视整改各项工作。在整改中见真章、动真格、求实效，坚决杜绝整改敷衍应付，把解决巡视发现的问题作为推动学校高质量发展的重要契机，从思想根源、工作作风、队伍建设、制度机制等最为突出的问题改起，举一反三，做好巡视“后半篇文章”，推动巡视整改落地见效，推动学校工作再上新台阶。

（四）增强使命担当，激发干事创业热情。

持续改进作风建设，大力倡导“马上就办，真抓实干”，强化效能建设，全面推行部门绩效管理，严格工作流程、要件、标准和时限，提高工作效率；通过优化个人考核、职称职级晋升、分配奖励等政策，激发教职工潜力和干事创业的热情，推进学校各项事业稳步发展，真正做到“五个聚焦”，即聚焦发展目标、聚焦内涵发展、聚焦发展优势、聚焦发展环境、聚焦工作落实。在加强内部治理上敢于担当，敢于“碰硬”，大胆破除体制机制障碍，全面深化改革攻坚，提升学校治理体系和治理能力现代化水平，催生学校发展的活力和动力。

（五）立足真抓实干，推动学校发展再上新台阶。

在新的一年，学校将进一步提升育人能力，提高办学水平。推进人才培养模式综合改革，加快专业改造和内涵建设。做好翻译和国际商务 2 个新增专业硕士学位点的招生和培养工作，并按照博士授予单位和公共管理博士学位授权点的标准开展建设。切实提高智库建设质量，加强海关史研究，实现学校科研工作出成效、上水平。加强队伍建设，做好高层次人才引进和青年教师的培育工作。高质量、平稳推进临港国际校区建设和校园二期建筑维修改造工作。积极筹措资源改善民生，为师生员工排忧解难。真抓实干，马上就办，推动学校发展再上新的台阶。

上海海关学院“十四五”事业发展总体规划

“十四五”时期（2021—2025 年）是我国全面建成小康社会、实现第一个百年奋斗目标之后，乘势而上开启全面建设社会主义现代化国家新征程、向第二个百年奋斗目标进军的第一个五年，也是学校按一流海关大学标准提高办学水平、按高质量服务海关要求提升综合能力，持续推进建设海关特色鲜明、服务国家战略、具有国际影响力的一流高等学府的重要战略机遇期。根据总署、教育部、上海市教委关于制定“十四五”规划的要求，为增强学校事业发展的前瞻性、科学性、指导性，特制定上海海关学院“十四五”事业发展规划。

一、“十三五”时期学校事业发展概况

（一）取得的主要成绩。

1. 坚持党建引领，思想政治意识不断强化。

“十三五”期间，学校深入学习习近平新时代中国特色社会主义思想，全面加强党对学校事业发展的领导，深入开展“群众路线教育实践”“三严三实”“两学一做”“不忘初心、牢记使命”等系列主题教育活动，不断增强“四个意识”，坚定“四个自信”，坚决做到“两个维护”。完善落实党委领导下的校长负责制，制定完善《党委会议议事规则》和《校长办公会议议事规则》，建立健全党委统一领导、党政分工合作、协调运行的工作机制。聚焦纪律作风建设，推动开展系列专项整治活动，持之以恒地正风肃纪，不断深化党风廉政建设。优化基层党组织建设工作，结合学校“三定”工作，对部分党（总）支部设置进行调整，推动全面从严治党向基层延伸。

2. 明确办学方向，办学层次实现历史跨越。

“十三五”期间，学校贯彻落实习近平总书记和党中央关于高等教育的各项部署，深刻反思“为谁培养人、培养什么样的人、怎样培养人”这一根本问题，结合学校实际，分析学校发展存在的主要矛

盾，凝练了学校的办学思路：始终坚持社会主义办学方向，全面贯彻落实党的教育方针，落实立德树人的根本任务。在总署的领导和上海市教委的指导下，坚持和完善党委领导下的校长负责制，融入海关，服务国家和地方经济社会发展。围绕“人才强校、关校融合、国际化”三大战略，以需求、目标、问题、效果为导向，坚持继承、稳定、改革和发展，立地顶天，依特做特，以特促强，走特色办学的内涵发展之路。

学校以一流为目标，抢抓机遇，迎难而上，实现了学校发展的历史性突破。2018年5月，国务院学位委员会公布学校获得硕士授予单位授权，同时获得税务硕士和公共管理硕士2个学位授权点，改变了学校多年来既不是硕士授予单位也没有硕士点的现状，实现了办学层次的历史性跨越，为学校实现一流目标创建了良好的平台。2019年4月，总署署长倪岳峰和上海市市长应勇签署署市合作备忘录，总署与上海市决定共建上海海关学院，为学校发展和服务上海城市建设提供了更加广阔的天地。

3. 完善治理体系，院系布局结构全面调整。

“十三五”期间，学校制定《上海海关学院章程》，以建设现代大学制度为目标，推进内部治理改革，完善内部治理体系。修订《上海海关学院学术委员会章程》，探索完善学术委员会制度下的学术治理机制。深入推进依法治校，对照学校章程，不断健全和完善规章制度，为学校深化改革发展提供强有力的制度保障。

2019年，学校结合“三定”工作，在对海关职能和需求梳理、研究的基础上，调整并优化院系布局，以此为契机，下移管理重心，增强院系的自主权，优化内部治理体系。学校将海关管理系、经济与工商管理系、法律系、外语系、基础部（思想政治理论部）5个教学系（部）调整为海关与公共管理学院、海关与公共经济学院、工商管理与关务学院、海关法律系、海关外语系、公共教学部。成立马克思主义学院，聚焦立德树人持续努力；成立检验检疫技术交流部，为进一步完善学科专业结构、深化综合改革奠定了基础。

4. 对接海关需求，人才培养质量有效提升。

学校以立德树人为核心，认真落实“三全育人”，助推学生成长成才。思政教育方面，集合学校师资、海关系统先进模范、领导干部及业务专家，联合打造“国门中国”系列品牌课程，促进各类课程与思政课程同向同行、协同育人。完善课程思政教材体系建设，编写《冰山国门：红其拉甫海关艰苦奋斗精神读本》等特色教材。推进课程思政项目建设工作，实现学校各专业全覆盖。贴近学生实际，开展线上线下的思想政治教育主题活动，立足海关特色推进易班网络思政教育，重点扶持打造“海思宣讲团”和“青马社”等有影响力的学生理论社团。加强校园文化建设，成功展演原创话剧《关魂》，传承和发扬了海关文化，在海关系统内外获得高度好评。

学校还主动对接海关服务国家战略和地方经济发展对人才培养的需要，瞄准人才培养和海关需求的结合点，推进与海关的融合，构建海关特色人才培养共同体，完善协同育人机制，将海关的优质教学资源引入学校，努力培养符合海关事业和社会经济发展需要的应用型、复合型、涉外型高素质人才。2019 年，学校增加了行政管理专业和经济统计学 2 个本科专业，2020 年申报了海关检验检疫安全专业。“十三五”期间，海关管理专业获批国家级一流本科专业建设点，税收学专业获批省级一流本科专业建设点。学校获批上海市一流本科建设项目，上海市每年支持 500 万元的建设经费；获批上海市一流研究生教育引领计划项目，上海市每年支持 300 万元的建设经费。

5. 改革人事制度，师资队伍结构逐步优化。

学校实施“人才强校”战略，大力引进优秀青年博士，以提升整体素质和核心竞争力为目标，持续优化师资队伍。与此同时，积极调整师资队伍和管理服务队伍的比例，以符合学校开展高质量育人的需要。在加大优秀人才引进力度的同时，学校还通过“激活存量，优选增量”，多举措激发教师教学和科研活力，提高师资队伍质量与水平。充分发挥海关行业专家作用，实现海关专家进校进课堂授课。加大中青年教师赴行业产学研践习的力度，强化青年教师到海关的实践能力。学校构建符合高校教师职业发展规律的教师专业发展机制，鼓励每一位教师找到人生出彩的机会和舞台。

“十三五”期间，学校加大干部交流力度，选聘了一批年轻干部。实施新一轮人事分配制度改革，实施基于成果导向的科研绩效奖励和基于教学质量内涵提升的教学绩效奖励，学校“重质量、奖绩效”的氛围进一步形成。

6. 强化政策激励，科研服务水平持续提高。

学校强化科研机制改革，聚焦服务海关和上海经济社会建设，为海关建设和上海城市建设提供智力支持。学校以高质量研究成果为目标，强化科研机制改革，优化科研管理，完善科研管理制度建设，探索实施全新的科研考核评价体系，力促科研发展体系改革，积极开展应用型研究，不断提升学校科研和智库绩效。学校成立了海关与国家安全研究中心、海关与经贸研究院等科研机构，开展多学科交叉前沿研究，聚焦海关改革发展难点问题集中攻关。

7. 推进国际合作，开放办学范围稳步扩大。

学校坚持开放办学，实施国际化发展战略。学校设置国际交流部，负责具体落实国际交流与合作事宜，推动国际化与人才培养、师资队伍建设的紧密融合。2018年4月，世界海关组织（WCO）正式批准学校海关管理本科专业通过PICARD认证，国际化与人才培养的紧密结合，有助于涉外型人才的培养，扩大了国际声誉和影响力。学校依托世界海关组织（WCO）亚太培训中心，打造“一带一路”沿线国家（地区）海关能力建设基地。同时，为俄罗斯、蒙古国、波兰、马来西亚、印度尼西亚、巴基斯坦、哈萨克斯坦、乌兹别克斯坦等30多个“一带一路”沿线国家（地区）海关关员举办高层次培训项目，促进了我国海关与“一带一路”沿线国家（地区）的交流。持续拓宽学生赴外交流的渠道，开拓与俄罗斯西北管理学院、荷兰方提斯应用科技大学、德国明斯特大学、韩国建国大学、乌克兰海关与财政大学的交换生项目，来华留学生数量及学分互认高校数量逐年增加，并体现海关专业特色。

8. 改善办学条件，民生服务保障日益完善。

“十三五”期间，学校完成扩建三期项目建设。积极改善民生，教职工收入水平和福利待遇逐年提高。启动创建智慧校园，提升校园信息化水平。进行宽带扩容，提升师生员工上网体验，便利教工移动办公。实现餐饮供给质量的优化升级，改造学苑餐厅，引进云餐厅等。响应垃圾分类政策，逐步建立校园生活垃圾分类的常态化、长效化机制。完成田径场跑道及健身步道更新、篮球馆地板改造、计算机机房更新等项目，进一步优化校园环境。优化图书馆电子资源结构，提高资源使用绩效；延长开馆时间、增加服务区域；改造阅览空间，营造书香阅读氛围。加强阅读推广，创设“关海书香”校园阅读品牌。开展海关信息资料的二次开发，对馆藏海关史料资源进行二次开发与利用；加强资源宣传，提高海关服务效能。服务边关，主动推送电子资源，积极为漠河海关、红其拉甫海关、大铲海关、拉萨海关等边关开通电子资源信息服务。

（二）存在的主要问题

1. 育人特色不够鲜明，对标海关需求尚有差距。

学校对海关系统育人资源利用不足，人才培养特色不够鲜明，特别是专业内涵建设、课程体系建设急需加强，实验实训条件薄弱。社会主义现代化海关建设对人才培养提出新的更高的要求，学校急需聚焦海关改革和发展的业务链、创新链进行学科专业布局的调整，对人才培养模式进行重塑和改革，加强专业内涵建设和课程体系建设，以提高人才培养质量和水平。

2. 队伍结构不尽合理，高层次高水平人才匮乏。

学校专任教师整体规模偏小，具有引领和带动作用的高水平师资比较匮乏，师资队伍结构有待进一步优化，省部级及以上教学名师尚未实现零的突破，教学科研团队的数量和质量有待进一步提升。师资队伍和管理服务队伍的比例、结构有待进一步调整和优化，同时，师资队伍和管理服务队伍在一定程度上都存在着能力不强、水平有待提高的问题。

3. 制度执行力待加强，治理效能需进一步提升。

学校制度建设的创新性、科学性和系统性有待提高，制度建设的执行力有待加强。学校治理体系有待进一步完善、治理能力有待进一步提升；二级院系的办学活力有待进一步激发；行政职能部门的工作效能有待进一步提高；学校治理体系中的信息化能力建设有待进一步加强。

4. 科研实力仍有差距，科研激励机制有待完善。

学校科研水平和科研服务能力距社会主义现代化海关建设、上海经济社会发展的需要还存在较大差距。学校标志性的重大科研成果匮乏，高质量的科研成果数量不多，决策咨询研究成果数量较少、质量有待提高，科研创新能力有待提升，聚焦海关改革和发展开展理论研究的水平还不够。科研组织模式创新有待进一步加强，围绕重大科研项目开展协同创新的能力、水平还不够，科研管理机制也有待进一步优化。

5. 学科建设意识不足，学科布局结构缺乏规划。

学校学科意识初步形成，“重专业轻学科”的思想依然存在，学科建设和发展意识不足，学科特色发展的思路和具体建设路径尚不够清晰；“海关学”学科论证工作尚未取得实质性突破。学校获批硕士授予单位的时间较短，专业型学位硕士授权点有待进一步布局，学术型学位硕士授权点尚未取得突破。学校在学科特色凝练和建设思路的指引下，急需调整和优化本科专业布局，加强硕士学位点建设并优化布局。

6. 国际交流项目不多，国际合作内涵亟待深化。

学校国际化战略尚处于起步阶段，以国际化视野推动学校内涵建设、提高育人质量的意识有待加强。对标国际一流海关院校的意识还不够；与国际合作院校更深层次的合作有待进一步推进。学校在专业建设国际化方面有待进一步突破；国（境）外学分互认高校的数量有待进一步增加、质量有待进一步提高。师资队伍中有海外留学及研究经历的教师队伍数量偏少；教师参与国际学术交流还不够。学生国际化的步伐有待进一步加大。

二、机遇与挑战

“十四五”时期，我国进入全面建设社会主义现代化国家的新发展阶段，新一轮科技革命和产业变革带来新机遇，新时代新发展阶段的海关工作面临新任务，我国高等教育改革和发展开启新征程，为学校事业发展带来了重要的机遇和挑战。

（一）国家进入发展新阶段，学校建设迎来新机遇。

党的十九届五中全会作出了我国进入

新发展阶段的战略判断，对教育事业发展作出了重大部署，强调要全面贯彻党的教育方针，落实立德树人根本任务，坚持以推动高质量发展为主题，加快构建高质量教育体系，推进发展方式从规模发展向内涵发展转变，努力走出一条中国特色社会主义教育发展之路。《中共中央关于制定国民经济和社会发展第十四个五年规划和二〇三五年远景目标的建议》明确提出教育改革发展任务，要建设高质量教育体系，加快推进教育现代化、建成教育强国、办好人民满意的教育。习近平总书记强调，“要提升教育服务经济社会发展能力，调整优化高校区域布局、学科结构、专业设置，建立健全学科专业动态调整机制，加快一流大学和一流学科建设，推进产学研协同创新，积极投身实施创新驱动发展战略，着重培养创新型、复合型、应用型人才。”概言之，在新发展阶段，社会主义现代化离不开教育现代化，教育现代化离不开高等教育的现代化。在此背景下，作为海关特色的高等院校，迫切需要提升高质量服务国家战略和精准服务海关的能力，推进产学研协同创新，加快现代化建设步伐。

（二）科技产业呈现新变革，人才培养面临新挑战。

当前，新一轮科技革命和产业变革正在重构全球创新版图，以大数据、云计算、人工智能为代表的现代科学技术正深刻改变着人类的思维、生产、生活和学习方式。高等教育与科技进步、产业发展的关系更加密切，与经济社会发展的结合日趋紧密。在新一轮科技革命和产业变革的影响下，高校面临着深刻的变革：产业结构的变化催生学科组织方式、专业组织方式的变化；市场对新技术的高度敏感性催生科研方式的改变；数字化革命使得高校传统的教学模式和课程形态发生变革；以学习者为中心、注重能力培养的理念日益深入人心，高等教育教学的模式、形态以及学习方式也正在变革。在此背景下，作为海关特色的高等院校，必须从相对封闭的传统圈子里跳出，抓住数字化转型引发大学治理、学科专业布局、人才培养、科研组织方式变革的“机会窗口”，关注海关发展、产业变革对大学生创新创业能力、实践能力的新要求，抢抓发展机遇、准确识变求变，提前谋篇布局，实现跨越式的发展。

（三）海关建设开启新征程，精准服务树立新目标。

“十四五”时期，社会主义现代化海关建设承担着新使命。首先，海关在维护国门安全方面的责任更重。当今世界正经历百年未有之大变局，国际秩序面临深刻调整，世界进入动荡变革期。全球产业链、供应链安全稳定性的冲击给海关履职带来了新的压力，国门安全治理的边界已不局限于口岸的物理界限，国门安全的内涵和外延更加复杂，海关的职责也由税收为轴心的监管转向为安全与税收并重的监管。其次，海关推动高水平开放面临更高的要求。面对国家提出的要推动形成以国内大循环为主体、国内国际双循环相互促进的新发展格局，海关作为推动高水平开放的新载体，是“双循环”的结合点，将在推动经济发展方面发挥重要作用。如何以科技创新、治理创新提高开放监管的能力，更好地推动高水平开放，是海关面临的新挑战。最后，关检融合要求海关的职能有所转型和拓展。党和国家机构改革赋予海关新使命，海关监管职能增强，监管范围更广，监管链条更长。海关亟须基于国家发展战略的需要，对职能进行转型和重组。

对接社会主义现代化海关建设的新需要，学校要深入细致地分析海关在人才队伍、智力支持等方面的需求，系统推进学科专业布局优化和人才培养模式改革。通过与海关深度融合、资源共享，在内涵建设上实现质的飞跃，在服务国家战略和海关建设方面发挥更大的作用。

（四）高教改革提出新要求，学校改革需要新突破。

教育部、财政部、国家发展改革委员会联合印发的《统筹推进世界一流大学和一流学科建设实施办法（暂行）》提出要“引导和支持具备较强实力的高校合理定位、办出特色、差别化发展，努力形成支撑国家长远发展的一流大学和一流学科体系”。“双一流”建设突出了面向需求、强化特色、注重产学研结合、培养一流人才的要求，为学校聚焦海关服务国家重大战略、紧密对接海关需求，争创一流提供了难得的机遇。与此同时，我国高等教育已从大众化阶段迈入普及化阶段。对高校而言，如何在高等教育系统中明确定位、凝练特色，通过质量建设、内涵建设，更好地服务国家战略和社会需求尤为重要。要着眼于将海关的优势转换成海关院校的办学优势，将海关特色转换为海关院校的办学特色。在人才培养模式改革、协同创新等方面开新路，才能更好地服务国家战略和社会主义现代化海关建设。

三、“十四五”发展的指导思想和主要目标

（一）指导思想。

高举中国特色社会主义伟大旗帜，以习近平新时代中国特色社会主义思想为指导，深入学习习近平总书记关于教育的重要论述和全国教育大会精神，贯彻落实党的十九大和十九届中央历次全会精神，站在“教育是国之大计、党之大计”的战略高度，坚持教育优先发展，加强党对教育工作的全面领导，坚持为党育人、为国育才，围绕总署对学校提出的“建成海关系统学习宣传贯彻习近平新时代中国特色社会主义思想的主阵地，培养中国特色社会主义海关急需人才的主平台，研究探索中国特色社会主义海关发展规律的主战场”的要求，根据教育部、上海市对高等教育

改革发展的部署，以立德树人为根本，以服务海关和国家战略以及上海经济社会发展为核心使命，紧密对接社会主义现代化海关建设的新需求，全面深化教育综合改革和教育评价改革，以一流海关人才培养为目标，加快建设海关特色鲜明、服务国家战略、具有国际影响力的一流高等学府的进程，开启建设海关大学新征程。

（二）主要原则。

1. 以政治建设为引领。

海关是政治机关，学校作为总署直属的高等学校，所培养的人才要成为政治上的明白人，善于从政治上观察和处理问题。不断强化师生的政治判断力、政治领悟力、政治执行力，把培养具有政治意识的人才作为人才培养的首要要求。

2. 以立德树人为根本。

进一步强化人才培养的核心地位，强化社会主义核心价值观教育，培养德智体美劳全面发展的社会主义建设者和接班人。紧密对接社会主义现代化海关建设的需求，完善学科专业布局，加强专业内涵建设和课程体系建设，夯实本科教育基础，全面谋划硕士学位点建设，完善本科教育及研究生教育体系，全面提升人才培养质量。

3. 以服务海关为责任。

主动对接国家战略、社会主义现代化海关建设以及上海市经济社会发展的需求，主动作为，在人才培养、科学研究和社会服务等方面寻求更大的突破。

4. 以改革创新为动力。

以《上海海关学院章程》为总纲，推进依法办学、依法治校。着眼于人才培养质量的提升，持续深化教育教学改革。着眼于制约学校长远发展的瓶颈问题，深化教育综合改革和教育评价改革，优化制度体系和运行机制，激发学校内生动力和活力。

5. 以创建特色为重点。

依托海关，逐步打造学校的育人特色、文化特色和治理特色，以特色促发展，形成追求高质量的文化，培养造就符合海关事业和上海经济社会发展需要的应用型、复合型、涉外型的高素质人才、高层次人才和卓越人才。

6. 以开放融合为支撑。

通过与海关和城市的深度融合、与企业的深度合作以及与其他高校之间的有效协同，以开放促协同，以协同促发展，不断提高办学水平。

（三）主要目标。

“十四五”期间，学校将高质量精准服务海关，全面实施以高质量为核心的内涵式发展战略，进一步强化政治引领，完善学校治理体系建设，提高治理能力，使师资队伍结构显著改善，海关特色专业群、学科布局初步完成，形成若干个特色鲜明的学科方向，校园布局更加优化、办学条件明显改善，学校综合实力显著提升，办学质量进一步得到广泛认可。到2025年，建成海关特色鲜明、服务国家战略、具有国际影响力的一流高等学府。在此基础上再奋斗十年，到2035年，使学校学科专业优势明显，服务海关能力显著增强，海关特色更加鲜明，建成具有博士学位授予资格和重要国际影响力的中国一流海关大学。

“十四五”期间，学校争取实现的具体目标见表1。

表1 “十四五”期间，学校争取实现的目标

序号	目标
1	适度扩大各个层次的学生规模
2	逐步建成海关特色的教育体系
3	基本建成特色鲜明的师资队伍
4	构建服务海关的产学研共同体
5	初步形成海关特色的学科体系
6	全面提升国际合作和交流水平
7	系统打造智能高效的数字校园
8	持续改善办学条件和育人环境

四、主要任务和具体举措

学校将坚持目标导向与问题导向相结合，对标世界一流海关高等学府，突出抓好“一个中心”，即聚焦立德树人，培养符合社会主义现代化海关建设和上海市经济社会发展需要的一流特色人才。始终铭记“两个提高”，即提高学校以升格大学为目标的内涵建设，提高学校精准服务社会主义现代化海关的能力。深入推动“三个协同”，即加强学校与海关之间的协同，加强学校与上海城市建设、长三角地区高校、科研院所之间的协同，加强学校与国际海关院校之间的协同。扎实推进“四个升级”，即升级学科专业建设水平，升级人才队伍能力素养，升级学校内部治理能力，升级智慧校园建设。

（一）坚定不移加强政治建设，高质量党建引领高水平发展。

1. 坚定政治方向，不断提高学校领导班子政治水平。

坚持以习近平新时代中国特色社会主义思想为统领，把党的领导贯穿办学治校全过程，坚持社会主义办学方向，坚守为党育人、为国育才的初心和使命，引导各级干部增强“四个意识”、坚定“四个自信”、带头做到“两个维护”。落实立德树人根本任务，全面贯彻党的教育方针，把正确的政治方向、价值导向贯穿到立校办学、育人育才的全过程，扎实推动习近平新时代中国特色社会主义思想进教材、进课堂、进头脑。学校党委全面把好学科发展、师资建设、课堂教学、教材编写、新闻宣传等工作的政治方向，加强课堂、讲座、论坛、报告会等各类活动管理，强化意识形态主体责任，健全意识形态体制机制，加强校园网络安全管理，守好意识形态安全底线。坚持扎根中国大地办学，与经济社会发展同向同行，全面提升人才培养、科学研究、社会服务和文化传承创新的水平。

2. 强化政治标准，有效提升干部和党务工作者素质。

加强干部工作的顶层设计，树立正确

的选人用人导向，突出政治标准，强化政治把关。坚持德才兼备、以德为先，注重实绩、群众公认，健全体现高校特点的干部选拔任用机制，优化班子配备和干部队伍结构，促进干部队伍结构合理、科学发展。深化干部人事制度改革，拓宽干部选任渠道，改进选拔方式，加强对后备干部的培养力度。完善干部考核评价机制，重视干部日常管理监督，将精准科学选人用人和全面从严管理监督统一起来。开展党务工作者培训，加强党务工作者队伍建设，贯彻落实上海市高校党务工作者双线晋升机制，着力打造一支适应时代需求的高素质、专业化党务工作者队伍。继续做好总署党校建设。一方面，发挥高校优势，大力促进党校内涵建设；另一方面，充分发挥党校引领作用，助力学校立德树人和高质量发展，努力适应新时代社会主义现代化海关建设需要。

3. 加强基层党建，持续创建党建品牌激发支部活力。

强化学校基层党组织的政治功能，推动基层党组织建设与学校事业发展紧密结合。强化基层党组织的引领和服务功能，切实改进工作作风，不断增强学校基层党组织的创造力、凝聚力和战斗力。全面深入学习海关系统支部党建品牌创建经验和特色做法，完善基层党支部制度建设和机制建设，探索基层党支部特色品牌建设。实施“支部党建创新项目培育计划”，明确路线图和时间表，激励基层党支部不断凝练特色和创新工作。完善教师党支部书记“双带头人”培育工作计划，实现教师党支部书记“双带头人”全覆盖目标。全面实施党员“先锋”行动，推动教师、学生党员承诺践诺，亮身份、作表率、走前头。

4. 全面从严治党，深入推进党风廉政建设取得实效。

坚持党要管党、全面从严治党，深化细化从严治党“四责协同”机制，完善体现学校特点、符合学校实际的惩治和预防腐败体系，落实党风廉政建设主体责任，严格执行党风廉政责任制。着力提升党风廉政建设和纪检监察工作的科学性、专业性和精细度，强化权力运行制约和监督体系，构建决策科学、执行坚决、监督有力的权力运行体系。聚焦选人用人、考试招录、经费和资产管理、物资采购、基建修缮、因公出国（境）等廉政风险领域，构建完善系统的廉政风险防控机制。进一步加强审计监督，落实审计整改工作，强化审计结果运用。

（二）聚焦立德树人根本任务，构建一流海关特色教育体系。

5. 坚持立德树人，强化铸造关魂为核心的思政教育。

聚焦学校人才培养的中心任务，构建大思政育人工作体系，建立健全学校党委统一领导、党政工团齐抓共管，教学管理与学生工作高效联动的体制机制，构建“三圈三全十育人”新格局。加强马克思主义学院建设，充分发挥马克思主义学院在思政育人方面的功能。推进“思政教育矩阵体系构建计划”，以思想政治理论课为主线，以铸造“关魂”为核心，推动思想政治理论课、学科课程思政、通识教育课程、综合素养课、实践课程等同向同行，全面强化学生思想政治教育。深化学校课程思政改革，以开发和建设“国门中国”系列课程为抓手，建设“国门中国”系列品牌思政课程。

实施“国门卫士晨曦计划”，围绕人文艺术素养和海关精神元素，持续打造具有海关特色的原创话剧、微故事、微视频、微电影、案例教材和文创作品，通过“关校”协同育人，弘扬和传播中国海关精神，助力国门卫士成长。创建大学生艺术中心，培育特色社团，探索“思政+艺术”的“德美一体化”教育模式。探索搭建准军事化院校联盟平台，通过以联促建，以联促改，不断完善和深化准军事化管理的内涵。构建由外聘专家、专兼职心理健康咨询教师以及专业教师共同介入的学生心理健康教育与咨询平台，探索心理危机分级分类的主动干预模式。

6. 加强专业建设，推动本科人才培养质量全面提升。

聚焦以本为本，加强一流海关特色本科教育。为对接社会主义现代化海关改革和发展的需要，学校以一流海关专业集群建设为目标，聚焦海关岗位需要的核心能力，完善与海关协同育人的机制。到2025年，基本形成以海关治理现代化为核心的海关监管专业群、以国门安全为核心的海关检验检疫专业群和以大数据分析、人工智能为基础的海关风险防控专业群。

专业群建设以培养学生的专业能力、综合能力和可持续发展能力为目标，以构建“海关基础课共享、学科基础课分立、专业方向课互选”的共享型一体化海关特色课程体系为核心，以通识教育课程体系为支撑，以强化优化海关实习实践教学体系和学校实验教学体系为重点，建设一批本科优质课程、品牌课程，努力建设若干门省部级以上一流课程，打造具有鲜明海关特色的高质量课程体系。将劳动教育融入海关特色实践教学、实验教学以及创新创业教育中，构建“分类型、分层次、进阶式”的学生能力提升体系。以智慧教学平台建设为契机，以优质在线课程资源建设为抓手，以其他高校优质通识课程资源引入为补充，以海关专家参与课程资源建设为辅助，建立优质学习资源共享平台。聚焦社会主义现代化海关发展战略及重点难点问题、以服务人才需求和海关理论及实际重大问题解决为核心，探索高水平特色实验室的建设，推动教学、研究、实践与应用的紧密结合。强化创新创业教育，将创新创业教育贯彻人才培养全过程。

在专业群建设的过程中，学校将探索实施“专业招生、特色分流、分段培养”的海关特色专业人才培养新模式改革。在新模式下，海关类专业进行大类招生，学生在大学一年级学习公共课和部分海关类基础课；到大学二年级末期按照不同专业方向进行“特色分流”，进入相关院系、专业进行特色培养；大学三、四年级根据不同海关业务的专业人才素质要求，进行海关特色专业课程培养和专业实践训练。

以学业精准化指导为主线，搭建学情调研、绩点分析、学习状况调查等数据分析平台，细化分层分类指导，促进优良学风建设。加强就业引导，提升就业工作精准化引导、管理和服务。

7. 优化学位点合理布局，打造高质量研究生培养体系。

着眼于升格大学的内涵建设，系统规划研究生学位点布局。在加强公共管理（MPA）和税务（MT）2个专业硕士学位授权点建设基础上，进一步培育和申报国际商务、翻译、法律、审计等专业硕士学位授权点。根据学校实际情况适时启动应用经济学、公共管理、工商管理、法学、中国史或世界史（海关史）等学术型硕士学位授权点的筹备与申报工作。根据学科建设需要，积极筹备国家安全学、海关风险控制等相关交叉学科的硕士学位点建设申报工作。

以为海关培养高水平人才为目标，健全研究生招生宣传机制，完善人才选拔标准体系，有效提高研究生生源质量。积极探索以海关职业需求为导向，以实践能力、创新能力和判断能力培养为重点，产学研结合、具有鲜明海关特色的专业学位研究生培养模式，强化内涵建设，不断提高研究生培养质量。强化特色品牌意识，加大省部级研究生教育教学成果奖、省部级教改项目、研究生实践基地、海关特色的研究生教材、研究生教育教学案例库建设培养等方面的支持力度，有效扩大学校研究生教育的社会影响力和学生就业竞争力。加大研究生导师队伍建设改革力度，完善研究生导师遴选、考核机制和制度，有效提高研究生导师队伍质量和水平。探索实施研究生副导师制，为优秀青年博士提供发展平台。充分调动院系的积极性，完善相关规章制度，建立适应专业学位特点的研究生管理体制和机制。

（三）服务支撑学校高质量发展，全面提高各类队伍能力水平。

8. 优化岗位设置，合理调控各类人才队伍规模结构。

根据学校以升格大学为目标的内涵发展要求，突出战略导向，优化配置人力资源，合理调整人员规模结构，确保教师岗位人员比例有较大幅度增长。以提高管理绩效为核心，加强系统性的培训，建设一支精干高效、业务精湛的管理队伍，全面提升管理队伍的管理服务能力和专业化水平。优化岗位结构，使工勤岗位与管理岗位保持合理比例。通过完善轮岗、校内外交流机制和制度，加快培养多元化、复合型的技术支撑人员队伍和服务人员队伍。

9. 加强引进力度，不断带动师资队伍质量整体提高。

实施“高水平人才引进计划”，重点引进一批能够高质量对接社会主义现代化海关建设需要、带动学校学科建设和发展的高水平人才。实施“青年优秀人才引进计划”，聚焦学校学科专业的内涵建设，重点引进具有学术发展潜力和持续创新能力的青年优秀人才。加强制度创新，探索“柔性引进”的新形式和新机制，以双聘教授、专家顾问、海外教授工作站等多种形式，引进高水平人才，助力学校学科专业跨越式发展。完善引进海关专家的聘任和管理办法，依托关校融合平台，推动各类海关专家参与学校人才培养的全过程。积极谋划博士后流动站的建设。

10. 加大培养力度，持续优化各类人才成长环境。

实施“青年学者成长计划”，以每三年为一个周期，资助 5 名潜心学术、勇于创新、在海关研究方面有一定积累的优秀青年学者。实施“海关特色教学名师成长计划”，以每三年为一个周期评选出 5 名热爱教学、钻研教学并具有良好教学效果的中青年教师对接海关改革和发展实践进行教学改革，按照教学名师进行培养。以聚焦社会主义现代化海关建设和上海经济社会发展需要为目标，完善相应的考核和管理机制，实施“青年博士卓越成才计划”，对青年博士在学术方向、教育教学、融入海关等多方面给予引导支持，鼓励青年博士聚焦海关重点领域以科研创新团队方式快速成长。实施“青年教学新星”计划，培育一批积极上进、热爱教学的青年教师个人、特色鲜明的教学团队和课程建设团队。

11. 强化思政育人，全面构建思政工作队伍建设体系。

加强马克思主义学院班子建设和专业师资建设，打造一支思想理论素质高、教学与科研能力强的专业教师队伍。加强辅导员队伍建设，打造一支政治立场坚定、综合素质高、工作能力强、具有发展潜力的专职辅导员队伍。建立健全辅导员培养体系，建设一支政治强、业务精、纪律严、作风正的专兼职辅导员队伍。

（四）对接国家战略和海关需求，构建学科发展新格局。

12. 服务国家战略，对接海关需求积极谋划海关学创建。

瞄准国家安全学一级学科建设和发展的机遇，积极谋划海关学进入国家学科目录。以海关学学科创建为核心，布局学校学科发展新格局。推动海关学学科论证与创建工作，按照“学科+特色”的基本原则，以海关学学科创建为主线，做好基础学科、支撑学科、新兴学科的规划与布局工作，推动管理学、经济学、法学、文学、国家安全学、检验检疫类相关学科的合理布局与交叉融合，为海关改革和发展提供强大的学科支撑和学理支持。根据社会主义现代化海关建设的需要，深入推进与海关协同育人和协同创新，重点建设具有鲜明海关特色的优势学科及其重点领域，在学科建设方面逐步产出一批国内外有影响力的、具有海关特色的学科建设成果。以高质量精准服务社会主义现代化海关建设为导向，以优势学科建设、硕士学位授权点建设为突破口，以科研平台、特色科研团队、标志性科研成果为抓手，调整和完善学科布局，推动学科交叉融合，提升学科竞争力。

13. 培育学科优势，打造具有鲜明海关特色的管理学科。

根据“扶需、扶特、扶强”的原则，学校进一步加强公共管理、工商管理2个一级学科的海关特色建设。其中，公共管理一级学科重点建设海关管理、行政管理、公共政策与风险管理、国门安全与口岸管理4个学科方向。工商管理一级学科重点建设国际商务、物流与供应链管理、海关稽查3个学科方向。根据学科建设需要，进一步统筹学校、海关系统等优势资源，凝聚一支高水平的学科队伍，逐步推进育人质量的提升，重点针对海关领域相关理论和应用实践开展基础和应用研究，通过对海关改革和发展中的热点、难点等问题的综合研究以及跨学科方法的综合运用，在创新海关特色相关学科基本理论、学科体系和研究方法上取得突破性进展。

14. 强化特色创建，加强相关学科内涵建设和改革发展。

建设具有鲜明海关特色的应用经济学学科，下设海关税收征管、海关统计应用、国际贸易3个学科方向。建设具有鲜明海关特色的法学学科，聚焦海关法、国门安全法、知识产权保护、国际关贸合规等方面，开展持续性研究，逐步形成学科特色。以海关检验检疫安全专业群建设为基础，与海关及相关高校合作共建海关检验检疫类相关学科。建设具有鲜明海关特色的外国语言学学科，下设翻译学、专门用途外语2个学科方向，重点关注国际商务领域和国际海关法规与文献的研究与翻译。强化马克思主义理论学科建设，深化思政教育教学改革，积极推动习近平新时代中国特色社会主义思想进教材、进课堂、进头脑，认真落实“马克思主义理论学科重点建设专项计划”，围绕学校特色和海关实际，持续开展重要理论、实践问题研究和决策咨询研究，力争产出一批富有特色和影响力的研究成果。

（五）优化科研管理和激励机制，提高科研创新和服务能力。

15. 加强制度引领，激发科研创新活力。

坚持学校科研服务国家战略和社会主义现代化海关建设、上海经济社会建设的需要。以深化新时代教育评价改革为契机，加强学校科研管理制度体系建设，完善科研评价办法、科研激励办法等一系列科研管理办法，充分发挥制度引领作用，激励高质量服务海关的科研成果产出。整合科研力量，加强学校层面在科研规范管理、科研布局以及前瞻性、基础性研究方面的能力。强化海关与经贸研究院等科研平台的引领和孵化作用，加大对重大项目和重点课题的培育和组织管理创新。完善科研保障体系，有针对性、系统化地组织开展高水平、高质量科研辅导和培训，不断提高科研服务水平，对承接高层次项目的课题负责人和团队提供全过程、精细化的跟踪管理及服务。全面加强科研管理的信息化、规范化、智能化，不断提升科研管理的科学化水平。

16. 支持理论研究，产出一流原创学术成果。

充分发挥学校在国别海关制度研究、海关史研究、海关监管研究等方面的资源优势和学术积累，有计划地开展海关基础理论研究，重点支持高水平研究成果的培育和产出，鼓励海关基础研究领域的创造性工作和持续性投入。加强对于高质量海关基础理论研究著作的出版支持力度，通过组织、遴选一批优秀原创海关基础理论研究成果，在优秀出版社系列出版，扩大成果的学术效应和社会效应，提高学校科研在海关系统内外的影响力。实施“海关翻译出版支持计划”，重点支持学校教师翻译跨境贸易便利化等国外海关理论类研究成果，在翻译著作的遴选、翻译质量、发行价值等多方面严格把关，推动学校学术的国际交流和互学互鉴。加强《海关与经贸研究》期刊队伍的建设，全面提升办刊质量和学术水平，争取推动刊物进入北大核心期刊目录。

17. 改革组织模式，构建特色科研创新团队。

改革原有的“小”“散”的科研创新团队组织模式，聚焦学科特色发展方向，瞄准社会主义现代化海关建设及上海经济社会重大发展的需求，从学校层面组织学校、海关、其他科研院所等多方资源，整合多方力量，构建特色科研攻关团队，围绕国家战略和海关需求重大项目、重点课题开展持续性、长期性的原创性研究，特别要聚焦“一带一路”倡议与贸易便利化、人工智能与海关大数据、口岸贸易便利化管理体系、海关技术类贸易措施与国际规则等重大课题，进行项目攻关，产生一批高质量的科研成果，为总署决策和海关改革服务。在科研创新团队建设有所积累的基础上，逐步布局高水平科研平台和科研基地建设，提升学校科研综合实力和服务海关的能力。

18. 整合内外资源，打造服务海关高端智库。

创新体制机制，整合校内外资源，聚焦社会主义现代化海关建设及外经贸领域发展重大问题，以海关与经贸研究院为核心平台，以署市共建、关校融合及长三角高水平行业特色大学联盟建设为契机，通过校校合作、关校合作、校地合作，建立协同创新共同体，打造高端智库，为总署提供高质量咨询成果，逐步培养若干名能够服务总署决策、在海关系统内外有一定影响力的专家学者。

（六）加强国际合作和交流，打造国际化育人阵地。

19. 构建合作网络，提升教学科研协同水平。

做好顶层设计，明确涉外型人才培养的具体内涵和细化指标，逐步构建海关国际化教育体系，推动国际交流与学校育人模式改革、学科专业建设、课程建设紧密结合。加强顶层设计，做好国际化办学规划及方案设计，精心布局全球合作院校网络。加强与世界海关组织（WCO）及相关国家海关院校的合作交流，系统梳理分析国外海关院校、国外一流特色高校的优势与特色。进一步拓展对外交流合作渠道，加强与国外院校在人才培养、科学研究、文化交流等方面的交流、合作与竞争，遴选1~2所国外一流特色高校进行对标建设。加强制度建设，优化国际交流部与院系深入合作的机制，充分发挥院系及师生的积极性，构建多元化的国际交流与合作体系。

20. 实现优势互补，打造海关国际化教育体系。

进一步推动海关管理专业的国际化发展，参考世界海关组织（WCO）PICARD海关关员能力培养专业标准，探索专业建设的国际化，不断提升海关管理专业的内涵建设。探索其他专业进行国际评估、认证的可能性。积极推进与国（境）外高校的学分互认。引入海外优质教学资源，开设具有海关特色的国际课程。推进全英文课程建设，使全英文课程的数量和质量取得显著突破。大力推动学生国际化，留学生和出国留学经历的人数有明显增长。积极推动学生参与国际培训项目、跟班作业项目和交流项目。

21. 优化管理机制，保障国际化办学质量。

提高国际化办学管理水平，把国际化战略任务细化落地于二级院系、职能部门的各项工作中。制定学校中层干部国际化交流培训基本制度，与国外同类院校建立密切业务联系，实现资源共享。营造良好的国际化教学科研环境，加强学术国际合作，以国际学术论坛、国际学术交流等多种形式，扩大学校国际影响力。

（七）深化教育综合改革，持续激发办学创新活力。

22. 加强制度体系建设，提升现代化治理能力。

坚持完善党委领导下的校长负责制，充分发挥学校党委在学校事业发展中的领导核心作用。完善党委领导班子集体学习研讨制度。优化党委领导班子议事规则和决策制度，坚持重大问题集体讨论、集体决策，提高决策的科学化、民主化和规范化水平。进一步完善学术组织机构，充分发挥学术组织在学科专业建设、学术评价、学校发展和治理中的重要作用。完善学校学术不端行为审查机制，强化学术道德建设，加强学术规范，加大查处力度，杜绝学术不端和学术腐败。构建重大问题决策的支撑体系，充分发挥学术、咨询等各类组织的作用，专业性较强的问题充分听取专家的咨询论证意见；学校的重大发展规划、重大改革方案、重大决策举措等，广泛听取师生员工的意见。完善决策实施的评估机制，对重大事项的决策实施效果进行全面评估，并对师生员工有所反馈，不断提高民主管理、科学决策的水平。探索建立学校发展战略顾问委员会，健全总署、教育部、上海市、海关和社会支持学校可持续发展的长效机制。创新形式，深化校友会工作，加大学校外联工作支持力度。积极发挥工会、妇委会、共青团的作用。

23. 深化教育评价改革，建树科学教育发展观念。

全面系统深入学习领会《深化新时代教育评价改革总体方案》，围绕关键主体，明确任务清单和改革时限，从领导机制、学生发展、教师提升、教学质量、科研考核等方面转变评价观念、科学制订评价方案、完善考核标准，探索建立科学的学校教育评价综合体系，促使评价改革取得实质性突破，推进《深化新时代教育评价改革总体方案》贯彻落实落细落地。

24. 推进校院两级管理，有效激发院系办学活力。

以试点先行、稳妥推进的方式，以若干院系试点单位为基础，以院系自我改革方案为依据，进一步探索管理重心向院系下移，形成管理机制、实施办法、责任清单、制度保障，切实赋予院系自主权，充分调动院系办学积极性。逐步扩大院系财务管理权、资源配置权、教学管理权和学术管理权，有效激发院系办学活力和自我输血、自我发展能力，推动院系自主管理、自我约束、规范运行、快速发展。坚持和完善院系党政联席会议制度，健全党政分工合作、共同负责、协调运转的工作机制。

25. 优化统筹协调机制，全面提升学校管理效能。

逐步建立健全学校宏观管理、部门协调配合、院系自主运行的校院两级管理体制，提升职能部门政策研究、谋划运作、组织协调、监督管理及综合服务的能力，形成校院（系）两级互联互动、合力发展的管理运行机制。在学校管理重心下移、扩大院系自主权的同时，完善各类监督和考核体系。根据学校改革的实际需要，按照“大管理”“大教学”“大服务”的基本思路，进一步完善职能部门“大部制”的运作机制，在做好建章立制工作的基础上，建立完善有效的沟通协调机制，进一步完善和优化职能部门职责和人员配置，优化部门工作流程，不断提高工作效能和服务质量，全面提升学校管理效能。

（八）有序建设和谐校园，全面改善学校办学条件。

26. 科学规划校区，持续优化校园基本建设。

优化校园功能布局，合理规划学校本

部、苏州分校、临港国际校区的功能定位及发展重点。加强基础设施的维护、升级和改造，为学生“学有所得”提供优质的学习环境，为学校人才培养、科学研究、学科发展提供更好的基础环境。根据学校事业发展和办学规模需要，筹建学生宿舍和教工宿舍，进一步改善办学条件。筹建现代化海关教学与实训大楼，为提高学生综合素质和创新实践能力提供平台。实施学校扩建三期项目预留地建设项目、田径场北侧绿化改建运动场馆等 5 个新建项目。

27. 建设文化校园，丰富校园文明健康内涵。

按照“十四五”期间的办学规模及内涵建设要求，有序推进各类用房的功能调整，更好地为教学科研服务。加强本科教学实验室、创客空间、大学生创新发展服务中心等的建设，为实验教学、创新创业教育提供更多场所。优化图书馆的空间布局，形成以学习者为中心，有助于学习交流、创新创意和互动合作的空间布局。优化校园功能布局，利用现有楼宇、道路、水系、绿地等布局，整合并发掘人文资源，形成分布于校园全域的五大主题型文化环境区域［历史文化区（荣阶园）、国际交流文化区（赫园）、毕业生文化区（菁园）、自然文化区（青莲园）、生活文化区（夙兴园）］，形成具有学校特色的文化校园。

28. 建设智慧校园，深入推进数字化建设。

以数字化建设为重点，全面升级智慧校园建设。加强顶层设计和统筹协调，打通数据资源，打破信息孤岛，梳理数据体系，融合以人为本的规划要素，打造信息化时代的高效业务流程，建立智慧校园服务协同新机制，形成全面感知、数据融合、服务创新的智能化体系。完善教育教学基础设施建设，积极推动现代教育技术在教和学中的运用，推动信息技术与教学的深度融合。加强智慧教室建设和教学楼智能管理系统建设。建设财务管理信息化平台，实现移动报销管理、预算费控、可视化分析等功能，推动财务管理智能化转型，提升财务管理效率。全面提高教育信息基础设施建设和信息化水平，实现办公自动化到智能办公的转变，建立高效便捷、师生满意度高的信息化、智能化服务体系和服务平台。

29. 建设平安校园，全面升级校园安全管理。

推进安全基础设施建设的改造和升级，提升智能化水平。完善技防布局，力争完成各楼宇消防设施设备的更新改造。针对学校现有的消防系统，加强火警智能监测和报警功能，加强物联网采集设施建设，实时监测消防设施状态，预警预测风险，提升消防安全管理水平，实现技防、人防、消防的有机结合。制定和完善实验室安全管理的规章制度，实施实验室安全巡查制度，规范实验室危险废弃物管理、消防安全和用电安全。修订校园安全管理的规章制度，完善各项安全稳定应急预案。加强安全教育，推进校园安全文化建设。

30. 建设低碳校园，健全节约资源管理体系。

健全节能组织管理体系，系统实施设备的节能改造，扎实推进资源的综合利用。提升校园的绿地质量，形成良好的绿色生态环境。强化节能节约的宣传工作，开展“校园绿色低碳生活”主题活动，营造勤俭节约的校园文化氛围。深入推进垃圾分类工作，合理回收有效资源。

（九）强化海关精神引领，打造一流海关院校文化。

31. 传承海关精神，持续发扬学校优良传统。

大力弘扬“爱国明志、开放博学”的学校精神，践行“致知、力行、慎独、忠诚”的校训，以“国魂、关魂、校魂”三魂合一的精神为统领，深化爱党、爱国、爱关及爱校的教育，全面提升关院师生员工的责任感和使命感。加强校风、师风、学风建设，营造既富有历史传承又具有社会主义现代化海关特征的文化氛围，形成具有海关院校特色的校园文化体系。继续提炼和挖掘学校文化的核心价值和核心特征，并做好学校文化传承和发扬光大的工作。资助一批具有海关特色的话剧演出、校史文化的专著出版等；进一步加强关院文化符号在视觉传播上的设计和管理。推动学校与海关、其他高校的文化交流，扩大和提升校园文化影响力。完善校史馆的特色凝练和文化服务建设；推进校史编研和校史专题研究，做好文化传承功能。

32. 深化内涵学军，加强海关职业文化教育。

贯彻落实准军事化海关纪律部队建设的各项要求，实施“准军事化内涵建设提升计划”，开展准军事化内涵建设提升研究，将准军事化建设与育人模式改革紧密结合，拓展准军事化建设的深度和广度，真正做到“外树形象”和“内强素质”的有机统一，不断打造学校学生独特的形象气质和职业素养；建立和完善以“纪律教育为核心、规范统一为基础、提高能力为标准、创新发展为动力”的准军事化建设长效机制；努力把准军事化的要求贯彻于教育、管理、服务的各方面，形成具有独特魅力的学军文化传统。

33. 创建精神文明，全员参与学校文化建设。

推动精神文明创建与具有海关特色的学校文化的深度融合。完善精神文明创建工作机制，推动精神文明创建与学校文化建设同步，提高全体师生员工增强精神文明创建和文化建设的自觉意识，在教学、科研、学生活动以及对外交流中，将精神文明创建与学校文化符号、文化内涵有机融合。引导和鼓励各具特色的院系文化、社团文化和网络文化建设同步发展，形成具有学校特色的群众性精神文明创建活动。打造学校融媒体平台和融媒体传播体系，建立健全学校与新闻媒体的沟通协同机制，加强学校的形象传播，及时宣传学校重大改革举措和育人成果，展示学校文化形象。

(十) 关注绩效与公平，深化资源配置与分配改革。

34. 加强财务管理，不断提高资金使用效益。

优化预算编制管理，以支出目标管理为核心，以项目库建设为抓手，全面提高资金分配的科学性和有效性。建立健全收支执行动态监控机制，加强收支执行管理，提高经费使用效率。理顺优化采购程序，规范采购行为，严控开支标准，实施负面清单，杜绝违规报销。

35. 优化资源配置，实现资产全过程科学管理。

加强资产管理的统筹协调和有效运行，通过资产的统一管理、归口管理和分类管理，建立健全资产管理体系。根据学校事业发展的重点任务，重点向教学一线倾斜，切实保障资产的优化配置。坚持资产生命周期的全过程管理，建立健全以目标为导向的资源配置机制。结合院系、使用性质等情况建立资产定额使用和配置的标准，强化成本核算，减少不必要的资源闲置和浪费，切实提高资源使用效益。

36. 推进综保改革，全面提升优质服务水平。

形成科学合理的后勤综合化改革方案，分步骤稳步推进后勤综合化改革。逐步开放校园后勤市场，推进社会服务购买，引入优质社会服务，健全准入退出机制，逐步降低自办后勤的规模，提升社会化程度。切实提高后勤管理能力和服务质量，满足多元化、差异化的师生需求，提供更多优质服务的选择空间，提高服务育人的文化品位。

37. 持续改善民生，实现学校发展成果共享。

坚持与全体教职员工共享学校发展成果，激发全体教职员工干实事、谋发展的动力，使教职工收入与学校发展同步增长，实现多劳多得、优绩优酬。高度重视教职员工的根本利益和现实需求，努力解决突出的民生问题，不断强化民生保障。关注教职员工身心健康，加强健康预防保健。做好老干部、退休教职员工的关心和慰问工作。做好教职员工福利保障工作，关心学生的学习和生活条件改善，为学生全面发展、健康成长创造良好的环境和条件。加强学校咖啡吧、健步道、体育馆等师生配套生活设施建设。

五、全方位保障

(一) 组织及系统保障。

成立学校层面的“十四五”规划工作编制及实施领导小组，主要负责领导“十四五”规划的编制、推进落地以及评估监督工作，确保做到决策部署以规划为依据，工作目标以规划为指南，考核工作以规划任务为主要标准。同时根据形势变化和学校事业发展的需要，对规划进行必要的调整和完善。

领导小组的工作包括：把握“十四五”规划战略发展方向；研究审定“十四五”规划基本思路、核心指标及重点任务等关键内容；定期组织规划实施情况评估检查；协调解决“十四五”规划推进过程中的重大问题；系统评估分析“十四五”规划推进的成效；加强对“十四五”规划执行过程的全方位宣传，使规划执行过程成为凝聚人心、群策群力、共谋发展的过程，确保规划目标的顺利达成。

发展规划处负责学校“十四五”总规划的编制工作以及专项（题）规划、院系规划的日常协调工作。行政职能部门负责专项规划的编制和落地，院（系）的院长（系主任）负责牵头制订院系规划和推进落实。

（二）制度及机制保障。

建立学校“十四五”规划制度及保障机制，注重规划编制与规划实施相结合，重视规划的宏观思路和顶层设计，同时也重视规划的实施和落地。

建立总规划、专项（题）规划、院系规划相互衔接的有机体系，确保规划体系之间相互支撑、有机衔接，形成全校规划“一盘棋”的规划体系。

构建学校“十四五”规划与行政工作要点、部门绩效考核三者之间有效联动和协同的机制。加强目标管理和任务分解，根据学校的战略目标及“十四五”发展目标、主要任务等，确定学校年度行政工作要点，分解明确院系及行政职能部门的重点工作任务，使得全校上下更加清晰地理解学校发展目标、建设任务与院系、部门工作目标及任务的关系。

建立科学的规划实施效果反馈系统。定期对规划实施过程进行动态监测、分析评估和跟踪检查。将评估结果纳入规划修订程序，及时调整和优化规划目标、任务及举措，提升规划的执行力和时效性。

（三）财力及资源保障。

积极筹措资金，拓宽办学经费筹集渠道与来源，向总署、上海市争取更多的资源支持，开源节流，提升资源的配置使用效率。以学校“十四五”事业发展为出发点，不断挖掘学校存量资源，积极争取增量资源，以满足学校各项事业发展需要。优先保证对人才培养的投入，充分激发资源保障对事业发展的推动作用，加强对学校发展有标志性影响的学科、平台、团队资源配置的倾斜力度。

推动规划实施与资源配置联动，实现规划与预算经费、空间、硬件等资源投入强相关，务实推动规划落地。按照有所为、有所不为的原则，整合校内外资源，建立开放、竞争、择优的资源配置体系，坚持以规划目标和绩效考核为导向，统筹学校各类经费，突出建设重点，提高资金使用效益，为规划目标的实现提供强有力的财力、物力保障。

第二篇

专记

上海海关学院本科专业建设综述

一、本科教育基本情况

（一）人才培养目标定位。

高举中国特色社会主义伟大旗帜，以习近平新时代中国特色社会主义思想为指导，深入学习习近平总书记关于教育的重要论述和全国教育大会精神，全面贯彻党的十九大和十九届中央历次全会精神，围绕总署对学校提出的“建成海关系统学习宣传贯彻习近平新时代中国特色社会主义思想的主阵地，培养中国特色社会主义海关急需人才的主平台，研究探索中国特色社会主义海关发展规律的主战场”的要求，根据教育部、上海市对高等教育改革发展的部署，立足校情、解放思想，以立德树人为根本，以服务海关和国家战略以及上海经济社会发展为核心使命，紧密对接社会主义现代化海关建设的新需求，全面深化教育综合改革和教育评价改革，以培养能适应海关与外经贸事业发展需要的应用型、复合型、涉外型高素质专门人才为己任，加快建设海关特色鲜明、服务国家战略、具有国际影响力的一流高等学府。

（二）专业设置基本情况。

学校设有海关与公共管理学院、海关与公共经济学院、工商管理与关务学院、海关法律系、海关外语系、公共教学部、马克思主义学院、检验检疫技术交流部等8个教学院（系、部）；设置海关管理、海关检验检疫安全、行政管理、税收学、经济统计学、物流管理、审计学、国际商务、法学、英语等10个本科专业，涵盖经济学、法学、文学、管理学等4个学科门类（见表1）。其中，海关检验检疫安全专业为2021年新增《普通高等学校本科专业目录》外本科专业。本科法学、税收学专业分别是教育部第二、第三批高等学校特色专业建设点，海关管理、海关检验检疫安全专业为国家控制布点特设专业。2018年4月，海关管理专业通过世界海关组织（WCO）PICARD标准认证。2019年12月，海关管理专业获批国家级一流本科专业建设点，税收学专业获批省级一流本科专业建设点。

表 1　学校本科专业情况一览表

学科门类	专业类	专业代码	专业名称
经济学	财政学类	020202	税收学
	经济学类	020102	经济统计学
法学	法学类	030101K	法学
文学	外国语言文学类	050201	英语
管理学	工商管理类	120205	国际商务
		120207	审计学
	公共管理类	120402	行政管理
		120406TK	海关管理
		120415TK	海关检验检疫安全
	物流管理与工程类	120601	物流管理

（三）在校本科生规模。

截至 2021 年 9 月 30 日，学校在校本科生 2,640 人，与 2020 年相比，本科生人数增加 4.02%。本科生中，海关管理专业在校生比 2020 年增加 21.77%，海关检验检疫安全专业为新增海关类专业。海关类专业在校生占全部本科在校生的 59.62%，比 2020 年增加 10.57%。本科各专业学生人数见表 2。

表 2　学校在校本科生一览表

层次	学科门类	专业名称	在校生人数
本科	管理学	海关管理	1,516
		海关检验检疫安全	58
		行政管理	68
		物流管理（口岸物流方向）	111
		国际商务（国际关务方向）	189
		审计学（海关稽查方向）	122
	经济学	税收学（海关税收方向）	206
		经济统计学（海关统计方向）	68
	法学	法学（海关法学方向）	156
	文学	英语（商务应用方向）	146
合计			2,640

（四）本科生源质量情况。

2021 年，学校 7 个本科专业在 31 个省（自治区、直辖市）招生人数为 703 人，招生计划完成率为 100%，实际报到人数 686 人，实际报到率为 97.58%。海关管理、海关检验检疫安全 2 个海关类专业在各省提前批次招生，其他专业分别在普通本科批、本科一批、本科二批等批次招生。该年度各专业计划招生人数、实际录取率、一本（自招）上线率、第一志愿录取率见表 3。

各专业累计 695 人超生源地一本（自招）控制线，一本（自招）上线率为 98.86%，较 2020 年上升 3.5%，为 2008 年以来最高。海关类专业录取新生 528 人，一本（自招）上线人 528 人，上线率为 100%；涉关专业[①]录取新生 175 人，其中 167 人超生源地一本（自招）控制线，一本（自招）上线率为 95.4%。其中，海关类专业在全国各地录取最低分均超当地一本（自招）录取控制线（文史类平均超 42 分，理工类平均超 84 分）。其中，黑龙江理科最低录取分超当地本科一批线 149 分，文科最低录取分超当地本科一批线 79 分。辽宁省最低录取分超当地特招线 105 分。

表 3　2021 年学校各专业招生录取情况

专业名称	招生计划人数	实际录取人数	录取率（%）	一本上线率（%）	第一志愿录取率（%）
海关管理	468	468	100	100	99.8
海关检验检疫安全	60	60	100	100	65
税收学	35	35	100	91.4	91.4
审计学	35	35	100	100	77.1
国际商务	35	35	100	94.3	45.7
法学	35	35	100	91.4	77.1
英语	35	35	100	97.1	32.4
合计	703	703	100	98.86	66.2

二、师资与教学条件

（一）师资队伍规模及生师比。

截至 2021 年 12 月 31 日，学校专任教师 152 人（不含学生思想政治系列专任教师和“双肩挑”人员），其中教授 19 人，副教授 49 人，具有高级专业技术职务教师的比例为 44.74%；具有博士学位教师 96 人、硕士学位教师 46 人，具有博士、硕士学位教师的比例为 93.42%，同比增长

① 学校为海关管理相对人培养外经贸专业人才所设的 8 个专业被称为涉关专业，分别是行政管理、税收学、经济统计学、物流管理、审计学、国际商务、法学、英语。

2.26%。师资队伍年龄、学历、学缘、专业技术职务结构合理，各专业教师配备比较齐全，“双师型”教师48人，整体素质基本达到学校定位和人才培养目标要求。

各本科专业生师比见表4。

表4　学校各本科专业生师比一览表

专业名称	专任教师人数	兼职教师人数	本科生人数	生师比
海关管理	23	18	1,516	47.38∶1*
海关检验检疫安全	4	3	58	10.55∶1
行政管理	8	3	68	7.16∶1
税收学	12	8	206	12.88∶1
经济统计学	7	5	68	7.16∶1
审计学	7	2	122	15.25∶1
物流管理	8	2	111	12.33∶1
国际商务	10	2	189	17.19∶1
法学	13	4	156	10.4∶1
英语	13	2	146	10.43∶1

*说明：自海关管理专业开始招生以来，学校举全校之力办好该专业，该专业的部分专业基础课、专业主干课由其他专业教师承担。自2021年开始，该专业实行“专业招生、特色分流、分段培养”培养模式改革，专业设置11个方向，其中7个方向的绝大部分专业基础课和主干课由其他专业教师承担。

（二）本科生课程及主讲教师情况。

2020—2021学年全校开设本科课程总门数382门、总门次1,038门次，同比分别增加20.89%、26.28%。生均课程门数为0.145门，同比增加16.14%。生均课程门次0.393门次，同比增加21.3%。当年新开课程总门数66门，总门次75门次。开课情况统计见表5。

本科生课程主讲教师100%为讲师及以上职称或具有硕士及以上学位，符合教育部相关要求。2020—2021学年学校20名教授全部给本科生授课，主讲本科课程的教授占教授总数比例为100%，教授承担本科生课程109门次，占比为10.50%，同比增加2.96%。

表 5 近三年学校本科课程开设情况统计表

学年	课程总门数	生均课程门数	课程总门次	生均课程门次数	新开课程门数	新开课程门次
2018—2019	303	0.125	759	0.312	27	38
2019—2020	316	0.125	822	0.324	32	39
2020—2021	382	0.145	1,038	0.393	66	75

（三）教学经费投入情况。

学校始终坚持“教学优先”的原则，除了保证学科专业建设、本科教学质量工程相关项目建设等专项教育经费外，还不断加大日常教学经费的投入。2020 年，受新冠肺炎疫情严重影响，相关教学业务暂停或暂缓进行，部分预算中的教学经费未能支出，本科日常教学经费、教学改革与建设专项经费分别为 1,289.83 万元、595.54 万元，同比有所减少。三年来日常教学经费、专项教学经费、生均日常教学经费、生均专项教学经费、生均实验经费和生均实习经费统计见表 6。

表 6 近三年学校本科教学经费投入统计表

年度	日常教学经费总额（万元）	生均日常教学经费（元/生）	专项教学经费总额（万元）	生均专项教学经费总额（元/生）	生均实验经费（元/生）	生均实习经费（元/生）
2018	1,208.69	4,976.08	618.22	2,545.16	312.89	456.98
2019	1,378.10	5,371.78	731.77	2,851.79	301.13	467.65
2020	1,289.83	4,885.72	595.54	2,255.83	223.14	308.26

（四）校舍面积。

学校占地面积 312,250 平方米，总建筑面积 125,981 平方米。其中教学及辅助用房 46,230 平方米，行政办公用房 7,218 平方米，生均教学行政用房 20.22 平方米。实验室面积 4,971 平方米，生均实验室面积 1.88 平方米，均超过教育部《普通高等学校基本办学条件指标》中“生均教学行政用房”的要求。

（五）图书资料。

图书馆总建筑面积 7,121 平方米，阅览座位 813 个，有 16 个向读者开放的区域，16 个区域采用全开架借阅服务。截至 2021 年 12 月 31 日，图书馆有中外文纸质图书 75.5 万册，生均纸质图书 268.56 册；电子图书 273.4 万册，订阅中外文纸质期刊 815 份。2021 年，新增纸质图书 16,410 册。近年来，图书馆加大海关特色馆藏建设力度，“海关信息资料中心”已收集中国海关、世界海关组织（WCO）和各国海关等各类文献资料 8,000 余册。

（六）实验室与实习基地。

学校重视实验室建设，目前共有海关商品归类实验室、海关通关模拟实验室、“互联网+海关”仿真模拟实验室、海关虚拟仿真实验室等 16 个专业实验室和 1 个公共实验室。学校实验室总面积为 4,971 平方米，生均实验室面积为 1.88 平方米。

学校重视校外实习基地的建设，与 22 个直属海关建立“上海海关学院实习基地”，与经贸、物流、法务、税务等政府机关单位和大中型知名企事业单位合作共建 35 个校外实习基地，较好地满足应用型人才培养的要求。同时，为了加强实习基地的建设，提高本科生实习效果，学校根据《上海海关学院示范性实习基地建设项目管理办法（试行）》继续开展示范性实习基地建设项目，截至 2021 年 9 月 30 日，已经建设完成校级示范性实习基地共 11 个，省部级示范性实习基地 2 个。学校实验室和实习基地见表 7、表 8。

表 7　学校实验室一览表

序号	实验室名称	所属教学部门	实验室性质
1	海关实务实验室	海关与公共管理学院	专业实验室
2	海关通关模拟实验室	海关与公共管理学院	专业实验室
3	海关商品归类实验室	海关与公共管理学院	专业实验室
4	“互联网+海关”仿真模拟实验室	海关与公共管理学院	专业实验室
5	海关监管查验实验室	海关与公共管理学院	专业实验室
6	海关虚拟仿真实验室	海关与公共管理学院	专业实验室
7	检验检疫展示室	海关与公共管理学院	专业实验室
8	税收征管实验室	海关与公共经济学院	专业实验室
9	智慧口岸物流仿真实验室	工商管理与关务学院	专业实验室
10	关务综合实验室	工商管理与关务学院	专业实验室
11	审计实验室	工商管理与关务学院	专业实验室
12	ERP 沙盘模拟实验室	工商管理与关务学院	专业实验室
13	模拟法庭	海关法律系	专业实验室
14	海关缉私实验室	海关法律系	专业实验室
15	翻译实验室	海关外语系	专业实验室
16	英语语言实验室	海关外语系	专业实验室
17	计算机基础实验室	公共教学部	基础实验室

表 8　学校本科专业实习基地统计表

序号	专业名称	校外实习基地数量
1	海关管理	22
2	海关检验检疫安全	1
3	行政管理	3
4	税收学	6
5	经济统计学	3
6	审计学	4
7	物流管理	4
8	国际商务	11
9	法学	6
10	英语	7

注：部分实习基地为多个专业共建共用。

三、教学建设与改革

（一）专业设置与调整。

学校根据服务国家开放型经济新发展和国家战略需要，紧密结合海关建设和上海城市建设的要求，围绕一流本科建设目标，采取了进一步优化专业结构的系列举措。

1. 对接新时代海关各岗位对人才的新需求，积极推动海关类专业群建设，强化学校办学的海关特色。

2020—2021 学年，根据全面落实习近平总书记关于总体国家安全观的重要论述，聚焦新时代海关改革发展对人才队伍提出的新要求，结合学校发展定位和办学特色，成功申报并获批《普通高等学校本科专业目录》外国家控制布点专业海关检验检疫安全专业。海关检验检疫安全专业是国家机构改革后国内高校首次申报的检验检疫新专业，是学校围绕国家实施“总体国家安全观”重大战略，深入推进创新人才培养，建设一流海关特色本科建设的重要举措。获批的海关检验检疫安全新专业，充分体现了教育部所倡导的“四新”学科人才培养新理念，是融检验检疫安全意识、管理思维、业务知识、技术能力相统一的公共管理类复合型、应用型的特色专业。新专业将服务海关和外经贸事业，为海关及相关部门培养从事以安全为主体、开展检验检疫相关工作的应用型、复合型、涉外型高素质专业人才。

2. 对学校 8 个涉关专业进行全面改造。

强化涉关专业教育与新时代海关新业务的有效对接，以打造“金课”为核心，根据新时代海关新业务的需求对已有涉关专业的核心课程进行改造，实现专业培养的专业素养与业务能力同步提升，对无法有效改造的涉关专业采取暂停招生或者关闭的方式，加速涉关专业的海关化改造。2021 年行政管理、物流管理、经济统计学 3 个本科专业暂停招生。

3. **建设专业特色培养方向。**

对适应新时代海关建设所需要的人才、但尚不具备开办专业条件的，以培养方向的形式先纳入国家一流本科专业海关管理专业作为特色方向进行专业人才培养，实现“海关管理+X”的“一专多项”的专业发展格局，有效满足新时代海关新业务对新专业人才的实际需求。

（二）课程建设。

2020—2021 学年，学校通过市级和校级重点课程、市级示范性全英语课程、优质在线课程、校级网络（开放）课程建设，形成了一批优质课程资源，进一步推进教学内容、教学方法和手段改革，努力改善教学效果，全面提高学校课程建设的整体水平。

该学年内，学校有 3 门课程获批上海市级重点课程立项，8 门课程被认定为省部级一流课程，4 门课程被认定为省部级课程思政示范项目。另外，还立项建设校级优质在线课程 3 门，11 门课程荣获学校第一批“课程思政示范课程”。

截至 2021 年 12 月 31 日，学校共有国家级一流课程 1 门，省部级一流课程 12 门，市级重点课程 27 门，省部级精品课程 5 门，省部级课程思政示范项目 4 项、示范性全英语课程 5 门、虚拟仿真实验教学项目 1 项、虚拟仿真实验课程 1 门。另外，有校级一流本科培育课程 20 门、重点课程 57 门、精品课程 12 门、网络（开放）课程 29 门、示范性全英语培育课程 23 门、课程思政立项课程 36 门、优质在线课程 16 门。

（三）课堂教学。

2020—2021 学年，学校继续积极推行小班化教学，60 人及以下小中班比例同比提高 7. 2%。1, 038个教学班级中 30 人以下班额占 17. 63%（183 个），30～59 人班额占 58. 67%（609 个），60～89 人班额占 23. 11%（167 个），90 人以上班额占 7. 79%（79 个）（见表 9）。

表 9　近三年学校课堂教学规模统计表

学年	教学班级总数	30 人以下（%）	30～59 人（%）	60～89 人（%）	90 人及以上（%）
2018—2019	759	19. 37	48. 75	22. 79	9. 09
2019—2020	822	18. 37	50. 73	23. 11	7. 79
2020—2021	1, 038	17. 63	58. 67	23. 11	7. 79

（四）实践教学。

1. 实验教学。

围绕培养应用型本科人才的目标，学校坚持以能力为重的实践教学体系建设，以专业建设为依托，以完成本科生专业基础课、专业课实验教学任务，形成专业化人才培养特色为主要目的，加强学生的专业基本技能训练和综合素质的培养，形成实验室建设规划，已先后建立海关实务实验室、海关通关模拟实验室、海关商品归类实验室、模拟法庭、审计实验室等12个专业实验室，8个计算机和语音实验室。2019年启动海关监管实验室和虚拟仿真实验室建设，2020年建成投入使用。2020年底，完成海关管理专业实验示范中心和海关虚拟仿真实验示范中心2个校级实验示范中心建设并投入使用。

为深入贯彻落实国家和市级虚拟仿真实验教学项目建设的相关文件精神，结合学校虚拟仿真实验教学项目建设规划，自2018年起学校开始启动学校虚拟仿真实验教学项目的开发建设工作。2019年，“进出口商品归类虚拟仿真实验——以汽车零部件为例”获批上海市级虚拟仿真实验教学项目立项，实现了学校在此类项目申报建设方面新的突破。2020年，启动“海关国门安全虚拟仿真实验教学中心项目”和“边关精神风采虚拟仿真实验教学项目”建设工作。2021年，“海关国门安全危机事件处置虚拟仿真实验”获批上海市一流课程。

为进一步规范实验教学管理，提升实验教学质量，2020—2021年度教务处在多轮征求学院（系、部）及相关教学管理人员的建议后，出台《上海海关学院实验（训）教学管理规定（试行）》和《上海海关学院实验（训）教学中心建设工作小组工作规程》等规章制度，为进一步规范学校实验教学和管理工作、保障实验教学质量提供了制度依据。

2. 实习。

学校依托上海、厦门、乌鲁木齐、昆明等22个沿海、沿边直属海关，建立实践教学基地，以及与经贸、物流、法务、税务等相关政府机关单位和大中型知名企事业单位合作共建了35个校外实习基地，健全以专业认识教育、专业实习、毕业实习、创新创业教育为主要内容的实习教学体系；各专业按照新修订的《上海海关学院学生实习管理规定》制订实习教学大纲，对实习的基本环节、基本内容、基本设施、指导教师、课时和学分等都提出明确的要求，以确保实习教学的系统性、规范性和科学性。

3. 毕业论文指导。

学校高度重视本科毕业论文指导工作，严把毕业论文质量关。学校要求各专业严格按照新修订的《上海海关学院本科毕业论文工作管理规定等若干规定》，成立毕业论文工作领导小组，确定指导教师名单和指导学生人数；结合学生实习、课程学习内容、专业领域研究热点和社会关切问题，由指导教师与学生共同商定毕业论文参考选题，供学生进行选题参考。鼓励学生立足本专业，以社会实践的热点问题作为选题来源，确保选题与专业密切相关。作为应用型本科院校，各专业明确要求学生尽可能选择来自实验、实习、工程实践和社会调查等实践活动中的题目，并确保各专业这一类型的题目占比不少于50%。2021 届的 574 名毕业生中，各专业通过实验、实习、工程实践和社会调查等实践活动完成的论文占比为 63.24%。

学校各专业严格审查毕业论文指导教师资格，并遴选实践经验丰富的行业兼职教师参与毕业论文指导，并规定每位指导教师或双导师制指导的学生数不超过 8 人。实行毕业论文指导教师负责制，全程负责毕业论文指导工作；完成定稿后的毕业论文统一通过中国知网毕业论文重复率检测，检测合格方可进入论文评阅和答辩环节。整个指导过程中，毕业论文指导教师、答辩小组及教研室必须做好开题答辩、指导、评阅和答辩的记录，指导教师及时填写《本科毕业论文指导手册》。

学校各专业实行毕业论文开题答辩、中期检查、重复率检测、终审答辩制度，严格执行学校本科毕业论文工作的管理规定和程序；严格遴选毕业论文指导教师、评阅教师，科学调配开题答辩小组、论文答辩小组成员，实行毕业论文指导教师负责制和海关兼职教师双导师制；毕业论文成绩按指导教师、评阅教师和答辩成绩4：3：3比例构成，严控毕业论文质量。近年来，80%以上的毕业论文成绩超过 80 分。每年均按 3%的比例推荐优秀本科毕业论文，以此鼓励学生努力提高论文质量。

（五）教材使用与建设。

一直以来，学校严格规范教材使用的审核管理制度，把握正确的思想舆论导向。为了规范教材选用管理，2019 年修订《上海海关学院本科课程教材选用管理办法》，对教材选用原则，新增加“优先选用国内外先进水平的教材……如马工程重点教材、教育部全国优秀教材奖教材、‘十二五’和‘十三五’国家级规划教材……”。同时规定所选教材的内容必须符合本专业人才培养目标和课程教学大纲要求，体现科学技术发展水平，符合教学改革方向，具有正确的思想、观点和方法，体现新时代中国特色社会主义思想，与课程设置及教学要求相适应，符合该门课程的教学大纲，对教师和学生真正具有指导和参考意义。

2021 年，根据教育部和上海市教委的相关文件精神，为贯彻党的教育方针，落实立德树人根本任务，深入推进中国特色社会主义理论体系进教材、进课堂、进头脑，强化政治意识、责任意识、阵地意识和底线意识，涉及马工程重点教材的相关课程全部使用马工程教材。另据统计，2020—2021 学年两个学期学校使用的近三年出版教材的比例近 80%，使用省部级及以上获奖教材（包括国家级优秀教材、省市级优秀教材、各类规划教材）的比例约为50%。

（六）教学改革。

1. 海关管理专业推进复合型人才培养改革。

海关管理专业作为国家一流本科专业建设点，在贯彻新文科建设理念中建构了“知识—能力—素养”“三位一体”的应用人才培养方案。海关管理专业具有综合性跨学科交叉的特点，以管理学及海关管理专业知识和能力培养为主线，以海关管理专业技能培养为特色，因此在海关管理专业的学科基础课中，要求学生学习掌握经济学、法学等跨学科的相关基础知识、基本理论和基本技能。在专业核心和专业方向的课程上，持续推动教学内容更新。很多课程具备跨学科交叉的属性，它们属于多知识领域融通型课程，旨在培养学生的跨领域知识融通能力和实践能力，并提升学生适应海关业务发展需求的综合素养。

深化课程思政已显现落实立德树人成效。海关管理专业结合学科专业特色，充分挖掘专业课的思政教育功能，以课程组为单位开展课程思政集体备课活动，发挥团队合力；安排专业课教师就思政教育元素的融入进行思考设计，将立德树人落实到每一门专业课程、每一堂教学内容。在教学实践中，教师通过社区活动、课堂情景剧、案例教学等教学方式，在专业课教学过程和内容设计中，将海关案例融入日常教学，有针对性地讲好“海关故事”，培养学生良好的职业道德、守法意识、执法意识，提升对海关的忠诚度、对社会的责任感，帮助学生进一步增强中国特色社会主义道路自信、理论自信、制度自信、文化自信，坚定中国长期发展的信心，培养和强化学生包括国家荣誉感、个人奉献、自我奋斗等在内的核心价值观。

加强通识教育彰显人文精神，课堂教学内容融进新科技。海关管理专业的通识教育课程充分对接新时代海关建设的需要，着力培养海关人的综合素质。课程围绕知识视野、能力提升和人格完善三层次，通过“5+4”的通识课程模块设置（通识教育核心课程，设置人类文明与文化传承、人文素养与经典阅读、艺术鉴赏与审美体验、交叉学科与思维创新、国门安全与全球治理等5个模块；通识教育选修课程，设置传统文化与人格修养、信息技术与科学素养、身心健康与生命关怀、创新创业与职业发展等4个模块），打破传统的立足于单一学科的培养理念，建立跨学科的通识教育模式，凸显海关管理专业特色，充分彰显人文精神。同时，海关管理专业先期探索开设了“海关大数据分析”“海关管理前沿”等课程，将新技术融入教学内容，全面培养专业素养高、综合实力强的跨学科人才。

2. 积极推动新文科建设与改革。

新文科研究与改革实践项目是深入学习贯彻习近平新时代中国特色社会主义思

想，深化文科人才培养体制机制改革，促进学科专业交叉融合，加快文科教育创新发展的重要举措。

自全国新文科建设工作会议召开以来，学校结合办学定位和优势特色，统筹谋划、合理布局，全面推进新文科建设，落实新文科建设发展理念，着重进行专业优化建设、深入推进人才培养模式改革，召开多场新文科项目专家指导咨询会、工作推进会，在学校范围内积极探索良好的改革氛围。2021 年，学校获批 3 项教育部新文科改革与实践项目："新文科背景下海关特色专业的建构研究与实践探索""对标新文科对接新海关——海关国门安全专业建设探索与实践""新文科理念下海关管理专业复合型人才培养创新与实践"。项目分别聚焦新时代文科专业结构优化研究与实践、新兴文科专业建设探索与实践和文科复合型人才培养创新与实践。

四、本科人才培养

（一）聚焦立德树人根本任务，深入推进思政课程和课程思政建设。

学校牢牢把握本科教育的价值导向性，坚持立德树人，全面推进思政课程和课程思政建设，推动习近平新时代中国特色社会主义思想进教材、进课堂、进头脑，深入挖掘各类课程的思想政治教育资源，全面加强学生思想政治教育，提高学生思想觉悟、道德水准、文明素养，努力培养担当民族复兴大任的新时代文科人才。

1. 党委高度重视，着力加强思政课程和课程思政机制建设。

自 2016 年全国高校思想政治工作会议以来，学校党委坚决贯彻习近平总书记关于教育工作重要论述以及加强高校思想政治工作的重要指示批示精神，坚持立德树人，努力把思想政治工作贯穿教育教学全过程。先后出台《上海海关学院党委关于加强和改进新形势下思想政治工作的实施细则（试行）》和《上海海关学院课程思政教育教学改革试点工作方案》，建立健全课程思政教育教学改革的管理体制和运行机制。同时，建立完善师德建设长效工作机制，出台《上海海关学院教师师德规范》等文件，全面覆盖爱国守法、敬业爱生、教书育人、严谨治学、服务社会、为人师表等 6 个方面，贯穿于教师日常教育教学、科学研究和社会服务的全过程。为切实加强对课程思政工作的领导，学校专门成立由党委书记和校长任组长的课程思政教育教学改革领导小组；设立课程思政指导委员会负责全校课程思政改革指导、咨询、督查和评估工作；设立课程思政教学改革办公室，具体负责开展课程思政改革试点工作。同时，建立党委宣传部、人事处、教务处等相关职能部门和各教学单位互相协同配合的课程思政教育教学改革工作机制，构建各学科体系间任课教师的交流沟通与左右联动机制。

2. 认真科学谋划，分类分步实施思政课程和课程思政建设。

学校根据《关于加强和改进新形势下高校思想政治工作的意见》要求，牢牢把握思想政治理论课在高校思想政治教育体系中的核心地位，强化综合素养课程和专业课程的育人导向，使各类课程与思想政治理论课同向同行，形成协同效应。同时，立足学校实际并充分挖掘海关特色，以开发和建设“国门中国”系列课程为抓手，深化思政理论课教学改革、建设“国门中国”思政特色课程、强化综合素养课程建设、发挥专业课程的育人功能，不断发挥海关专业的自身特色，提炼出社会责任和爱国情怀、科学精神与人文精神等德育因素和德育内涵，挖掘课程中蕴含的思想政治教育资源。

3. 加强师资培训，提升教师课程思政能力素养。

学校高度重视师德教育，把师德建设作为教师队伍建设的第一要务，专门设立教师工作部和教师教学发展中心，持续加强教师师德教育培训，组织开展“学先进、树典型，争做四有好教师”等系列活动，引导广大教师树立“课程思政”理念，弘扬高尚师德，建立健全师德建设长效机制，推动师德建设常态化、长效化。

重视课程思政专题培训，2020—2021学年先后组织线上培训9期、近30人完成自主学习，线下培训3期、近100人参加。邀请上海青教赛特等奖获得者复旦大学陈玉聃副教授来校做“志于道、据于德、依于仁、游于艺——社会科学中的课程思政”的专题辅导报告；邀请全国课程思政的先行者上海中医药大学张黎声教授来校做“一线教师在专业课程中融入思政工作的内容选择和实施路径”专题讲座。通过培训，旨在提升教师对课程思政的思想认识，引导教师在教学中挖掘专业知识体系所蕴含的思想政治教育元素，将对学生的价值引领有机融入每一门专业课程教学，助推学校课程思政建设，全面落实立德树人的根本任务。

4. 营造浓郁氛围，推进课程思政工作创新发展。

学校坚持以课程思政领航项目作为推进建设的重要载体，针对人才培养特点来丰富完善课程教学体系，保证课程思政建设取得实效。截至2021年12月，学校累计立项建设40门课程思政示范建设项目，约占全校课程总数的9%，建设成“海关史”“政治经济学”“大学生心理健康”等一批课程思政领航课程，初步形成了具有学校特色的课程思政建设体系。“‘国门中国’系列课程学生核心素养培育研究”获批上海市重点教改项目。

在抗疫线上教学过程中，学校法学类相关课程开展了“聚焦迎疫而上、守卫国门安全”的执法实践。在云课堂中带动学生、感染学生，师生共同学习国门战疫中的感人案例，共同分析思考战疫中的法律问题，激发了学校教师和青年大学生的责任担当；展现了师生积极健康、蓬勃向上的良好精神风貌；体现了高等教育铸魂育人的崇高魅力。

（二）精准对标行业需求，优化本科专业结构。

学校根据服务国家开放型经济新发展和国家战略需要，紧密结合海关建设和上海市城市建设的要求，围绕一流本科建设目标，采取了进一步优化专业结构的系列举措，不断推进学校新文科建设的整体发展。

1. 设置新的本科专业，完善对海关管理学科的专业支撑。

2019 年，学校深入开展行业发展现状、趋势和人才需求调研，新设经济统计学（海关统计方向）本科专业。根据国家机构改革和海关行业发展情况，2020 年申报海关检验检疫安全本科专业，2021 年 3 月获批《普通高等学校本科专业目录》外国控专业，并于 2021 年 5 月被教育部列为提前批招生。海关检验检疫安全专业是以管理学为基础，涉及法学、医学、农学、经济学、国家安全学等学科门类的综合交叉型专业，其设立体现了教育部所倡导的“四新”学科人才培养新理念，是融检验检疫安全意识、管理思维、业务知识、技术能力于一体的公共管理类复合型、应用型的特色专业，非常符合国家高等教育着重培养复合应用型人才发展方向。2021 年，学校根据海关行业发展需求，继续申报“海关稽查”“海关国门安全”两个《普通高等学校本科专业目录》外本科专业，力图进一步优化现有专业结构。

2. 围绕海关业务链条，调整现有专业培养方向，突出行业特色。

学校学科建设和专业布局始终聚焦“海关”这一核心，牢牢把握海关特色。2018 年，海关管理专业根据行业需求，先后设置海关税收、海关监管、海关法律、海关统计、海关国际事务、进出境检验检疫等 6 个方向，培养个性化人才。2019 年，为更好服务行业和地方经济社会发展，学校调整相关涉关专业人才培养方向，分类培养海关税收（税收学专业）、海关稽查（审计学专业）、海关统计（经济统计学专业）、海关法务（法学专业）、国际关务（国际商务专业）和口岸物流（物流管理）等专门人才。

2021 年，为了适应社会政治与经济形势的变化以及国家与行业对新型复合型人才的需要，推进学校新文科建设工作，深入推进专业特色化建设，学校积极开展“海关管理专业人才培养改革”，围绕海关改革与业务发展新形势，继续调整海关管理专业人才培养方向，分别设置国门安全与口岸管理、海关风险与应急管理、海关国际事务、通关与行政管理、海关税收、海关统计、跨境贸易管理、海关稽查、口岸物流与供应链安全、海关法学等 11 个专业培养方向。

3. 全面推进“专业招生、特色分流、分段培养”的新培养模式改革探索。

2020 年，针对目前海关专业培养模式

单一的问题，学校开始积极探索和推动“专业招生、特色分流、分段培养”的海关专业人才培养新模式。新模式将按照海关类专业进行大类招生，学生在大学一年级学习公共课和部分海关类基础课；二年级学习海关类相关专业基础课，到大二末期根据海关岗位需求、学校培养计划、学生专业兴趣进行“特色分流”，进入二级院系的相关专业进行专业学习；在三、四年级根据不同海关业务的专业人才素质要求，进行海关专业特色核心课程学习和专业实践训练，使学生在已有综合素质训练基础上，不断强化适应不同业务岗位的海关专业素质培养。在条件成熟后，还将在人才培养模式中采取跨专业、多专业的联合培养模式，让学生得到“海关管理+X（海关业务）”的综合性培养，为新时代海关提供“一专多能”“多专多能”的创新型、高素质的管理人才和业务骨干。

（三）推进技术融入课堂，加快虚拟仿真实验课程建设。

2018年以来，学校注重现代信息技术与教育教学深度融合，探索实施网络化、数字化、智能化、个性化的教育，推动形成“互联网+高等教育”新形态，以现代信息技术推动高等教育质量提升的“变轨超车”，加快虚拟仿真课程建设，成效凸显。

1. 整体规划，加大投入，推进虚拟仿真实验课程的建设。

学校高度重视虚拟仿真实验课程和教学项目的建设，体现在学校的发展规划、学校的基本建设和师资配置、学校的经费投入等学校工作的各个方面。

2. 对标高要求，挖掘行业特色资源，开发虚拟仿真实验课程。

学校自开始规划虚拟仿真课程和实验项目以来，就按国家级虚拟仿真实验教学一流课程、上海市虚拟仿真实验教学项目等相关标准和要求进行规划和建设。同时在建设过程中，充分发挥行业院校优势，深入挖掘行业特色资源，进行课程开发。例如，学校重点研发的“海关国门安全管理”课程及其配套的“海关国门安全危机事件处置虚拟仿真实验教学软件”，就是在充分汲取海关危机事件处置一线实战经验的基础上，利用VR、三维建模等虚拟仿真技术，构筑起新文科创新理念驱动下的海关管理专业及其涉关专业实验教学课程体系，该课程深受学生青睐。又如，“边关精神风采虚拟仿真实验”课程，在虚实结合原则基础上，以虚拟—仿真—体验为主线，通过线上虚拟交互与线下理论学习相结合、边关风采虚拟仿真体验式教学，学生可以亲身体会边关精神产生的历史、地理、文化背景，身临其境地感受边关的工作与生活状态，达到与实地考察相近的效果，让边关不再遥远，让体验边关风采成为可能。

3. 课程特色鲜明，获得多方好评。

学校紧紧围绕行业特色开发的虚拟仿真实验课程和实验项目不仅深受学生青

睐，也得到了海关行业专家和行业学员的高度赞扬。在上海市级项目评审中，“进出口商品归类虚拟仿真实验——以汽车零部件为例”获评2019年度上海市级虚拟仿真实验教学项目，“海关国门安全危机事件处置虚拟仿真实验”课程获评上海市2020年一流虚拟仿真实验教学课程。

五、质量保障体系

2020—2021年，学校全面落实全国教育大会和新时代全国本科教育工作会议精神，始终把人才培养放在中心地位，全面整顿教育教学秩序，严格本科教育教学过程管理，紧紧抓住核心环节，加快构建振兴本科的长效机制和制度保障，修订完善课堂教学建设和管理的相关规定，认真查找课堂建设和管理中存在的突出问题和薄弱环节，严管、严抓教学秩序，切实把本科教育工作会议的精神、要求落实到学校人才培养各项工作、各个环节中，逐步建立并完善自我评估制度，加快建立自律、自查、自纠的教学质量评价体系和质量文化。同时，面对突如其来的新冠肺炎疫情，严格根据教育部和上海市教委有关要求，落实“停课不停学、停课不停教”的要求，并通过多种途径对在线教学进行监控，确保在线教学质量。

（一）狠抓日常教学管理，确保教学各环节基本质量达标。

根据日常教学管理与质量监控要求，教务处依托3次教学检查（期初检查、期中检查、期末检查）、期末考试试卷复查、日常教学督导听课、校领导和教学部门领导听课、同行听课、师生座谈会等途径对教学质量进行监控，通过各种渠道获取教学质量信息，并充分进行现场交流、随时反馈。

2020—2021年度，学校对全部期末考试试卷进行了教师自查、教研室互查，并且对20%的期末考试试卷进行了督导抽查，确保了试卷命题质量和批阅的规范性。5名校领导听课49次、98课时，10名校内外教学督导听课291次、582课时，教学部门及教学管理部门中层领导听课158次、316课时，同行相互听课516次、1, 032课时。两个学期各召开一次教师座谈会，每次抽调全校10%的专任教师参加会议，听取一线教师对教学和教学管理的意见和建议；每学期教务处组织召开一次学生座谈会（每次各个年级1场），各教学部门召开一次学生座谈会，听取学生对于课程教学和教学管理的意见和建议。通过一系列措施，学校对教学质量实现了全过程监控，获得了大量一手资料，并且对这些资料进行分析，及时反馈，立行立改，确保教学质量的稳步提升。

（二）落实教育部要求，完善一流本科教育制度建设。

对标教育部对一流本科教育建设的要求，出台《上海海关学院一流本科建设总体方案》。同时学校在人才培养、教学大纲、课表编制与调停课、教材建设、本科论文、实验实训、大学生创新创业、学科竞赛、教学改革、教学团队、教育教学奖励办法、教学督导、考试违纪等方面修订、制定了《上海海关学院领导干部及同行听课管理规定》《上海海关学院本科教学事故认定和处理办法》《上海海关学院本科教学督导工作管理办法》《上海海关学院本科课程考核管理办法》等近 20 项管理办法，使本科教学管理进一步得到规范，更好地满足了推进一流本科教育建设的需求。

（三）对标分类评价，促进内涵建设。

学校在开展上海市高校分类评价工作期间，遵循《上海高等教育布局结构与发展规划（2015—2030 年）》，以《上海高校分类评价指标（试行）》为指导，结合《2020 年上海高校分类评价分析报告》，坚持“评价导向、自我保障、多元诊断、重在发展”的工作理念，召开各职能部门和教学部门专题工作会议，分析指标含义，明确主体责任，做到分工明确，责任清晰。聘请专家进校就“分类评价”工作进行专题辅导、研讨。同时各相关部门根据指标评价结果，深入分析与同类高校相比存在的优势或差距，逐条分析评价结果反映的问题，及时查找问题根源，寻找解决对策，促进内涵建设。

（四）以质量报告发布为抓手，促进自我提升。

学校根据国务院教育督导局和上海市教委有关要求，认真撰写年度本科教学质量报告，在描述取得成绩的同时，深入剖析办学过程中存在的短板和问题，并制订相关措施予以改进。同时，各本科专业每年发布《本科专业人才培养质量年度报告》，重点反映学年内本专业在人才培养过程中的特色工作和改革措施、成效、存在的问题与改进措施等。通过学校和专业两个层面的质量报告，不断促进自我完善与提升。报告质量逐年提升，得到专家的认可与好评。

（五）严把学位论文质量关。

学校进一步完善学位论文各环节考核要求，在学位论文各环节建立行业参与评价机制，由行业专家和校内教师对学生论文选题可行性共同进行质量评价与监控。同时建立学位论文校院两级 100% 全覆盖的盲审机制，严把学位论文及学位授予质量关。

六、本科生学习效果

（一）学生参加科研、竞赛及获奖情况。

2020—2021 学年，学生积极参加各类学科竞赛、创新活动等，取得较好成绩。学校本科生在各类学科竞赛中获得 62 个国家级奖项和 157 个省部级奖项；在文艺、体育类竞赛中获得 92 个省部级奖项。

（二）本科生创新创业情况。

自 2012 年以来，学校规范开展大学生创新创业训练计划项目，全面培养学生创新能力、创业意识和实践能力，在全校范围内形成了日益浓厚的创新创业氛围，丰富了学校实践教学环节的内容。

2021 年，学校新增大学生创业训练项目 9 项、大学生创新训练项目 91 项，合计 100 项。其中，国家级 18 项（创业训练项目 2 项，创新训练项目 16 项）、上海市级 34 项（创业训练项目 3 项，创新训练项目 31 项）、校级 48 项（创业训练项目 4 项，创新训练项目 44 项）。上述项目共获得资助经费 96.5 万元。

截至 2021 年 9 月 30 日，学校累计共有 701 个项目获得创新创业项目立项（创新项目 565 项，创业项目 136 项），其中，国家级项目 289 项，市级项目 202 项，校级项目 210 项。所立项目覆盖所有本科专业，参与学生达2,751人次，学校共资助经费 957.48 万元。

（三）应届本科生毕业情况

1. 毕业与学位授予情况。

2020—2021 学年，学校全面落实以本为本，推进“四个回归”，全面整顿教育教学秩序，严格本科教育教学过程管理，合理提升学业挑战度、增加课程难度、拓展课程深度，切实提高课程教学质量，推进课程考核评价，严格考试纪律、严把毕业出口关，教风和学风明显提升。同时通过学业预警、学习帮扶等活动，为学习困难学生提供帮助。在一系列措施共同作用下，本科人才培养质量明显提升。2021 年，577 名应毕业生中，3 人申请延期毕业，转入下一年级继续学习；1 人因个人原因结业；573 人获得学士学位。

2. 就业情况。

2021 年，面对新冠肺炎疫情和经济形势下行的双重影响，为贯彻落实党中央、国务院“稳就业”“保就业”决策部署，学校始终把毕业生就业工作作为学校办学的生命线，积极深化就业工作综合改革，着力完善就业工作体系，创新就业创业服务方式，力促毕业生充分就业、高质量就业。2021 年本科毕业生 574 人，截至 2021 年 8 月 31 日，就业 513 人，初次就业率为 89.37%。

七、需要解决的问题

一年来，在学校党委、行政的正确领导下，学校以一流本科建设为契机，不断明确学校办学定位，使应用型人才培养目标更加明确，人才培养模式得到凝练，人才培养方案进一步优化，应用型高素质师资队伍建设逐步加强，产学研合作进一步深化，涉外型人才培养内涵更加清晰，实验教学资源建设取得显著成效，教育教学改革与研究不断推进，教学管理进一步规范，内部教学质量保障体系进一步完善。

同时，学校深知提高教育教学质量是任何一所学校永恒的主题，在新的形势下，对照学校新的发展目标与其他新建本科院校和老本科院校的发展和成就，学校面临的挑战更艰巨、任务更繁重，特别是在以下两方面还存在一定的差距，需要进一步努力。

（一）强化学习过程管理，深入推进课程考核改革。

对现有课程考核情况进行检查发现，存在部分课程平时成绩评定依据不足、课程挑战度不高（具体表现为部分课程学生考试成绩偏高）等问题。

鼓励教师在平时的考核上进行改革和探索，注重学习过程管理、深入推进课程考核改革。一是制订详细的平时成绩评定依据。各任课教师根据自己主讲课程的特点，自主将课堂提问、课外作业、期中考试等按一定比例综合起来确定一门课程平时成绩，使学生平时成绩构成多元化，平时考试成绩占科目总成绩的比例为40%。由于平时成绩的考核比例加大，评价指标多元化，打破“一考定成绩”的模式，更能调动学生学习的积极性，激励学生主动学习，也更注重学生实践能力的培养。要求教师上完课后要布置适当的作业，提高作业的难度。二是推进课程期末考试改革，逐步推行教考分离、引进第三方试卷等方式，提升期末考试试卷难度和区分度，逐渐提高课程挑战度，引导学生投入更多的时间和精力进行课程学习。

（二）加快引进高层次人才，进一步优化师资队伍结构。

学校专任教师整体规模偏小，具有引领和带动作用的高水平师资比较匮乏，师资队伍结构有待进一步优化，教学科研团队的数量和质量有待进一步提升。师资队伍和管理服务队伍的比例、结构有待进一步调整和优化，同时，师资队伍和管理服务队伍都一定程度上存在着能力不强、水平有待提高的问题。

加强引进力度，不断带动师资队伍质量整体提高。实施“高水平人才引进计划”，重点引进一批能够高质量对接社会主义现代化海关建设需要、带动学校学科建设和发展的高水平人才。实施“青年优秀人才引进计划”，聚焦学校学科专业的内涵建设，重点引进具有学术发展潜力和持续创新能力的青年优秀人才。加强制度创新，探索“柔性引进”的新形式和新机制，以双聘教授、专家顾问、海外教授工作站等多种形式，引进高水平人才，助力学校学科专业跨越式发展。完善引进海关专家的聘任和管理办法，依托关校融合平台，推动各类海关专家参与学校人才培养的全过程。

上海海关学院学位点建设综述

一、概况

（一）学位授权点基本情况。

学校紧紧围绕“为党育人、为国育才”主题，落实立德树人的根本任务，秉承行业办学传统，对标行业需求，走特色办学内涵发展之路，加快学位点建设，不断优化学位点布局和结构，丰富学科内容。

2021 年，学校共有海关与公共管理学院、海关与公共经济学院、工商管理与关务学院、海关法律系、海关外语系、公共教学部、马克思主义学院和检验检疫技术交流部 8 个教学院（系、部）。设置税务硕士、公共管理硕士、国际商务硕士、翻译硕士 4 个硕士专业学位点（见表 1）。

表 1　学校硕士学位授权点一览表

学位名称	专业代码	学位类别	学制
税务硕士	0253	专业学位	2 年
公共管理硕士	1252	专业学位	3 年
国际商务硕士	0254	专业学位	2 年
翻译硕士	0551	专业学位	2 年

（二）学科建设情况。

学科布局逐步优化。学校借助“三定”机构改革契机，确立了“以管理学学科为主，管理学、经济学、法学、文学等多学科交叉融合、互相支撑、优势互补、协调发展的现代海关学科体系”的学科发展定位。立足公共管理博士点培育项目，确定海关国门安全、海关风险管理、行政管理等 3 个学科方向，推动学科团队凝聚力建设和学术研究方向聚焦化发展。积极申报公共管理博士点培育项目并顺利通过答辩，纳入上海市博士授予单位培育建设名单以及上海市博士后流动站建设筹备单位名单。

同时，依托海关与经贸研究院，新增 3 个跨学科研究团队，聚焦海关学科、海关国门安全和国际贸易规则与海关开放监管研究，完成多个课题项目研究，推进海关智库建设，加强科学研究，提升学科建设水平。

（三）研究生招生及生源情况。

1. 研究生招生情况。

学校坚持“按需招生、全面衡量、择优录取、宁缺毋滥”的原则，在教育部及上海市教委、上海市教育考试院的政策领导和规范指导下，在上海海关学院研究生招生工作领导小组统一领导、监察小组全程监督下，研究生招生工作全部采用在线（网络远程视频）形式进行，学校全力保障复试工作开展的软硬件条件，严格落实程序到位、监管到位、公开到位、反馈到位、服务到位的工作要求。积极利用线上和线下结合的方式落实教育部关于复试工作“两识别”“四比对”“一平台”“三随机”的工作要求，严把招生“入口关”。复试中加强对学生基础知识能力、专业能力考核，对学生思政、兴趣、潜质等全方面进行考察，确保招生录取工作科学规范、公平公正。

2021 年，学校硕士研究生计划招生人数为 90 人，一志愿报考人数超 300 人，超过国家进入复试基本分数线人数近百人，突破了历史记录，再创新高。共组织线上复试 10 场次，录取 90 人。招生计划完成率为 100%。

2. 研究生招生生源情况。

2021 年招生生源较为充足，其中税务硕士专业学位点录取的 40 名考生生源以应届毕业生等社会生源为主；公共管理硕士专业学位点录取的 50 名公共管理硕士考生均为全国海关系统在职人员，包括来自上海、福州、青岛、武汉等全国 27 个直属海关单位，较往年考生所在关区增加了哈尔滨、长沙、拱北、重庆、贵阳、西宁、乌鲁木齐等 7 个直属海关单位，有效地推动了学校发挥行业办学优势和特色，主动服务国家战略、“一带一路”建设和地方经济社会发展。

（四）研究生在校、毕业及就业基本状况。

1. 研究生规模及结构。

截至 2021 年 12 月，学校在籍研究生 216 人，在校研究生 207 人（见表 2）。其中，全日制税务专业硕士研究生 77 人，非全日制公共管理专业硕士研究生 130 人，9 人因身体健康等原因处于休学状态。

表 2　学校在校研究生人数统计表

单位：人

学位点	2019 年			2020 年			2021 年			合计		
	合计	男	女	合计	男	女	合计	男	女	合计	男	女
公共管理	43	32	11	41	24	17	46	23	23	130	79	51
税务	—	—	—	38	9	29	39	11	28	77	20	57
合计	43	32	11	79	33	46	85	34	51	207	99	108

2. 研究生毕业去向及满意度。

2021 年，学校税务硕士毕业生共有 39 人，初次就业率达到 100%，高于上海市研究生平均就业率（94.62%）5 个百分点。学校研究生就业单位有机关单位、国有企业、民营企业、三资企业。其中，1 人被华为公司关务部录用，3 人被中兴公司录用，3 人进入国家机关单位，其余 33 人分别被德勤、中汇、立信会计等事务所以及各企业录用。毕业研究生受到社会业界的欢迎和好评。

自 2013 年招收研究生以来，学校已形成较为完善的学科专业体系和人才培养制度，为税务、海关等国家机关、大中型企业以及其他用人单位培养了大批德才兼备的复合型人才，满足了各单位对人才的需求。2021 年，学校面向 39 位 2021 届税务硕士毕业生的用人单位发放网络调查问卷。调查结果显示，用人单位对学校 2021 届毕业生的培养质量总体满意度达到 100.00%；用人单位对 2021 届毕业生的工作能力总体评价较高，体现在本职工作的胜任情况、对应知应会知识的掌握情况、语言和文字的表达、团队合作与协调能力 4 个方面，其中本职工作的胜任能力情况认可度最高，达到 89.39%。

（五）学位授予情况

1. 硕士学位授予情况。

2021 届税务硕士研究生学位论文答辩工作顺利完成，并评选出校级优秀硕士学位论文 5 篇。为确保 2021 届税务硕士学位论文答辩工作有序地开展，学校成立由辅导员和 12 名 2020 级研究生组成的答辩志愿者服务团队，做好 2021 届研究生论文答辩辅助工作，同时让研究生志愿者深刻体会到学位论文的重要性和复杂性，更加重视学位论文工作。

2021 年，学校硕士学位授予工作进展顺利。6 月 10 日，经上海海关学院学位评定委员会全体委员会议审议，授予 2021 届 39 名税务硕士研究生专业硕士学位。39 名税务硕士研究生在完成了两年学业后均 100%如期取得学位，无撤销学位的硕士研究生。

2. 学士学位授予情况。

根据《上海海关学院全日制本科生学

士学位授予实施办法》，经学生所在院系初审，教务处复核，2021年应毕业的本科生共有577人，其中573人较好地掌握本门学科的基础理论、专门知识和基本技能；具有从事科学研究工作或担负专门技术工作的初步能力，符合学士学位授予资格。

2021年6月10日，经上海海关学院学位评定委员会全体委员会议审议通过，共有573位学生符合《上海海关学院全日制本科生学士学位授予实施办法》中规定的授予学士学位的各项要求，同意授予学士学位。其中，授予经济学学士学位的学生有85人、授予法学学士学位的学生有39人、授予文学学士学位的学生有50人、授予管理学学士学位的学生有399人。各学科门类及专业的学士学位授予情况见表3。

表3　2021年学校各专业学士学位授予情况一览表

学科门类	专业类	专业代码	专业名称	学位授予人数
经济学	财政学类	020202	税收学	85
	经济学类	020102	经济统计学	当年无毕业生
法学	法学类	030101K	法学	39
文学	外国语言文学类	050201	英语	50
管理学	工商管理类	120205	国际商务	72
		120207	审计学	84
	公共管理类	120402	行政管理	当年无毕业生
		120406TK	海关管理	202
		120415TK	海关检验检疫安全	当年无毕业生
	物流管理与工程类	120601	物流管理	41
合计				573

（六）研究生导师状况。

研究生导师是研究生培养的关键力量，肩负着培养具有研究和创新能力的高层次人才的使命与重任。自从事研究生教育工作以来，学校全面贯彻落实习近平总书记关于全国研究生教育会议的重要指示批示精神和《教育部关于全面落实研究生导师立德树人职责的意见》，坚持“为党育人、为国育才”的初心与使命，将立德树人作为研究生导师的首要职责，不断加强导师队伍建设。学校共聘任校内导师40名（见表4）、行业导师51名，其中，公共管理硕士研究生校内导师21人、行业导师20人；税务硕士研究生校内导师19人、行业导师31人。

表 4　研究生校内导师职称、学位、年龄分布情况表

	合计	职称			学位			年龄		
		正高	副高	讲师	博士	硕士	学士	45 岁以下	45~55 岁	56 岁及以上
数量（人）	40	14	20	6	33	6	1	16	15	9
比例（%）	100	35	50	15	83	15	2	40	37.5	22.5

二、研究生党建与思想政治教育工作

（一）研究生党建、思想政治教育工作。

截至 2021 年 12 月，税务硕士研究生共有党员 25 人，占全日制研究生总数的 32.1%；共青团员 51 人，占全日制研究生总数的 65.4%。公共管理硕士研究生共有党员 102 人，占非全日制研究生总数的 73.9%；共青团员 21 人，占非全日制研究生总数的 15.2%。

2021 年，学校以学习贯彻习近平总书记在庆祝中国共产党成立 100 周年大会上的重要讲话精神和全国高校思想政治工作会议精神为主线，以培育和践行社会主义核心价值观为统领，以研究生科研创新能力和人才培养质量提升为核心，以科学道德与学风建设为保障，深入学习贯彻习近平新时代中国特色社会主义思想，构建起以思想政治理论课为核心、综合素养课程为支撑、专业教育课程为辐射的课程思政育人体系，统筹推进研究生党建、德育与学生工作。

1. 以党团建设为引领，培育能担当民族复兴大任的时代新人。

2021 年，学校以研究生党支部和团支部为主阵地，以庆祝建党 100 周年为契机，以深入学习贯彻习近平新时代中国特色社会主义思想为核心，以习近平总书记系列讲话和重要会议精神学习、党史学习教育为重点，组织研究生党员、团员开展系列思想政治教育活动，形成了“学、讲、谈、赛、行、思”——“六度”思想政治学习教育活动体系。“学”，即组织师生开展“三会一课”“微团课”“红色观剧”等活动，加大党史学习的力度；“讲”，即组织海思宣讲团、青年讲师团，开展“百名学生党员讲建党百年故事”“党史主题学习会”等活动，拓展党史学习的广度；“谈”，即组织支部书记讲党课和学生党员交流活动，增强党史学习的厚度；“赛”，即开展“党史知识竞赛”“百年党史知识大竞答”等活动，加快党史学习的进度；“行”，即开展“红色足迹定向打卡”“我和我的祖国舞蹈快闪”等活动，激发党史学习的热度；“思”，即开展“五四精神，薪火相传”主题征文和谈心谈话活动，提升党史学习的温度。通过活动有效提升了党员和团员的政治性、先进性、模范性，培养了一批优秀的研究生党员、团干部和团员，在广大青年学生中起到很好的引

领、示范、带动作用。

2. 弘扬科学道德与创新精神，培育有志气、骨气、底气的时代新人。

通过开展科学道德讲座、观看全国劳模先进事迹、海关先进工作者事迹讲座等活动，引导研究生坚守科学道德，勇于创新、乐于实践，在实践中探索真理，在创新中推动实践；通过“经济学人”科研创新竞赛、读书节、科研论坛、案例大赛、社会调研等系列学习与创新活动，营造爱学习、勤学习的良好氛围，引导研究生践行科学道德与创新精神。坚守科学道德，实现学风育人。

3. 落实心理育人，培育理性平和、积极向上的时代新人。

学校坚持“人本主义”理念，通过研究生导师、辅导员进宿舍、进课堂和坐班辅导制度，及时了解学生心理状态，进行分类教育、引导和帮扶；通过上半年心理健康活动月和下半年生命健康教育月系列活动，引导研究生进行自我分析、探索与成长，发现和挖掘自身优势，培养积极情感与社会心态，提升积极的心理素质；开展研究生心理健康教育专题研讨会，邀请上海市教委、各高校心理健康教育专家和研究生导师、辅导员共同探讨开展心理健康教育工作的思路、方法和实践路径，有效促进研究生心理素质的提升。

（二）研究生思想政治教育队伍建设。

1. 研究生辅导员队伍建设。

学校党委高度重视研究生思想政治教育队伍建设，将辅导员作为教师队伍和管理队伍的重要组成部分，形成了“专职为主、兼职为辅，专兼结合”的辅导员工作队伍，切实保证辅导员工作有条件、干事有平台、待遇有保障、发展有空间。实施“辅导员激励计划”，激励辅导员落实“八个一工程”制度（每周晚上坐班指导不少于1次、每月听课不少于1次、每周下宿舍不少于1次、每周指导学生队列不少于1次、每月开展学业促进谈心不少于1次、每学期进行学风建设专题活动不少于1次、每学期撰写1篇调研报告、每学期上好1门思政教育课）。

2. 研究生思政课教师队伍建设。

2021年，马克思主义学院思想政治教育队伍承担2021级公共管理硕士与2021级税务硕士的思想政治理论必修课程——“中国特色社会主义理论与实践研究”的教学工作。该课程的教师队伍由马克思主义学院研究生教学团队专兼职教师组成。其中，杨寄荣教授为课程主讲教师，海关与公共经济学院李九领教授、海关法律系娄万锁副教授参与课程的建设与授课工作。围绕“中国特色社会主义理论与实践研究”课程，马克思主义学院已形成一支具备马克思主义中国化、法学、经济学等多学科领域背景的教师团队，为高质量开设研究生思想政治理论课提供了保障。

（三）课程思政建设。

2021年，为深入贯彻落实习近平总书记在全国研究生教育会议上的重要指示批示精神，根据中共中央办公厅、国务院办公厅《关于深化新时代学校思想政治理论课改革创新的若干意见》、教育部《高等学校课程思政建设指导纲要》等文件精神，把思想政治教育贯穿研究生人才培养体系，全面推进学校研究生课程思政建设，发挥每门课程的育人作用，提高研究生培养质量，学校制订研究生课程思政实施方案，聚焦“立德树人”根本任务，抓牢教师队伍“主力军”、课程建设“主战场”、课堂教学“主渠道”，认真科学谋划，分类分步实施课程思政建设取得以下成效。

1. 获评教育部首批全国研究生课程思政示范项目 1 项。

在《教育部关于公布课程思政示范项目名单的通知》以及网络公示中，首批课程思政示范项目名单确定了全国研究生课程思政示范课程 99 门，课程思政教学名师和团队 99 个。其中，上海市获评研究生课程思政示范课程 8 门、课程思政教学名师和团队 8 个，包括学校申报的研究生《贸易安全与便利》课程获评“课程思政示范课程”“课程思政教学名师和团队”。

2. 注重专业课程价值教育引导，构建“课程—实践—课堂”“三位一体”的教学组织形式，挖掘不同课程蕴含的思想政治教育资源。

积极开展“课程思政”教学设计，积极推动 2021 学年春季学期、秋季学期共 42 门研究生课程将思政元素融入教学大纲、教学简介、教案等教学文件中，并贯穿于课堂授课、教学研讨等环节；促进教师聚焦教学模式、教学方法研究，增强实践体验、案例分析，通过针对社会热点问题讨论、分析和讲解，使学生能够自觉树立起公共责任意识，在未来的工作中敢于承担责任、接受挑战。

3. 全面落实课程思政元素进 2021 级研究生人才培养方案，构建科学合理的课程思政教学体系，将思政元素融入公共课程、专业课程、实习实践环节等方面，充分发挥课程思政教育功能。

增加《自然辩证法概论》等课程，坚持用习近平新时代中国特色社会主义思想铸魂育人，用当代中国马克思主义的基本观点，深入分析当代世界重大社会问题等，提高研究生正确分析、研判当代世界问题的能力，加强培养研究生的政治素养。

4. 完成上海海关学院研究生教育思政育人改革报告 1 篇。

为进一步加强落实学校思想政治理论课建设和课程思政建设工作要求，充分发挥思政课、课程思政育人作用，全面推动习近平新时代中国特色社会主义思想进教材、进课堂、进学生头脑，研究生处联合马克思主义学院对学校研究生思政课、课程思政建设情况和取得的成效进行全面梳理、总结、分析等，共同撰写完成研究生教育思政育人改革报告。

（四）校园文化建设。

2021 年，学校紧紧围绕立德树人根本

任务，积极培育和践行社会主义核心价值观，大力弘扬“爱国明志、开放博学”的学校精神，践行“致知、力行、慎独、忠诚”的校训精神，以文明校园创建为抓手，同步推进校园物质文化、精神文化和行为文化建设，着力构建海关特色鲜明、服务人才培养、具有较高影响力的校园文化体系与精神内涵。在学校“十四五”规划总体框架下，拟定“十四五”时期校园文化建设子规划；获评“2019—2020上海市文明校园荣誉称号”，启动全国文明校园申报工作；统筹海关内务规范养成与校园行为文化建设，不断完善准军事化管理的制度保障机制；发挥图书馆、校史馆、荣阶书院、学生活动中心等文化阵地建设功能和学校文化名片功能，以建党百年为主题，积极落实党中央关于党史学习教育的部署要求，开展“马克思主义理论在中国的传播”“厚植爱党爱国情怀、砥砺奋斗品质、绽放青春光彩”主题展、《关魂·怒海雄关》原创话剧、新生校史校园文化专题讲座等多种形式的宣传教育交流活动。相关活动在校内外产生了广泛影响。

（五）日常管理服务工作。

学校围绕一流高等学府建设，以立德树人为根本，以培养德才兼备创新型人才为目标，聚焦质量和内涵建设，研究生教育管理部门不断加强研究生管理人员队伍建设，健全各项规章制度，加强服务意识。构建研究生教育管理机构，成立研究生处，主要负责对学校研究生招生、研究生培养、学位点建设、学位与研究生教育工作进行规划、管理和服务。税务硕士学位点所在的海关与公共经济学院设置院长1名、副院长1名、办公室主任1名、教学秘书1名，具体承担税务硕士研究生的日常教学管理工作。公共管理硕士学位点以海关与公共管理学院为依托，成立公共管理硕士教育中心，设置主任1名、执行主任1名、办公室主任1名、教学秘书1名、学生辅导员3名，主要负责公共管理硕士研究生招生、教学培养、学位论文、学生管理等工作。新增学位点正在积极加强管理人员队伍的建设；学校其他各院（系、部）、科研处等部门为研究生教育提供师资、科研等方面的支持。

三、研究生培养相关制度及执行情况

（一）导师选拔与培训、师德师风建设情况。

1. 深入推进导师评聘制度改革。

修订导师管理办法，加强对导师的政治思想引领，强化研究生导师基本素质要求，要求导师必须有过硬的政治素质，并将对导师的师德师风与学术道德要求贯穿于选聘、晋升、考核等各个环节。加强导师考评，形成规范合理、进退有序的动态调整机制。坚持贯彻“双导师”制，导师队伍从最初的4名发展至91名，其中，校内导师40人、海关等行业导师51人，校内导师中副教授以上职称占85%。

2. 建立健全导师培训体系。

以提高导师综合指导能力为目标，建立健全导师培训体系。建立学校主导、学院主责、全员参与的研究生导师培训体系，明确学校职能部门负责新聘导师培训、学院负责本单位在岗导师培训，实现校院两级导师培训工作良性互动。2021年，为进一步提高导师指导能力，帮助导师与学生建立起良好的师生关系，增强对研究生身心健康的关注，学校邀请了上海师范大学夏人青教授开展“导师如何指导论文”的专题讲座；组织导师参加3期上海市导师培训，组织导师参加导师能力提升工作坊，并与超星等公司合作准备导师在线培训课程等，加强导师培训，促进学校研究生教育质量的提升。

（二）学位点建设情况。

2020年10月，学校在已有税务硕士、公共管理硕士2个专业学位点基础上，根据《博士硕士学位授权审核办法》规定，按照突出质量导向、坚持服务需求，强化特色发展、着力优化学位点布局结构，积极组织申报国际商务、翻译等具有海关特色的硕士专业学位点。2021年10月，国务院学位委员会正式发布《国务院学位委员会关于下达2020年审核增列的博士、硕士学位授权点名单的通知》，公布了此次批准的新授权学科和专业学位类别名单。学校获批国际商务、翻译硕士2个专业学位授权点。学位点数量的增加有助于进一步优化学位点布局，为适应党和国家事业发展需要、满足海关建设需求，培养造就大批德才兼备的高层次人才奠定基础。

为积极推动新增学位点建设，学校邀请长江青年学者复旦大学李志远教授、长江青年学者上海财经大学鲍晓华教授、华东师范大学商学院杨来科教授、上海大学经济学院殷凤教授、上海对外经贸大学张永安教授和高运胜教授等专家齐聚学校共探学位点的建设，从进一步凝练学科方向、加强“双师型”专业学位研究生导师队伍建设、提升师资队伍学术能力、优化课程设置体系、打造一流研究生课程、加强对外宣传等方面进行指导，助力学校发展再上新台阶。

2021年11月，学校校长丛玉豪带队参加上海市博士学位授予单位培育建设项目答辩评审会，学校的办学定位和特色得到专家的高度认可，学校顺利纳入上海市博士授予单位培育建设名单以及上海市博士后流动站建设筹备单位名单。这是学校发展史上又一标志性成就，为高水平大学建设注入新的生机和活力。直面世界百年未有之大变局，主动服务国家特殊的需求，加快高层次国门卫士培养，是时代赋予学校的神圣使命，更是海关人的殷切期盼。学校将以此为契机，优化顶层设计，打造高端人才队伍和高水平团队，加强重大科研项目和原创性成果培育，集中校内外资源加强学科、学位点建设，提高人才培养质量，做好法律、审计、统计等专业硕士学位点和应用经济学、公共管理一级学科硕士的培育工作，努力实现增列博士学位授予单位与博士授权点的目标，提升学校办学层次和办学水平。

（三）研究生教育质量工程建设情况。

1. 课程建设与实施情况。

2021 年，学校按照学校专业硕士研究生培养方案和研究生培养计划的选课结果，共开设课程 42 门、总门次 42 门次。

学校不断优化课程设置，加强特色课程体系建设，强化突出“关税”特色。在原有的“海关税收改革专题”“海关商品归类专题”“海关估价专题”“原产地规则专题”“海关税收制度专题”“海关管理理论与实践”“口岸治理专题研究”等特色课程基础上，新增“海关特殊监管区税收政策专题”“出口骗税与稽查案例分析”等课程，进一步凝练培养特色。

同时，结合海关发展需要及学校办学特色，推进海关特色课程嵌入式教学，邀请黄胜强、郝崇福、张皖生、郑跃声、朱高章等海关知名专家教师参与“海关税收改革专题”“海关管理理论与实践”“口岸治理专题研究”等研究生课程联合授课和课程建设研讨，共同探索“高校—行业”双教授课堂教学模式，实现理论分析与实践指导的衔接与互补，并充分调动和发挥学校办学的各种积极因素和优势，紧密依靠海关、服务海关，贯彻保障人才培养质量的宗旨。

2. 研究生教材建设与出版情况。

为全面加强党的领导和贯彻党的教育方针，聚焦立德树人根本任务，学校根据国家《普通高等学校教材管理办法》等文件精神，落实教育部以及上海市教育委员会相关要求，加强研究生教材建设和教材选用工作管理，梳理研究生全部课程教材信息，制订排查工作方案，全面排查教材意识形态问题，及时更换老旧教材，组织优先选用马工程重点教材或国家和省级规划教材、精品教材及获得省部级以上奖励的优秀教材；全面提升教材审核工作水平，坚持“按需选用，凡选必审，为我所用，严格把关”原则，在教材编审用各环节加强政治把关，突出政治方向和价值导向。

积极培育优秀课程教材建设，提升研究生课程教学质量。2021 年，《关税制度案例分析》《海关估价（第二版）》课程教材获批省部级优秀教材；出版《思政理论课案例研讨辅学教程》教材 1 本。

3. 各类教学成果获奖情况。

2021 年，学校加大对课程、教材以及教改项目建设力度，本着以评促建、积极培育的原则，于 3—5 月在全校范围内开展了 2021 年度校级优秀研究生教学成果申报评选工作。经过积极沟通、精心组织，共申报了 6 大类别的 12 个项目。经过校外专家严格评审，评选出精品课程、优秀教材、优秀教学成果奖（综合）等 9 个项目进行重点培育。在此基础上，研究生处选报优秀教学成果（综合）4 项参与 2021 年度校级教学成果奖评选。依据“严格评审、宁缺毋滥”的原则，经校外评审专家工作组评审，校长办公会审议通过，有两项研究生教学成果（综合）获得2021年度校级教学成果奖（综合）。

同时，研究生处以署级、省部级教学成果奖申报工作为契机，重点培育已评选出的优质课程、优秀教材、优秀教学案例、优秀教学成果奖（综合）、优秀实习基地等9个项目，积极组织参与总署教学成果奖申报。2021年10月，根据《海关总署办公厅关于党的十九大以来海关优秀教学成果评选获奖情况的通报》文件，确定学校获得20项海关高等教育成果为党的十九大以来海关高等教育优秀教学成果，其中，获得研究生优秀教学成果4项（优秀教材1项，优秀实验实训教学基地1项，优秀教学案例2项）。

（四）研究生学术训练和学术交流情况。

2021年，为提高学校研究生培养质量，扎实研究生学科专业理论基础，把握学科前沿知识及学术前沿动态，开拓学术视野，跟踪海关理论与实践热点并进行探究，学校不定期邀请国内外专家学者举办各类线上线下学术讲座24次（见表5），拓展了研究生学术视野，丰富了学术交流内涵。此外，还邀请上海财经大学2017级、2018级税收学博士与学校研究生开展硕博学术交流活动，进行学术前沿的探讨以及学习经验的交流，增进硕博友谊，培养研究生科研兴趣，提高研究生学术素养和研究能力。

表5　2021年研究生各类学术交流活动情况统计

序号	讲座、活动名称	主讲人	主讲人单位
1	百年党史：史上最牛团队的领导力	杨寄荣	上海海关学院马克思主义学院
2	中国海关AEO制度变迁与发展	王瑜	上海海关学院海关与公共管理学院
3	国际海关视野下的海关人力资源管理与开发	童话	上海海关学院国际交流部
4	行政执法风险防范	江利红	华东政法大学
5	从执法程序的角度比较海关法与税法	Thierry Lambert	法国艾克斯—马赛大学
6	国内税收政策趋势	吴静	远景能源有限公司税务部
7	虚假开票与出口骗税案例分析	王文清	国家税务总局税务干部学院
8	中国财税法治建设的挑战和方向	朱为群	上海财经大学
9	职业前景与职业规划	朱枫	安徽省注册税务师协会
10	非传统安全与深度全球化	余潇枫	浙江大学非传统安全与和平发展研究中心
11	直面中国公共管理的真问题	朱正威	西安交通大学公共政策与管理学院
12	国际海关现代化的演进：WCO的视角	张树杰	上海海关学院
13	《“十四五”海关发展规划》专题解读	于晓军	总署统计分析司

续表

序号	讲座、活动名称	主讲人	主讲人单位
14	开启全面建设社会主义现代化海关新征程	张东	总署统计分析司
15	《学位论文的选题与写作》和《MPA案例编写》	孙萍	东北大学文法学院
16	贸易便利化发展前沿：实施与评估	张树杰	上海海关学院党校工作部
17	今天我们学习“学什么”	张湛	上海海关团委
18	世界海关组织概况及最新发展动态	童话	上海海关学院
19	跨境电商税收政策与风险防范	王文清	扬州税务干部学院
20	海关税收征管制度的实践与探索	李开益	广东分署办公室
21	解读海关十四五规划	温韧	总署统计分析司
22	职业生涯教育讲座	温韧	总署统计分析司
23	海关税收安全与关税技术支持	宋彦魁	北京海关、京津税管局
24	研究生论文写作与交流	朱为群	上海财经大学

（五）实习实践制度建设和基地建设情况。

为不断完善和强化产教融合育人机制，加强专业学位研究生实践创新能力，学校基于研究生培养目标，采取三方联合培养模式，与行（企）业共同构建以提升职业能力为导向的专业学位研究生培养模式，注重产学研结合；加强制度建设，制订了一系列实习实践规章制度；借鉴PICARD国际标准和世界海关组织（WCO）高级关员职业能力规范，结合学位点通用要求构建各学位点的实践手册，规范实习目标、要求、环节；加大支持力度和资金支持，不断加强市级、校级等多维度一体的专业学位研究生实践基地建设，并根据培养目标制订并实施建设方案，搭建“关校企”三结合的实践教学体系，从多层面对专业学位研究生的实践环节提供保障，切实提高专业学位研究生的培养质量。

1. 2021年学校新增实践基地4个。

为加快推进研究生实践基地建设，进一步扩展与海关单位、企业的深入合作，凸显学校培养特色，学校已成功与总署风险管理司、济南海关、上海上咨市场咨询有限公司、上海跨境电子商务公共服务有限公司签订合作协议，就专家双向交流、教师产学研、课题研究、研究生实习基地、实践教学等方面开展多层次的深度合作，并提供实习实践指导与管理服务，共同探索“关校企”政产学研融合发展、协同育人的人才培养模式，推进中国海关国门安全理论与实践的发展和创新，共同为海关管理事业发展提供智力和人才支持。

2. 获批省部级实验实训教学中心与基地1个。

2021年，为建设海关特色鲜明、服务国家战略、具有国际影响力的一流高等学府，加快省部级特色研究生实践基地建设，努力为研究生专业实践构建良好环境，提高专业学位教育水平和人才培养质量，学校依托现有的市级研究生实践基地，积极申报并入选省部级实验实训教学中心与基地。

（六）研究生奖助情况。

1. 研究生奖助制度及体系建设情况。

为完善研究生资助体系，改善研究生学习、科研和生活条件，激励研究生勤奋学习、潜心科研，根据教育部相关文件精神，学校形成了集“综合奖学金”“国家助学金”“社会奖助学金”“三助一辅”岗位津贴和临时性特殊困难补助于一体的“五位一体”全日制研究生奖助体系以及自筹设立的非全日制奖学金体系。

一是实行综合奖学金制度，包括学业奖学金（国家奖学金，校级一等、二等、三等）和单项奖学金（社会活动奖、科研创新奖），奖励范围比例达到总人数的71.43%；二是实行100%覆盖全日制研究生国家助学金制度，助学金发放标准为每位研究生7,000元/年；三是实行社会奖助学金制度，积极争取社会捐助，促进研究生培养，共有4人获得校友企业捐助的奖助学金；四是实行全日制研究生“三助一辅”勤工助学制度，包括“助管、助教、助研、助理辅导员”4类岗位，岗位数占学生总数的37.5%，岗位平均补助4,000元/年；五是实行临时性特殊困难补助制度，针对因疫情、自然灾害、家庭成员或本人突发重大疾病等特殊情况的学生给予临时性补助，补助金额视困难程度评定；六是在教育部奖助资金仅面向全日制在校生的情况下，学校自筹资金建立面向非全日制公共管理专业研究生的奖学金制度，设立新生入学、边关人才激励和学业激励3种奖学金，奖学金覆盖面超过60%，为关警员特别是条件艰苦的边关关警员提供资金支持。目前，学校已建立国家奖学金、学业奖学金、新生入学奖学金、边关人才激励奖学金、助学金、荣誉奖励等多层次奖学评优体系，为在校研究生提供一份安心和保障，使得他们能够潜心求学、成长成才。

2. 研究生各类奖助情况。

2021年，研究生各类奖助学金合计109.54万元，同比有所增加。其中，奖学金发放总金额为46.04万，助学金发放金额为54.3万，“三助一辅”勤工助学补助金额为9.2万（见表6）。获评校级优秀学生干部4人、优秀团干2人、优秀团员2人、优秀学生8人、优秀毕业生12人，获评市级优秀毕业生12人。

表 6 2021 年研究生各类奖助学金情况统计表

项目名称	发放人数	金额（万元）
国家奖学金	1	2
学业奖学金	75	31.7
新生入学奖学金	14	7.5
边关人才激励奖学金	3	3
社会奖学金	2	1
单项奖学金	6	0.48
国家助学金	77	53.9
社会助学金	2	0.4
个人荣誉	12	0.36
“三助”岗位津贴	23	9.2
合计	215	109.54

四、研究生教育改革情况

（一）人才培养情况。

学校注重培养学生的探究能力与创造性思维，鼓励学生将课堂所学知识运用于实践与科研创新中。以科研项目、“经济学人”等科创竞赛为孵化平台，专设研究生科研创新项目，实行无门槛资助和指导，引导和培养研究生创新思维；建立研究生参与导师科研课题制度，专设研究生科研助理岗位，调动研究生科研积极性，提高研究生科研系统性、创新性能力。在学校精心培养下，研究生受益于教学培养模式改革和科研创新熏陶，培养质量不断提高，服务海关成效明显，在服务国家“一带一路”倡议、自由贸易港战略，服务上海“五个中心”建设，服务海关国门安全和贸易便利化以及各类学科竞赛方面，取得了一系列成绩。

1. 研究生学术科研创新能力不断提升。

2021 年，在学校的组织和导师的指导下，研究生积极参与各省、各高校举行的各类学术论坛、竞赛，共获各类奖项 16 项（见表 7），同比增长 76%；在 2021 年度第 8 期《上海经济研究》上发表文章《长三角区域税收竞争影响市场一体化的理论与实证分析》；参与取得“一种水提取–电感耦合等离子体发射光谱法测定碱水面中水玻璃含量的方法”检测技术专利；参与编译图书《美国联邦采购条例》；在 2021 年海关国门安全与风险管理论坛中分享交流学术论文 4 篇。

表 7 2021 年在校研究生各类学术科创竞赛获奖情况统计表

获奖成员	获奖成果名称	所获奖项、等级	获奖级别	获奖时间
王金钰、郝胜男、张蔼、汪子杰、成妮娜	中国上海红酒市场消费需求调查研究报告	“正大杯”第十一届全国大学生市场调查与分析大赛研究生组总决赛国赛优秀奖	国家级	5 月 16 日
代世龙、韦权、韩悦、付思摇、胡萌	构建优化口岸营销环境，促进跨境贸易便利化评价指标体系研究	“正大杯”第十一届全国大学生市场调查与分析大赛研究生组总决赛国赛优秀奖	国家级	5 月 16 日
尚蓓蓓	—	2021 年全国大学生英语竞赛 A 类二等奖	国家级	5 月 16 日
胡萌	—	2021 年全国大学生英语竞赛 A 类三等奖	国家级	5 月 16 日
魏仁杰、余丹阳、罗巧	直播行业纳税风险管控案例	2021 年全国本科院校纳税风险管控案例大赛上海分区二等奖	省部级	12 月
韩天宇、李政、余虹积	石化行业涉税风险报告	2021 年全国本科院校纳税风险管控案例大赛上海分区二等奖	省部级	12 月
代世龙、段景辉	我国口岸营商环境评价指标体系构建研究	中国国际贸易学会 2021 年“中国外经贸发展与改革”征文优秀奖	一级专业学会奖	12 月 21 日
杨寄荣、王广伟	“一带一路”视域下的海关治理	中国海关学会上海分会 2020 年度优秀论文二等奖	—	1 月 4 日
袁宝芹、滕楠、杨逊敏	总体国家安全观视角下进口跨境电商食品安全风险浅探	2021 年度天津海关学会征文二等奖	—	12 月
何亚乔、范宝强	坚持总体国家安全观在提升原产地政策利用水平和海关原产地管理水平中确保税收安全	中国海关学会成都分会 2021 年度优秀论文奖	—	11 月 26 日
欧明月、荣蓉、李嘉希	我国增值税留抵退税政策的改革对策研究——基于营商环境视角	上海海关学院“经济学人”科创竞赛一等奖	院系级	10 月 8 日
王铠基、韦权、伍星月、赵紫薇	环境税治理、技术创新与企业升级——基于沪深 A 股的准实验	上海海关学院“经济学人”科创竞赛一等奖	院系级	10 月 8 日
孟瑶、钟颖、刘鹏、汪子杰	子女教育专项附加扣除问题研究及优化建议	上海海关学院“经济学人”科创竞赛三等奖	院系级	10 月 8 日

续表

获奖成员	获奖成果名称	所获奖项、等级	获奖级别	获奖时间
胡萌、倪亦凡、付思摇、韩悦、郝胜男	反倾销对出口产品质量的影响研究	上海海关学院“经济学人”科创竞赛三等奖	院系级	10月8日
张謌、刘鹏、汪子杰	直接税对居民消费的影响——基于我国省级面板数据的实证研究	上海海关学院“经济学人”科创竞赛三等奖	院系级	10月8日
郭秋林、翁巧叶、孙越	以信相交，继往开来——浅析中欧投资协定签署对中国贸易开放新格局发展的影响	上海海关学院“经济学人”科创竞赛三等奖	院系级	10月8日

2. 集关校合力，立德铸魂，育海关人才有成效。

“身边是战友，身后是祖国。”新冠肺炎疫情来袭，全国海关第一时间调兵遣将，尽锐出战，逆行而上。在这场没有硝烟的战争中，上海海关学院研究生得益于学校的思政教育与专业培养，以“站得出来、豁得出去”的勇气，坚决贯彻落实习近平总书记“守土有责，守土担责，守土尽责”重要指示精神，全力做好新冠肺炎疫情防控工作，以实际行动践行着海关人保家卫国的初心和使命。从 2020 年到 2021 年，在持续抗击新冠肺炎疫情期间，学校部分研究生仍坚守在海关抗疫一线，把守国门安全，深入践行“人民海关为人民”，为抗击新冠肺炎疫情做出积极贡献。程超颖、龚文超、俞洋、李正锴、汪晓驰等公共管理硕士专业研究生分别获得全国和省级抗击新冠肺炎疫情先进集体及先进个人的光荣称号。

3. 强化实践教学，实践育人特色鲜明。

学校根据专业人才培养目标搭建“关、校、企”三结合的特色实践教学体系，依托海关、行业优质实践资源，引入“校外课堂”模式，通过安排实地考察、参观调研等多种实践教学活动，加强研究生实践教学，达到实践育人和思政育人的目标。

2021 年 3 月，学校组织研究生参观“全国文明单位”“全国优秀基层党组织”“全国和谐社区建设示范街道”“全国安全社区”“全国创建学习型社区示范街道——上海市黄浦区五里桥街道”，在实践教学中感受近年来我国在社区治理和改善民生方面做出的努力和取得的重大成绩；组织学生赴上海外高桥港区、海通国际汽车码头、亿通公司中国（上海）国际贸易单一窗口开展口岸现场调研，了解 2021 年海关最新业务开展情况和汽车滚装码头业务操作情况，学习上海国际贸易单一窗口业务开展情况，增强学生对相关知识的系统掌握，提高研究生的实践能力和解决问题能力。5月，响应浦东新区开展的“便民办税春风行动”，以及突出建党100周年“我为群众办实事”实践活动内容，积极组织研究生集体参加浦东新区税务局专业性志愿服务活动。通过活动不仅让学生了解到专业的税务操作知识，更让学生深切感受到在以习近平同志为核心的党中央正确领导下，社会主义制度的优越性，举国上下众志成城打赢疫情攻坚战的决心和以人民为中心的执政理念。9月，组织研究生参观中芯国际集成电路有限公司和浦东开发开放30周年主题展，使研究生学习体会到改革发展的征程，深刻感受到在国家战略的引领下，我国经济社会取得的伟大成就，增强了学生的“四个自信”。10月，组织研究生赴洋山深水港参观学习并进行现场交流，讨论出口查验区查验、智能箱号识别系统等内容，开阔学生眼界、打开创作思路，为学生开展毕业论文写作打下良好的基础。

4. 坚持准军事化管理制度，特色育人成效显著。

2021年，学校围绕“五关”建设和深化准军事化纪律部队内涵建设，落实立德树人根本任务，继续坚持和完善研究生准军事化管理制度，建立以“纪律教育为核心、规范统一为基础、提高能力为标准、营造氛围为助力、创新发展为动力”的准军事化管理长效机制。加强日常检查监督，将准军事化纪律部队建设的内涵有机融入学生日常教育管理，例如，实行课前统一列队进入教室，严格考勤和课堂纪律，实现内务卫生有序化、队列动作整齐化、服装穿着标准化。开展新生军训及入学教育、学军主题教育活动，丰富准军事化训练内容，增强准军事化管理吸引力，展示学军成果，提高学生的准军事化素养，增强学生的荣誉感，展现良好的精神风貌。学校坚持以准军事化管理提升育人实效，培养的人才以政治坚定、纪律严明受到海关和其他用人单位的好评，为中国海关的“人才强关”战略提供智力支持和人才输送。

（二）科学研究情况。

研究生教育肩负着高层次人才培养和创新创造的重要使命，是国家发展、社会进步的重要基石，是应对全球人才竞争的基础布局。学校深入贯彻落实教育部《关于全面落实研究生导师立德树人职责的意见》，落实导师是研究生培养第一责任人的要求，发挥导师以德立身、以德立学、以德施教作用，遵循研究生教育规律，创新研究生指导方式，以导师科研创新能力促进学科发展和提升研究生学术创新能力，实现全过程育人、全方位育人，做研究生成长成才的指导者和引路人。

2021年，学校共承担科研项目62项，横向课题44项，纵向课题18项；科研总经费509.46万元，横向经费308.46万元，纵向经费201万元。研究生教师和校内导师全情投入、坚持创新研究，共承担科研项目37项，占学校科研项目的60%，横向课题25项，纵向课题共12项（省部级10项，市厅级2项）；出版译著4本，专著两本；发表论文成果35篇，其中，高级别论文10篇（SCI 4篇，CSSCI 4篇，WCJ两篇），具体成果见表8。

表8 研究生教师及校内导师科研成果情况统计表

科研成果类型		数量	经费数（万元）
课题研究项目	纵向课题	12项	149
	横向课题	25项	195.18
论文类		35篇	—
著作类		6本	—
合计		78	344.18

（三）产教融合、科教融合等方面的改革创新情况。

1. 聚焦临港新片区发展，推进产教融合协同育人多样化与特色化。

学校坚持服务需求，对接国家重大战略和上海经济社会发展的需求，结合学校办学定位与实际，主动对接临港新片区发展，由副校长岳龙带队走访上海自贸区临港新片区管委会、临港集团，与临港新片区党工委委员、管委会专职副主任苗挺、临港集团产教融合中心主任王小玲，就临港新片区人才政策、企业人才需求、科研项目合作、就业创业、产学研平台建设等方面进行合作交流。学校将以此为契机，依托临港新片区开放的优势和丰富的实训资源，加快深化政校企合作交流，探索政、校、行、企等多方参与的产教融合协同育人新模式，形成科学育人、特色育人、协同育人的良好格局。

2. 加快推动长三角高水平行业特色大学联盟的合作交流。

为引领长三角高等教育高质量发展，推动一流行业特色高校一体化建设，服务国家战略和长三角经济社会发展，学校牵头组织了长三角高水平行业特色高校联盟会议，与安徽工业大学、安徽理工大学、杭州电子科技大学、江苏海洋大学、江苏科技大学等13所高校共同发起正式成立长三角高水平行业特色大学联盟，开展高层次人才培养合作和经验推广，进一步对接新时代海关建设的需要，强化学科引领，优化专业布局，开展关校融合、校校联合、校企结合，展开多种形式的交流与合作，联合培养研究生，加快产教融合协同育人，实现学校的高质量发展。

3. 整合优势资源，创建科教融合育人共同体。

为进一步落实科教融合育人，学校注重以科研项目整合资源，积极推动国家需求、海关科研与教学实践有机融合，探索科教融合协同育人新模式。学校将国家、海关以及行业需求变成科研导向，与各地海关和总署科技发展司、口岸监管司、风险管理司合作，积极开展结对工作，联合发布课题指南，培育研究生创新课题，围绕国门安全、跨境电商、“一带一路”倡议、自由贸易港等14个前沿领域和关税、企业纳税等热点问题开展课题研究，完成了《跨境电商出口退货监管问题研究》《完善跨境电商海关统计策略研究》等研究成果，较好地对接、结合了海关业务链与税收理论与实践问题的破解需要。学校教师更是主动融入海关改革前沿研究讨论，承担总署课题研究8项，总署课题立项创历史新高；翻译出版《美国海关及对外贸易法典》《欧盟海关法典》《法国海关法》等国际海关法典，服务海关、反哺教学，不断提升自身能力建设，助力教学与科研协同育人。

4. 以教育科学研究为抓手，促进科教互动融合育人常态化。

在教改、科研工作整体布局层面，学校重视教育科学研究对教育教学改革发展所具有的重要支撑、驱动和引领作用。以教研项目为驱动，助力打造教育教学改革新成果，并将科研成果转化为优质教学资源，运用到研究生教学之中，推动课程体系改革。鼓励教师将国际前沿学术发展、海关最新研究成果和实践经验融入专业教育中，将科研成果转化为教学资源，推动科研优势最大限度转化为教学优势。以广泛动员组织、持续培育孵化、申报立项和更好实施省教育科学规划课题为工作抓手，采取切实措施，引导广大教师更为深入地探索教育教学本质和规律、破解教育教学发展时代难题、引领教育教学改革创新活动。

（四）破“五唯”等方面的特色及改革案例。

为深入贯彻落实习近平总书记关于教育的系列重要论述和全国教育大会精神，落实《深化新时代教育评价改革总体方案》，坚持社会主义办学方向，树立科学的教育发展观、人才成长观、选人用人观，以落实立德树人根本任务为主线，以破“五唯”为导向，以激发学校研究生教育发展活力为目标，学校通过党政联席会议、专题研讨交流会等方式，专题学习《深化新时代教育评价改革总体方案》、习近平总书记关于教育评价的重要指示及主持的有关重要会议精神摘编。在此基础上，聚焦重点问题、关键环节、改革任务等，开展深入研讨和交流。学校坚持破立并举，全面清查涉及研究生教育的政策文件、规章制度、各类考核评价条件和指标、各类评审细则、官方网站公开信息等，细致梳理各项规章制度与方案精神不一致的地方。结合学校实际，及时修订学位授予细则、导师考核办法、研究生中期考核等办法，注重对研究生学术论文的质量管理和过程管理，克服唯论文的顽瘴痼疾和重科研轻教学的现象，减少论文评分；强化导师立德树人要求，落实教育评价改革，增加过程性评价分数；完善综合素质评价体系，注重过程性考核，加强研究生德、智、体、能、劳等方面的综合考查和评价，引导师生关注国家重大战略需求，解决海关实际中急需解决的前沿问题。

（五）国际合作交流情况。

1. 国际课程与学术交流情况。

2021 年 4 月，学校邀请俄罗斯西北管理学院经济与金融系戴维·泰勒泽副教授为学校研究生做题为《新冠疫情时期俄罗斯财税政策》的线上讲座，帮助学生理解俄罗斯现行税收体系，以及新冠肺炎疫情发生以来，俄政府为减少中小企业损失，帮助中小企业复工复产而采取的一系列税收优惠政策，例如，递延所得税、增值税的征收，递延养老保险缴纳等；在线邀请法国艾克斯—马赛大学法学院教授、国际法学院院长、财税研究中心主任 Thierry Lambert 为研究生讲授《从执法程序的角度比较海关法与税法》，拓宽学生视野，了解法国海关与中国海关的执法程序异同。

同时，为进一步加强国际学术交流合作，文明互鉴，推进国际化人才培养进程。学校研究生教师受邀为俄罗斯西北管理学院学生在线授课，促进中俄双方两校交流，提升师生国际化交流能力；参加由俄罗斯西北管理学院主办的主题为“国家与商业：经济发展的趋势与挑战”的国际科研论坛，与来自保加利亚、塞尔维亚、印度尼西亚、泰国等国家 30 余名经济学界的学者共同探讨交流国际前沿知识，学校教师以英文做了专题学术报告。

2. 推进和完成公共管理硕士 PICARD 认证工作。

2019 年，为持之以恒深化研究生教育国际合作，聚焦服务更高水平对外开放，发挥学校行业特色优势，全面加强专业建设和人才培养，打造国际海关领先的高层次应用型人才培养模式，学校正式启动公共管理专业硕士 PICARD 标准认证工作。学校组建了专门的工作团队先后多次联合海关业务领域的国内外专家和教师协力进行 PICARD 专业标准、海关课程的 PICARD 认证程序、认证指南的翻译和文案质量监控等工作，促进公共管理专业硕士课程严格对标 PICARD 认证标准。

2021 年 8 月，在前期的准备与充分沟通下，学校组织召开上海海关学院申请世界海关组织 PICARD 认证硕士项目的国际专家预审启动会，邀请韩国海关边境培训学校的人力资源开发部与国际事务部主任 Jo HongYoung 先生（世界海关组织 AEO 认证专家）和学校国际交流部童话博士（世界海关组织 PICARD 全球海关高校评审委员会委员）一起开展为期 7 个工作日的集中工作。在各部门的共同努力下，学校完成了中文版报告和中文稿的翻译。2021 年 11 月，历时两年多的认证申请工作接近尾声，学校圆满完成向世界海关组织正式递交认证报告的任务。学校推动建立人才双向交流机制，不断提升国际化办学内涵，进一步搭建国际海关教育资源共享平台，为提高研究生教育国际化水平提供了高效机制和资源保障。

五、教育质量评估与分析

（一）学科自我评估进展及问题分析。

1. 学位点持续扎实开展学位建设的各项工作，有序开展学位点培养教育工作，保障研究生培养教育质量。

2021 届硕士研究毕业生双证获得率 100%，初次就业率 100%，但是随着研究生扩招，二级学院教学管理队伍人力不足问题愈加突出。急需加强配备学位点负责人和秘书，健全教学管理队伍，提升学位点管理水平。同时，导师队伍力量薄弱问题更加凸显，需要进一步加大导师队伍建设力度，鼓励更多校内外优秀青年专业教师担任导师。

2. 专业学位点建设有待加强，科学学位点有待突破。

与其他高校相比，学校获批成为硕士授予单位的时间晚，学科建设起步晚、缺乏积淀。专业学位点布局尚未覆盖所有学科，目前仅有 4 个专业学位授权点，研究生培养质量有待进一步提升，且还没有一级学科学位授权点。学校获批成为硕士授予单位是学校重内涵建设的结果，提升了学校的办学层次，下一步需要在专业硕士学位点建设积累的基础上，实现学术型硕士学位点突破，为学科建设进一步“破局”。

3. 学科领军人物不足，成为制约学科发展的瓶颈。

高水平的学科领军人物不足，是制约学校学科建设和发展的关键问题。高水平学科和高水平研究人员是相辅相成的，只有形成高水平的学科平台，才能吸引高水平研究者。同时，高水平研究者可迅速提升学科的整体研究水平，进而推动学科向更高水准发展。在当前学校学科发展路径不明晰，缺乏高层次学科平台的背景下，探索学科领军人物的培养和引进的新机制成为学科队伍建设的关键。

（二）学位论文抽检情况及问题分析。

2021 年，学校高质量通过上海市硕士学位论文抽检评议。学校坚持“严进严出”培养模式，严把“出口关”，不断加大研究生学位论文质量管理力度。一是建立了校、院二次查重处置机制，对论文的文字复制比做了明确的规定与处理要求，将质量监管覆盖至学位论文撰写全过程。二是优化工作流程，在原来学位论文查重评阅、答辩资格审核、论文答辩、研究生处二次查重、优秀论文评定、学位授予审议、学位信息报送、学位论文抽检等环节的基础上，增加了学位论文校级盲审环节。2021 届毕业生 39 篇论文全部委托第三方权威机构进行盲审，39 篇论文盲审成绩均合格。

学校探索构建学位论文质量监控体系取得了一定的成效。学校自2014年开始参加上海市学位办的论文抽检工作，已连续7年通过上海市硕士学位论文抽检评议。论文抽检情况表明，学校研究生学位论文质量总体良好，学校研究生教育与管理工作精心到位；研究生总体上学术功底扎实，具有独立完成科学研究的能力。

六、改进措施

（一）加强研究生思政教育建设，提升研究生综合素质。

学校研究生思想政治教育活动还存在内容不够丰富、形式不够多样化、整体布局不够系统化等问题，针对这些问题，学校将围绕立德树人根本任务和人才培养目标，发挥学校特色资源优势，结合专业特点和学生特点，形成集理论学习、参观调研和实践锻炼于一体的思想政治教育活动体系。针对研究生综合素质培养，学校将以提升专业硕士研究生的实践创新与就业能力为目标，重点围绕研究生的政治素质、奋斗精神、创新能力和实践能力培养，探索和实施研究生“未来胜任力培养计划”，培养能够担当民族复兴大任的高层次创新型、应用型人才。

（二）强化师资队伍建设，优化教师队伍结构。

学科的发展和研究生的培养依赖于高水平的师资队伍，而学校本科和研究生培养历史较短，有规划、有步骤的学科建设刚刚起步，因此，师资队伍水平成为制约学科发展和高水平人才培养的关键因素。师资队伍建设主要存在以下两点问题。一是队伍结构不尽合理。一方面，专任教师占总岗位比例偏低；另一方面，高级职称占专任教师总数比例偏低。二是高层次、高水平人才匮乏。学院现有师资队伍总体而言是一支成长中的队伍，与高水平队伍要求相比，存在一定差距，有影响力的高层次、高水平人才有待引进和培育，符合发展需求的教师梯队需要加快建设。

针对以上两点问题，根据学科建设和研究生培养的发展与需要，学校教师队伍建设的下一步思路举措包括：一是进一步优化教师队伍结构。学校持续将公开招聘岗位向专任教师全面倾斜，同时积极深化专业技术职务评聘、青年教师教学科研资助、专任教师聘期考核和个人考核等工作改革，激发现有教师队伍的内生力，不断优化教师队伍结构。二是加大高层次人才引进和培育力度。学校将按照“外引+内培”的思路，一方面通过不断提高办学层次、积极筹建博士后流动站等拓宽高层次人才引进的渠道，积极引进外来高层次人才；另一方面注重培育学科、学位点带头人，注重培养青年教师，注重提高研究生导师队伍的整体水平；对于经考察具有较强发展潜力的本校青年博士，学校将为其提供具有竞争力的配套待遇，持续实施任期考核制度，大力培育本土高层次人才。

（三）扩大宣传广度和深度，深入提高招生录取生源质量。

积极推进新专业招生。在现有税务、公共管理专业硕士学位点招生情况下，以新增的国际商务、翻译2个硕士专业学位授权点为下一步发展契机，积极开展国际商务专业硕士、翻译专业硕士2个新专业招生宣传工作，推进学校实现海关及外经贸事业发展培养高层次人才的目标。

积极争取海关优质生源，进一步优化调整生源结构。目前，海关在职人员主要以攻读学校公共管理专业研究生为主，实现进一步为海关培养高素质复合型高层次人才。需要加强海关人员攻读专业的多样性，使各专业人才结构分布趋于更合理和均衡发展。

（四）坚持质量优先，持续把控好学位论文与学位授予质量关。

学校硕士学位点的不断增加、招生规模的不断扩大以及国家、海关、社会对高质量研究生的需求，都对学校研究生教育质量提出了更高的要求。学校将以提高学位论文与学位授予质量为抓手，进一步梳理和健全内部质量保证体系。继续优化论文答辩与学位授予的工作流程，完善好相关的规章制度，不断推动学位工作的规范化、制度化、信息化。继续加大优秀学位论文的培育力度，充分利用学院评阅、校级盲审二级评审以及学术科研讲座的举办，不断提升研究生的科研能力，进而撰写出高质量的学位论文。继续加大导师对研究生的科研、学术能力的指导与培养，通过联合课题研究等措施，带动研究生出成果、出好成果，进而提升研究生的学术科研水平。继续落实全员化质量管理，通过政策引领和考核体系发挥好指挥棒作用，激发二级学院自我质量管理意识，切实提升学院自我管理水平。

（五）推动科教融合，加快培养拔尖创新人才。

科教融合是大学的核心理念，是培养拔尖创新人才的重要保障。科教融合要把科研平台变为人才培养的平台，把科研活动变成培养独创精神和批判性思维的载体。为此，学校为深入贯彻落实习近平总书记重要指示、李克强总理重要批示精神以及教育部课程思政相关文件精神，着力推动以下三方面工作。

一是坚持教学也是学术，强化教书育人是研究生导师的第一学术责任。全面落实把科研和教学都作为研究生导师的核心工作，把育人落实在科研、教学的全过程；重视研究生导师教学和科研创新能力的培养，重视师资结构的合理化以及师资水平的提高，努力打造一支结构合理、人员稳定、教学科研水平高且教学效果好的导师梯队；通过教育教改等项目建设促进研究型、实践性、混合式等教学模式的创新。

二是坚持科研也是教学，把科研活动打造为研究生成长成才的丰沃土壤。教学不局限于传统的课堂教学，科研实践也是教学的一部分。科研对促进学生发展、培养学生学术志趣和创新能力具有重要作用。组织开展师生教改和科研创新项目、课程思政示范项目，以及优秀教学成果评选等工作，在提高导师个人学术创新能力的同时培养学生的学术志趣和学术诚信，实现为学和为人的统一，为学生未来发展奠定坚实的基础。

三是坚持将科研成果转化为课程教学资源，着重培养研究生的创新思维和创新能力。加快课程知识体系更新，吸纳最新学术成果，将参与研究的各类科研项目研究背景、思路融入课堂教学，提升研究生课程教学质量，全面提升研究生培养质量，推动一流大学的人才培养迈向新的高度。

（六）优化学位点布局，向更高层次的学位点建设目标迈进。

一是优化研究生学位点布局，力争实现法律、审计学、统计学、应用经济学等专业学位硕士点的成功申报，积极筹备交叉学科硕士学位点国家安全学硕士学位点的建设申报工作，加强公共管理学科、工商管理学科和历史（海关史）等科学硕士学位点的培育，实现科学硕士点零的突破。

二是学校整体学科水平亟待发展，科研产出量仍有限，国家级项目立项和高质量科研成果相对较少，应进一步加强各学科基础理论的研究。以问题为向导，理论为支撑，鼓励教师积极申报各类纵向课题，在研究中提升研究能力和学术水平，提升理论服务于实际的水平。并有针对性的紧扣海关和社会经济发展的主要问题，大力加强在新国际环境和持续新冠肺炎疫情形势下的决策咨询研究，获得高质量的决策咨询报告。同时，在已形成的3个跨学科研究团队的基础上，组建跨学科研究平台，聚焦海关及外经贸事业发展前沿领域的热点问题开展学术研究，形成稳定的研究队伍；推进智库建设，为重大基础理论及应用课题申请奠定基础。

三是积极培育和筹备博士授权单位和公共管理等一级博士点的建设，争取进入上海市博士后流动站筹备建设单位。学校将围绕“海关特色鲜明、服务国家战略、具有国际影响力的一流高等学府”的学校发展目标开展公共管理学科建设，倾力打造一流的、具有鲜明海关特色的公共管理学科。基于海关发展前沿实践需求，以公共管理硕士专业学位建设为支点，加强学院、学校、海关的交流与合作，整合内外部优质资源，充实公共管理学科基本框架，建成公共管理一级学科硕士点，做好公共管理一级博士点培育项目，积极谋划专业博士点和博士后流动站（合作）的建设，为学校升格大学奠定基础。

（七）深化开放合作，提升国际影响力。

立足海关、服务国家和地方经济社会发展需求，围绕“人才强校、关校融合、国际化”三大战略，结合学校发展，增强国际合作意识和能力，继续扎实推进研究生教育国际化进程。进一步丰富办学资源，加强探索和构建不受新冠肺炎疫情影响的国际化教育合作模式，推动研究生教育对接服务国家战略需求、地方经济社会发展需求和海关事业发展需要；充分发挥学校作为国际海关高校网络（INCU）成员的优势，推动布局优秀研究生海外访学交流计划，力争使更多的研究生在校期间获得海外访学交流的机会；继续加强与世界海关组织（WCO）及各国海关院校的合作交流，拓展实践教学的国际平台，推动派遣研究生赴国际组织实践实习的计划，培养国际组织人才；进一步深化研究生家国情怀的领悟、文化自信的熏陶、思维方式的训练与话语修辞的磨砺，以培养和打造出具有全球视野、通晓国际规则，具备国际领导力、外交能力等国际组织胜任能力的高素质应用型国际组织人才。

上海海关学院2021年毕业生就业综述

一、毕业生基本情况

（一）总体规模。

学校2021届毕业生共计613人，其中，本科毕业生总数为574人，硕士研究毕业生总数为39人。2021届毕业生分学历比例情况见图1。

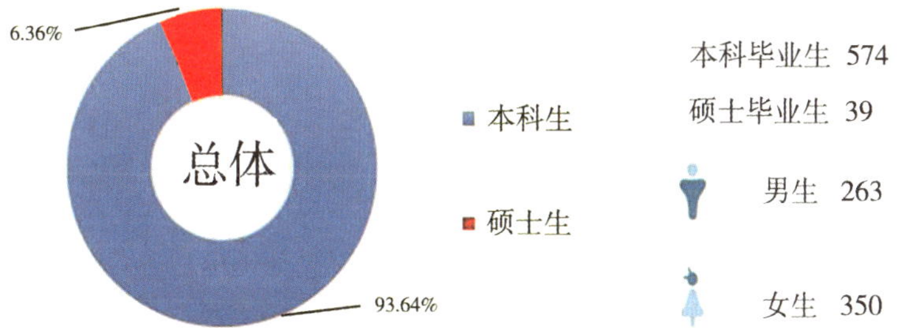

▲图1 2021届毕业生比例情况图

（二）性别结构。

毕业生中男生263人，占比为42.9%；女生350人，占比为57.1%。硕、本毕业生中均女生多于男生。各学历性别情况详见表1。

表1 2021届毕业生男女比例一览表

学院	学历层次	毕业人数	男生	女生
上海海关学院	本科	574	255	319
	硕士	39	8	31
合计		613	263	350

（三）生源地分布。

硕士毕业生39名。其中，上海生源1人，非上海生源38人，非上海生源占比为97.44%；非上海生源中河南省生源最多，占比为20.37%。硕士毕业生生源地分布情况见表2。

本科毕业生574名。其中，上海生源74人，非上海生源500人，非上海生源占比为87.11%；非上海生源中广东省生源最多，占比为9.76%。本科毕业生生源地分布情况见表3。

表2　2021届硕士毕业生生源地分布表

省份	人数	比例（%）	省份	人数	比例（%）
河南省	8	20.53	广东省	2	5.13
浙江省	6	15.39	上海市	1	2.56
江西省	5	12.82	甘肃省	1	2.56
江苏省	4	10.26	辽宁省	1	2.56
湖北省	3	7.69	福建省	1	2.56
安徽省	3	7.69	河北省	1	2.56
山东省	2	5.13	内蒙古自治区	1	2.56
			合计	39	100

表3　2021届本科毕业生生源地分布表

省份	人数	比例（%）	省份	人数	比例（%）
北京市	4	0.70	海南省	15	2.61
上海市	74	12.90	云南省	14	2.44
广东省	56	9.76	安徽省	14	2.44
新疆维吾尔自治区	46	8.01	天津市	13	2.26
浙江省	26	4.53	四川省	12	2.09
江西省	23	4.01	宁夏回族自治区	12	2.09
江苏省	23	4.01	内蒙古自治区	12	2.09
山西省	21	3.66	陕西省	11	1.92
河南省	21	3.66	湖北省	10	1.74
福建省	20	3.48	湖南省	9	1.57
西藏自治区	20	3.48	河北省	9	1.57
广西壮族自治区	18	3.14	黑龙江省	8	1.39
贵州省	17	2.96	辽宁省	8	1.39
甘肃省	16	2.79	青海省	7	1.22
山东省	15	2.61	吉林省	5	0.87
重庆市	15	2.61	合计	574	100

（四）民族比例。

2021 届少数民族毕业生共 75 人，其中本科生 74 人，研究生 1 人。少数民族本科及硕士毕业生比例情况见图 2。

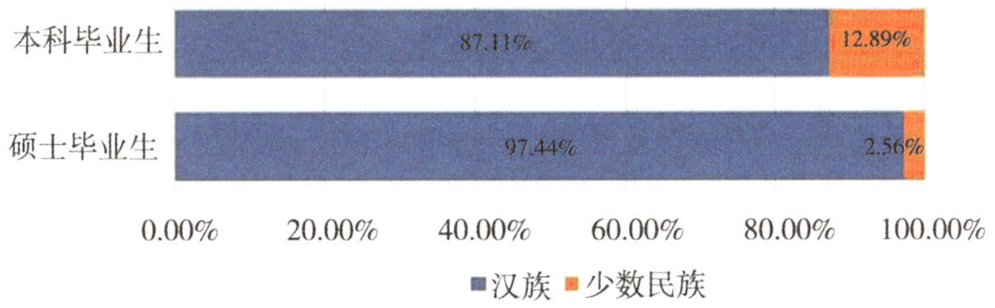

▲图 2 2021 届少数民族毕业生比例情况图

二、毕业生就业基本情况

（一）2021 届毕业生初次毕业去向落实率。

截至 2021 年 8 月 27 日，2021 届毕业生初次毕业去向落实率为 90.05%，本科、硕士毕业生初次毕业去向落实率分别为 89.37%、100%。

1. 上海海关学院男女生就业情况。

2021 届硕士研究毕业生中，男、女生初次毕业去向落实率均为 100.00%；本科毕业生中，男生就业 236 人，女生就业 277 人，初次毕业去向落实率分别为 92.55%、86.83%。从毕业生整体就业情况来看，男生的初次毕业去向落实率高于女生。2021 届男女毕业生初次毕业去向落实率见表 4。

表 4 2021 届毕业男女生初次毕业去向落实率基本情况表

学历	男			女			初次毕业去向落实率（%）
	人数	就业人数	初次毕业去向落实率（%）	人数	就业人数	初次毕业去向落实率（%）	
本科生	255	236	92.55	319	277	86.83	89.37
硕士生	8	8	100.00	31	31	100.00	100.00

2. 家庭经济困难毕业生和少数民族毕业生就业情况。

2021 届毕业生中的家庭经济困难毕业生 96 人（占比为 15.66%），就业 85 人，初次毕业去向落实率为 88.54%；少数民族 75 人中 63 人就业，初次毕业去向落实率为 84.00%。各学历层次家庭困难毕业生、少数民族毕业生就业情况见表 5、表 6。

表 5　2021 届家庭困难毕业生就业情况表

困难生	总人数	就业人数	初次毕业去向落实率（%）
本科生	96	85	88.54
硕士生	0	0	0.00
合计	96	85	88.54

表 6　2021 届少数民族毕业生就业情况表

少数民族生	总人数	就业人数	初次毕业去向落实率（%）
本科生	74	62	83.78
硕士生	1	1	100.00
合计	75	63	84.00

（二）各院系 2021 届毕业生初次毕业去向落实率。

2021 届毕业生分布在 5 个院系，有 2 个院系毕业生初次毕业去向落实率达到 90%以上，实现了充分就业。各院系 2021 届毕业生初次毕业去向落实率情况见表 7。

表 7　各院系 2021 届毕业生初次毕业去向落实率情况表

院系	毕业人数	落实人数	初次毕业去向落实率（%）
海关与公共管理学院	202	196	97.03
海关与公共经济学院	125	104	83.20
工商管理与关务学院	197	175	88.83
海关法律系	39	30	76.92
海关外语系	50	47	94.00
合计	613	552	90.05

（三）2021 届各专业毕业生初次毕业去向落实率。

2021 届毕业生分布在 8 个专业，5 个专业的初次毕业去向落实率达到 90%及以上，其中税务专业的初次毕业去向落实率达到 100%。各学历层次毕业生分专业初次毕业去向落实率统计情况见表 8。

表 8　2021 届各学历层次毕业生分专业初次毕业去向落实率统计表

专业	学历	毕业人数	就业人数	初次毕业去向落实率%
税务	硕士研究生	39	39	100.00
海关管理	本科生	202	196	97.03
英语	本科生	50	47	94.00
国际商务	本科生	72	67	93.06
物流管理	本科生	41	38	92.68
审计学	本科生	84	70	83.33
法学	本科生	39	30	76.92
税收学	本科生	86	65	75.58

三、毕业生就业质量分析

（一）2021 届毕业生就业去向情况及分析。

学校 2021 届毕业生的主要就业去向有以下几种：直接就业（派遣、签订劳动合同、义务兵役）、灵活就业（含自主创业和自由职业）、升学（考研）、出国（境）、参加国家地方项目。其中，本科、硕士毕业生以签订就业协议形式就业为主，占比为 53.18%。毕业生整体去向分布情况见图 3 和表 9。

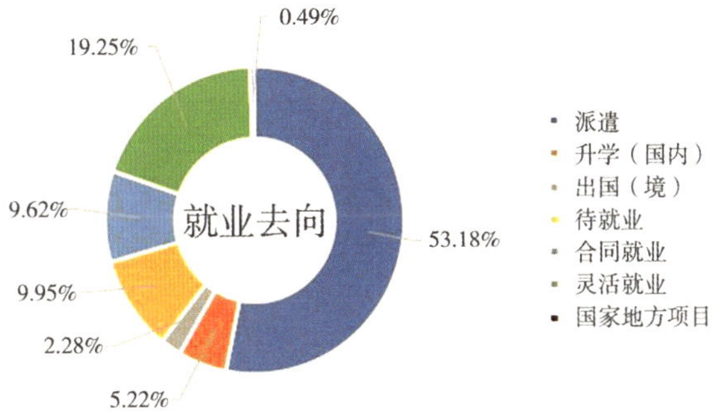

▲图 3　2021 届毕业生就业去向一览图

表 9　2021 届毕业生就业去向一览表

类别	人数	比例（%）
派遣	326	53.18
考研（升学）	32	5.22
出国（境）	14	2.28

续表

类别	人数	比例（%）
待就业	61	9.95
合同就业	59	9.62
灵活就业	118	19.25
国家地方项目	3	0.50
合计	613	100

（二）升学情况及分析。

1. 国内升学。

2021 届毕业生中，国内升学 32 人（与 2020 年持平）。考取“双一流”大学 15 人，占国内升学人数的 46.87%。2021 届毕业生国内升学高校分布情况见表 10。

表 10　2021 届毕业生国内升学高校分布情况表

学校名称	录取人数	学校名称	录取人数
中南财经政法大学	3	中南大学	1
上海对外经贸大学	3	中国政法大学	1
厦门大学	2	四川外国语大学	1
上海大学	2	辽宁大学	1
华东师范大学	2	浙江财经大学	1
西南民族大学	1	杭州电子科技大学	1
中央团校	1	集美大学	1
西南政法大学	1	北京第二外国语学院	1
山东财经大学	1	上海国家会计学院	1
上海师范大学	1	上海海事大学	1
东华大学	1	复旦大学	1
中央民族大学	1	华东交通大学	1
上海海关学院	1		

2. 出国（境）深造。

2021 届本科毕业生出国（境）深造 14 人，少于 2020 年出国人数。2021 届毕业生出国（境）深造人数情况见表 11。

表 11 2021 届毕业生国（境）外深造人数情况表

学历	出国（境）留学人数	比例（%）
本科生	14	2.73
硕士研究生	0	0.00

（三）毕业生就业单位分析。

1. 就业单位性质流向。

2021 届毕业生中，党政机关为吸纳毕业生就业的主渠道，占比为 34.42%。其次，企业单位吸纳毕业生 176 人，占比为 31.88%，其中国有企业占比为 18.75%；从学历层次来看，毕业生具体流向单位类型中，硕士生单位流向以其他企业、国有企业为主，共占比为 76.92%，本科生单位流向以其他企业为主，占比为 15.79%。2021 届毕业生单位性质流向情况见表 12。

表 12 2021 届毕业生单位性质流向表

单位性质	本科就业人数	比例（%）	硕士就业人数	比例（%）
党政机关	185	36.08	5	12.82
其他灵活就业	94	18.32	0	0.00
其他企业	81	15.79	22	56.42
国内升学	32	6.24	0	0.00
国有企业	25	4.87	8	20.51
中小企业	24	4.68	2	5.13
自由职业	24	4.68	0	0.00
出国（境）	14	2.73	0	0.00
事业单位	13	2.53	1	2.56
三资企业	13	2.53	1	2.56
预征入伍	4	0.78	0	0.00
服务社区计划项目	2	0.39	0	0.00
志愿服务西部计划项目	1	0.19	0	0.00
自主创业	1	0.19	0	0.00
合计	513	100.00	39	100.00

2021 届本科毕业生中，党政机关为吸纳毕业生就业的主渠道，占比为 36.06%。其次，企业单位吸纳毕业生 143 人，占比为 27.88%，其中其他企业占企业单位吸纳毕业生的 56.64%。本科毕业生单位性质流向情况见图 4。

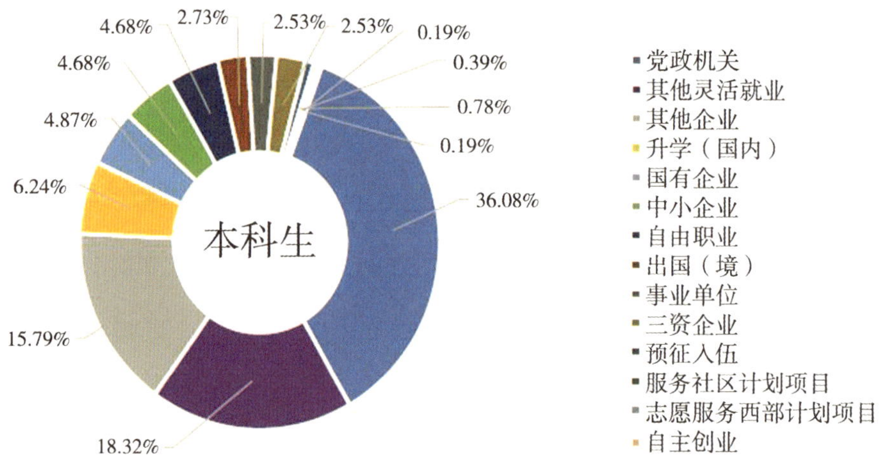

▲图 4　2021 届本科生单位性质流向图

2021 届硕士毕业生中，企业单位为吸纳毕业生就业的主渠道。其中，其他企业吸纳毕业生 22 人，占比为 56. 41%；国有企业吸纳毕业生 8 人，占比 20. 51%。硕士毕业生单位性质流向情况详见图 5。

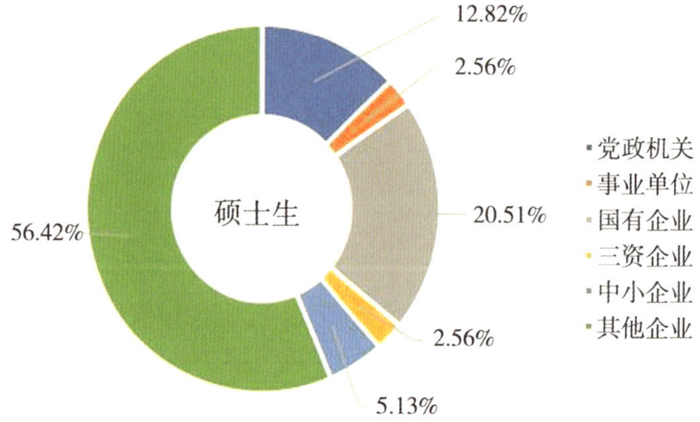

▲图 5　2021 届硕士生单位性质流向图

2. 就业单位行业分布。

2021 届毕业生就业流向人数位居前五位的行业分别为党政机关、教育、商务服务、软件和信息技术、多式联运和运输代理，这一流向分布与学校人才培养定位及专业设置相契合。从学历来看，硕士毕业生主要流向了商务服务业、软件和信息技术服务业、党政机关，合计占比达 35. 89%；本科毕业生主要流向了党政机关、教育、商务服务业，合计占比达 47. 17%。各学历层次毕业生就业行业流向排名前二十位分布情况见图 6。

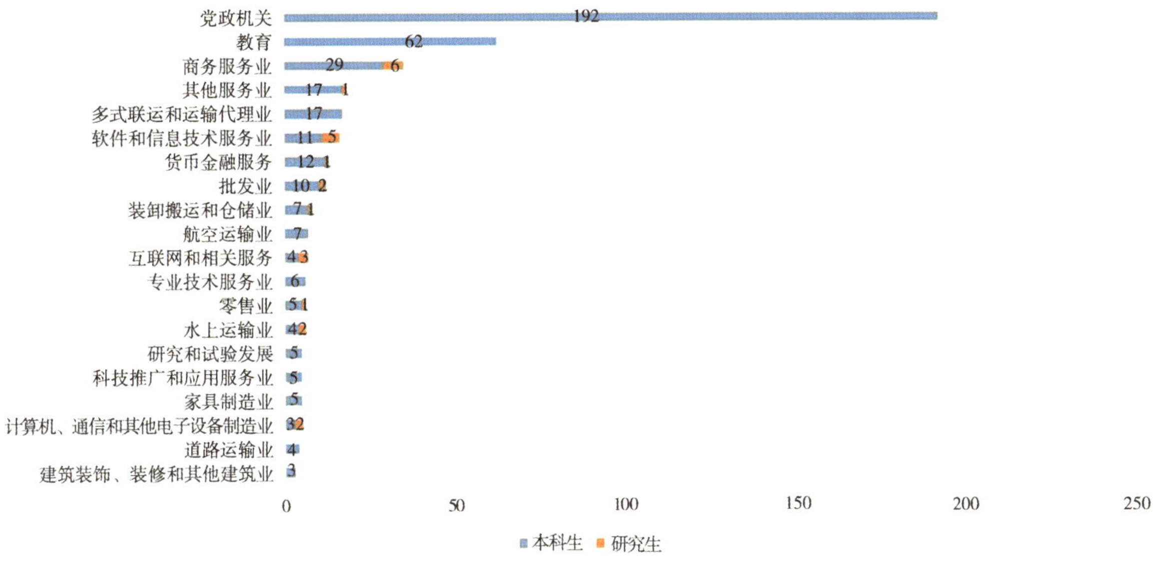

▲图 6　各学历层次毕业生就业行业流向排名前二十位分布

3. 就业单位地区分布。

从就业地域来看，华东地区为2021届毕业生就业主战场，其中主要流向上海市，本科和硕士毕业生占比分别为47.95%、43.59%。江苏、浙江、安徽、江西、山东、福建也是毕业生择业的热点省份，可见华东地区的经济与社会的快速发展为毕业生带来了较多的就业机会和发展空间。随着社会经济的发展和就业形势的变化，不少毕业生的就业观念也随之发生转变，求职时逐渐扩大选择范围，转向其他地区就业。2021届毕业生就业区域分布情况见图7和表13。

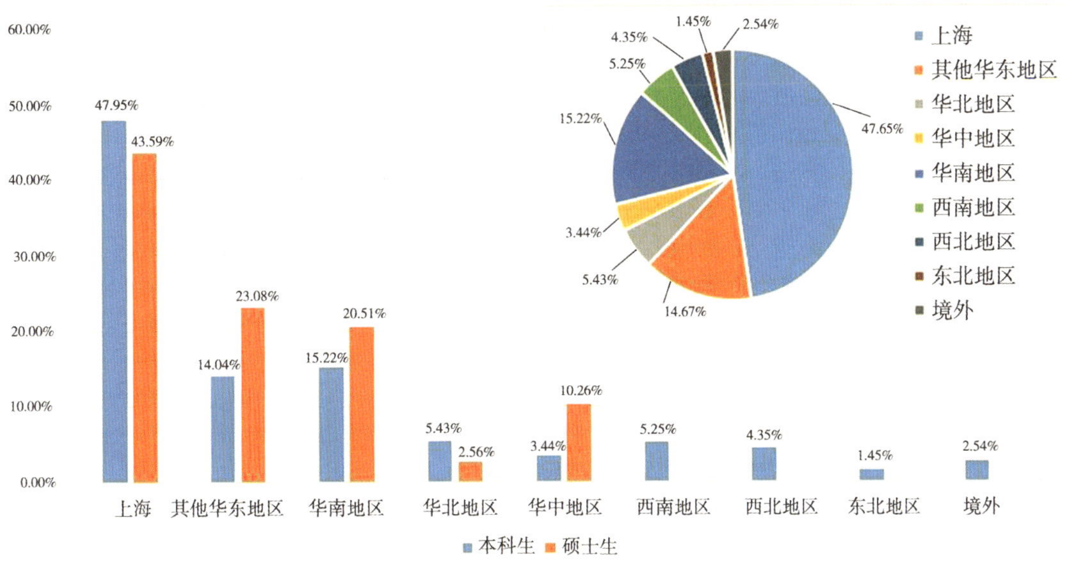

▲图 7　2021 届毕业生就业区域分布图

表 13　2021 届毕业生就业区域人数分布表

就业、升学、创业地区		人数	比例（%）
华东地区	上海	263	47.65
	其他华东地区（江苏、浙江、安徽、江西、山东、福建）	81	14.67
华北地区（北京、天津、山西、内蒙古、河北）		30	5.43
华中地区（河南、湖北、湖南）		19	3.44
华南地区（广东、广西、海南、香港）		84	15.22
西南地区（重庆、四川、贵州、云南、西藏）		29	5.25
西北地区（陕西、甘肃、青海、宁夏、新疆）		24	4.35
东北地区（黑龙江、吉林、辽宁）		8	1.45
境外（升学、留学）		14	2.54
合计		552	100.00

4. 就业生源地区分布。

从不同地区生源流向分析看，留沪就业为主要选择，占比依次为上海生源 95.45%、东北地区生源 57.89%、西北地区生源 53.95%、其他华东地区生源 45.74%、西南地区生源 42.62%、华北地区生源 40.74%、华中地区生源 37.78%、华南地区生源 27.27%。2021 届毕业生生源地就业地区分布见表 14。

表 14　2021 届毕业生生源地就业地区分布表

生源流向	上海生源占比（%）	其他华东地区生源占比（%）	华北地区生源占比（%）	华中地区生源占比（%）	华南地区生源占比（%）	西南地区生源占比（%）	西北地区生源占比（%）	东北地区生源占比（%）
留沪	95.45	45.74	40.74	37.78	27.27	42.62	53.95	57.89
其他华东地区	1.52	46.51	0.00	11.11	3.41	4.92	11.84	0.00
华北地区	0.00	0.78	46.30	4.44	0.00	3.28	0.00	0.00
华中地区	0.00	0.78	0.00	37.78	0.00	1.64	0.00	0.00
华南地区	1.52	6.20	9.26	6.67	69.32	3.28	2.63	10.53
西南地区	1.52	0.00	0.00	0.00	0.00	44.26	1.32	0.00
西北地区	0.00	0.00	0.00	2.22	0.00	0.00	30.26	0.00
东北地区	0.00	0.00	3.70	0.00	0.00	0.00	0.00	31.58

（四）国家区域发展战略就业分析。

1. 西部地区就业分析。

学校积极引导毕业生赴西部建功立业。2021 届毕业生中，西部就业人数为 69 人，占比为 12.5%。

2. 京津冀地区就业分析。

22 人赴“京津冀协同发展”地区就业，占比为 3.99%。毕业生“京津冀协同发展”地区就业分布情况见图 8。

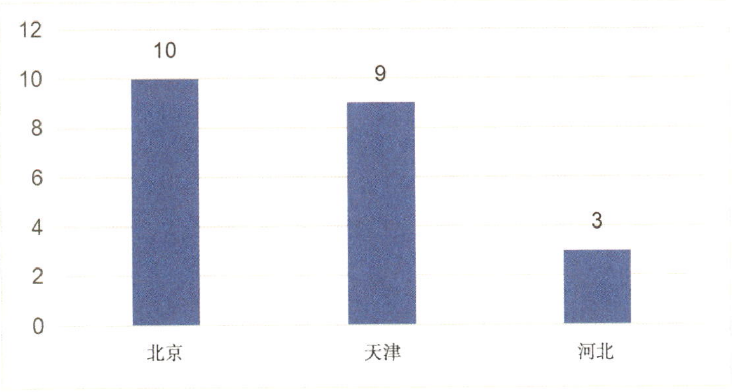

▲图 8　2021 届毕业生“京津冀协同发展”就业图

3. 长江经济带就业分析。

349 人赴“长江经济带”就业，占比为 63.22%。毕业生“长江经济带”就业分布情况见图 9。

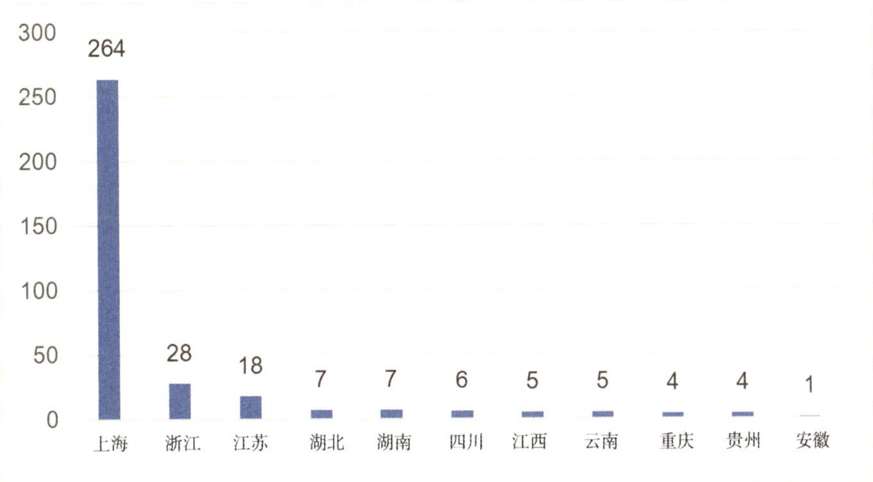

▲图 9　2021 届毕业生“长江经济带”就业图

4. 粤港澳大湾区就业分析。

63 人赴“粤港澳大湾区”就业，占比为 11.41%。毕业生“粤港澳大湾区”就业分布情况见图 10。

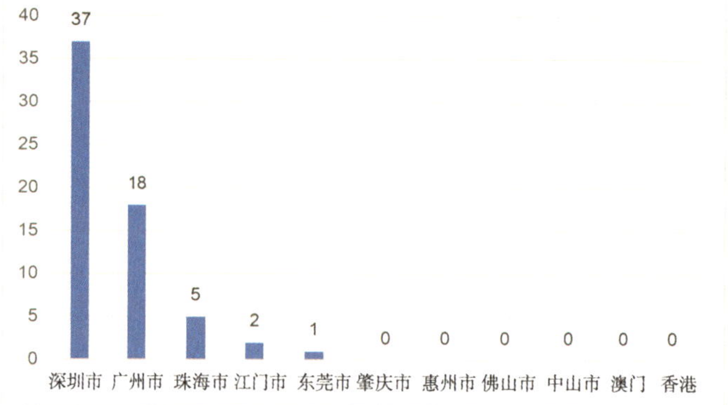

▲图 10　2021 届毕业生“粤港澳大湾区”就业分布图

四、评价与反馈

（一）毕业生的评价与反馈。

1. 毕业生自我能力评价。

调查显示，2021 届毕业生自我能力评价中，对自身责任感与适应能力两方面认可度较高。毕业生自我能力评价情况见图 11。

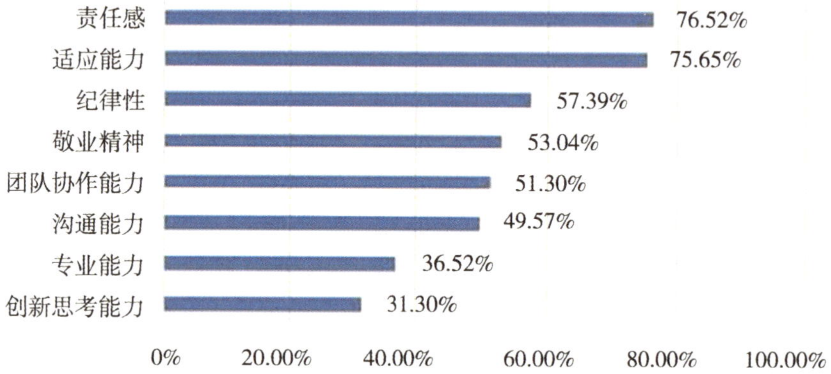

▲图 11　2021 届毕业生自我能力评价

2. 对学校人才及教学培养的建议。

2021 届毕业生对学校人才及教学培养的建议中：60%的毕业生希望学校能够营造浓厚的校园文化氛围；53.91%的毕业生希望能够开展更多的课外活动，增加学生社会实践；在教学目标方面，48.70%的毕业生希望调整专业课程设置，加强专业知识的学习，使其更加符合海关及社会的需求；45.22%的毕业生希望学校努力提高教育教学质量，增强就业竞争力；38.26%的毕业生希望加强师资队伍建设，多聘请学术水平高、实践能力强的名师；39.13%的毕业生希望进一步增强人文社科知识的课程设置，充分利用海关优势资源，全面加强海关与学校的合作；30.43%的毕业生希望针对海关需要，提高就业胜任力；28.70%的毕业生希望加强创业技能；26.96%的毕业生希望加强道德修养。2021届毕业生对学校教育教学评价情况见图12。

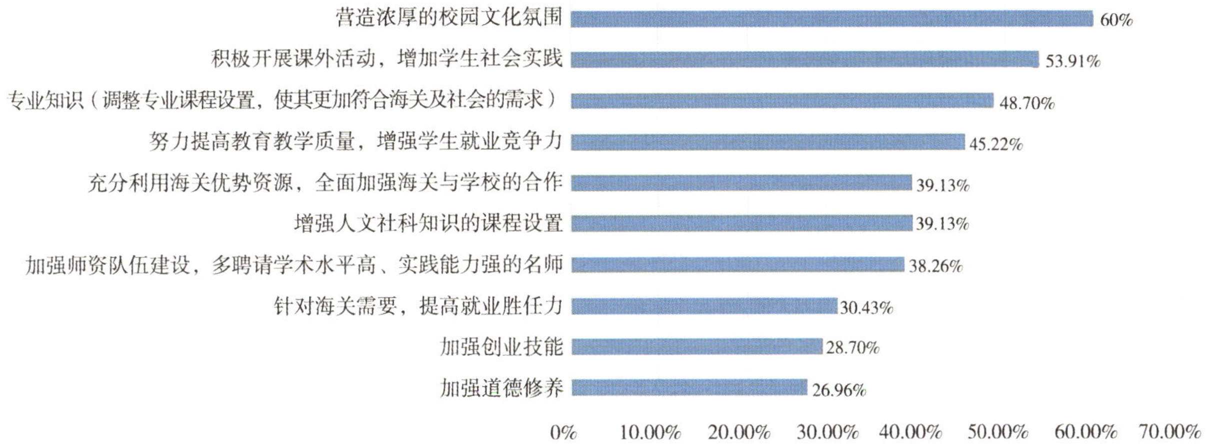

▲图12　2021届毕业生对学校教育教学的评价

3. 对学校就业服务的评价。

2021届毕业生对学校就业服务的评价中，对学校就业指导与服务工作的评价总体满意度为98.26%，可见学校就业指导服务工作在毕业生就业工作中发挥了“促就业、稳就业”的重要作用，得到了毕业生的认可。2021届毕业生对学校就业服务的评价情况见图13。

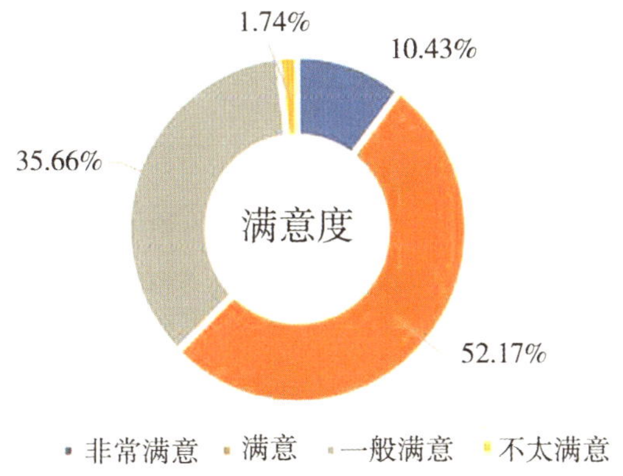

▲图13　2021届毕业生对学校就业服务的评价

4. 对学校总体的满意度。

2021届毕业生对于学校的培养总体表示满意，整体满意度达91.02%。对教学和学习资源、人才培养的满意度均在91.00%以上。2021届毕业生对学校满意度的评价情况见图14。

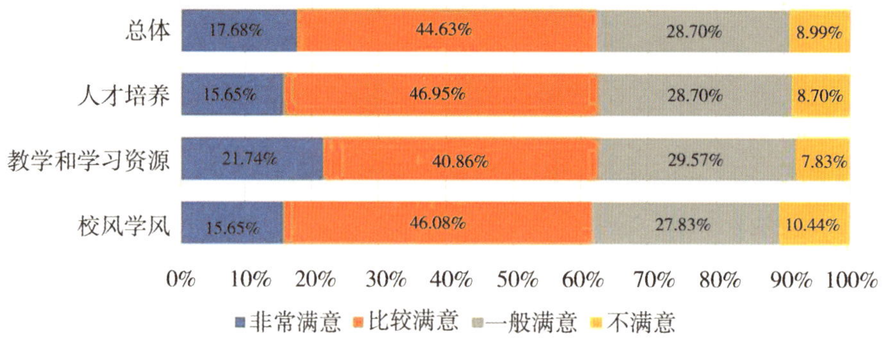

▲图 14　2021 届毕业生对学校满意度的评价

（二）用人单位对毕业生的评价与反馈。

1. 用人单位对毕业生培养质量满意度。

调查显示，用人单位对学校 2021 届毕业生的培养质量总体满意度达 100.00%。用人单位均表示愿意与学校开展深度的校企合作，如共建产学研实习、实训基地，人才协同培养及输出等。用人单位对毕业生质量的满意度评价情况见图 15。

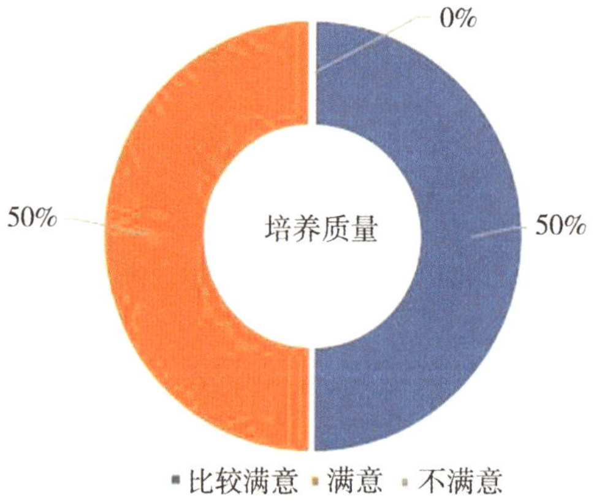

▲图 15　用人单位对毕业生质量的满意度评价

2. 用人单位对毕业生工作能力的评价。

调查显示，用人单位对 2021 届毕业生的工作能力总体评价较高，体现在本职工作的胜任情况、对应知应会知识的掌握情况、语言和文字的表达、团队合作与协调能力 4 个方面，其中本职工作的胜任能力情况认可度最高，达 89.39%。用人单位对毕业生工作能力的评价情况见图 16。

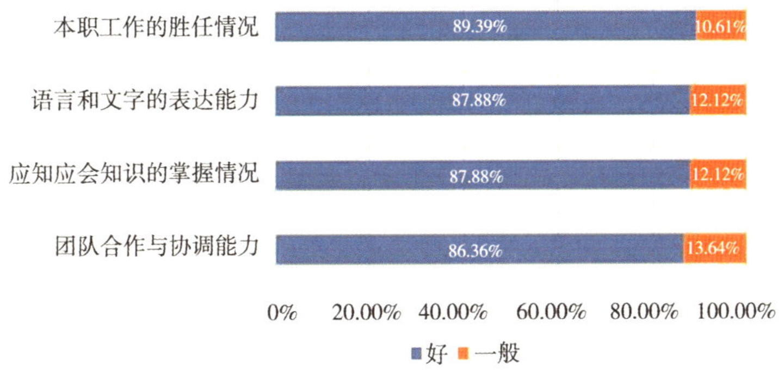

▲图 16　用人单位对毕业生工作能力的评价

3. 用人单位对毕业生职业表现的评价。

用人单位对毕业生职业表现从两个方面做出了评价，在遵守相关规章制度和劳动纪律、对待工作的态度方面满意度评价较高，具体见图 17。

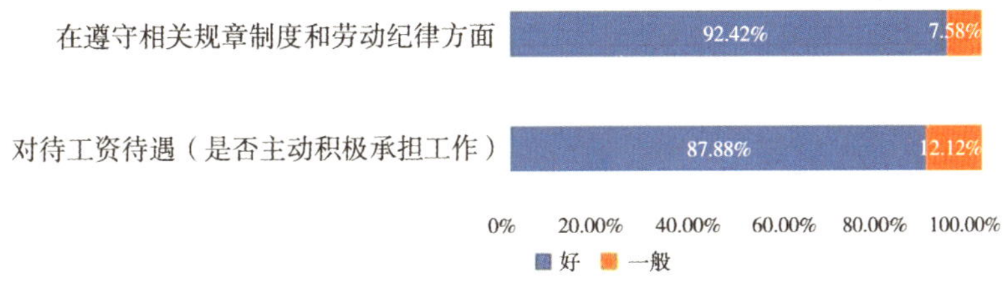

▲图 17　用人单位对毕业生工作态度的评价

4. 用人单位对人才培养的建议。

调查显示，用人单位对学校在人才培养方面提出了建议：46.97%的企业认为应该针对用人单位需要，提高就业指导的精准性，43.94%的企业认为应该积极开展就业实习，增加学生实践机会。用人单位对学校人才培养的建议情况见图 18。

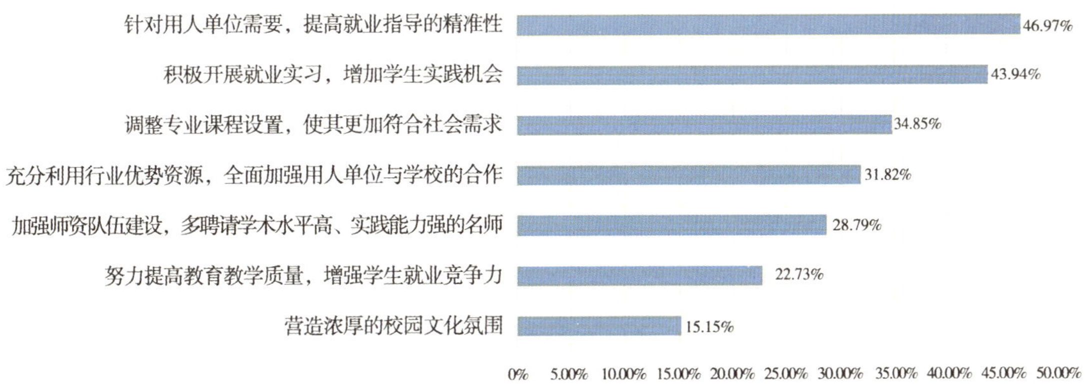

▲图 18　用人单位对学校人才培养的建议

5. 用人单位对学校与其他学校 2021 届毕业生的就业表现对比评价。

用人单位认为学校跟其他同类高校学生相比有一定的优势，主要表现在：业务基础知识扎实，敬业爱岗、团结协作，吃苦耐劳、适应能力强。但综合能力、发展后劲、创新能力方面与其他高校毕业生相比还有上升空间。用人单位对学校与其他学校毕业生的就业表现对比评价情况见表 15。

表 15　用人单位对学校与其他学校 2021 届毕业生的就业表现对比评价

优势项目	平均综合得分
业务基础知识扎实	4. 68
敬业爱岗、团结协作	3. 86
吃苦耐劳、适应能力强	3. 56
业务操作技能好	2. 55
纪律性强，体现出准军事化制度管理独特气质	2. 2
差异项目	**平均综合得分**
协调、沟通、组织管理等综合能力强	1. 7
钻研精神、创新能力强	1. 5
知识面宽，发展后劲大	0. 7

注：表现评价分数为每选项下选择 0~5 分后的加权平均分，分数的高低代表认可程度的大小，5 分为满分。

五、毕业生就业工作举措

（一）加强统筹谋划部署，深化全员促就业工作机制。

学校高度重视就业工作，认真落实就业工作“一把手工程”。党委主要领导、分管校领导多次主持召开就业工作推进会、各院系就业工作现场办公会等，研究部署推进，明确院系主体责任，推动就业各项工作落实落细。构建院系、家长、毕业生协同互动机制及“学校就业指导中心—院系党政领导—专业带头人（专业教师）—毕业班班主任（班导师、辅导员）—学生骨干（毕业班级联络人）”五级联动运行机制，完善“就业思政”工作体系；鼓励校内各部门、教职员工共同参与学生就业指导工作，形成“学校统筹、院系为主、全员参与”的就业工作格局。

加强就业工作督促检查，完善就业目标考核制度。将就业工作完成情况纳入学生处、院系领导班子及相关工作考核的重要内容；学校党政主要负责领导定期督察和约谈就业进展缓慢院系。实行毕业生就业进展数据“日日清”、就业进展“周周报”、就业状况“月月统”，毕业班辅导员做到未就业学生“一口清”。纪检监察室对“稳就业、保就业”决策部署贯彻落实情况开展政治监督检查。

（二）培塑国门卫士精神，推进就业价值观引导工程。

实施“两个引领”计划，引导学生将个人理想与国家社会发展、海关事业发展需要紧密结合，及早做好职业生涯规划。以“家国情怀”为引领，鼓励学生坚守国门，下沉边关基层就业。结合党史教育学习活动，前置家国情怀的价值观教育，开展“就业育人主题教育”“就业创业政策宣传月”“新生职业生涯启航月”等活动，引导学生树立正确的价值观、就业观；选树朋辈典型，开展“青春最美丽的模样”基层就业创业人物先进事迹征集活动，开设“就业先锋”专栏，利用校园网、微信等媒体平台宣传西部就业、基层就业校友风采，发挥先进典型示范引领作用，引导毕业生到西部、到边关、到基层就业。以“行业菁英”为引领，开展分行业、区域性的“企业高管进校园”主题讲座，走访企业调研等活动，引导毕业生投身重点行业、区域、外经贸单位就业。

（三）强化精准就业指导，完善类别指导服务体系。

以海关事业和经济社会发展需要为导向，紧跟行业动态，完善分层分类的职业生涯教育体系。针对新生前置生涯规划测评，帮助学生开展自我探索，确立生涯目标，覆盖全体新生。二、三年级以提升职业素养为目标，开展“求职技能训练营”“模拟求职大赛”“职业生涯规划大赛”等系列活动，提升学生就业核心竞争力。针对毕业生主要依托两大优势传统项目“求职技能提升训练营”“群面模拟训练营”开展线上线下系列就业指导活动，涵盖求职技巧提升指导、简历一对一修改、模拟面试等，切实提升学生求职能力。本年度将入职教育前置到毕业前，新增“职业素养提升训练”板块，邀请校外职业导师、企业导师开展“入关、入职”相关培训活动，帮助毕业生尽快完成从学校到社会的角色转变，适应职场需求，200多人参与了培训。为进一步提供个性化咨询服务，就业中心推出每日线上、线下一对一的职业咨询服务。进一步拓展职业生涯和就业指导课程“主阵地”作用，依托教育部24,365平台及北森生涯、智联招聘线上学习平台，提供多平台就业指导网络课程资源，帮助学生解决就业选择中存在的困难，提高就业能力。提升院系专业教师的指导和咨询的专业化水平，分院系举办专业教师就业培训会、毕业班辅导员培训会等。

（四）深入开拓就业岗位，强化市场拓展和培育建设。

开展毕业生就业意向调查，精准掌握毕业生需求，推进“供需”有效对接，提高学生求职成功率；开展分层次、分类别、分行业的加盟性校园招聘、宣讲活动。该学年举办线上线下校园宣讲会、招聘会30余场，提供岗位7,000余个，推送就业指导、就业岗位信息500余条，就业公众号阅读量累计达10万次以上。在校园招聘活动中，与浦东新区就业促进中心、陆家嘴金融城人才金港、上海自贸区保税区国际人才中心、上海人才行业协会、智联招聘等优质政企平台开展积极合作；紧跟国家发展战略需求，聚焦重要行业关键领域，加强与中国（上海）自由贸易试验区临港新片区管委会、中国商飞、华为、中兴等政校企的联动，靶向推荐就业岗位，助力毕业生高质量就业；借力校外平台资源，积极参加“24365 校园联合招聘”、央视“国聘行动”、“毕业申”等线上招聘活动，参与中小企业人才供需网络对接会，搭建学校与中小企业的对接平台，进一步推动毕业生到中小企业就业，努力为毕业生就业构建“蓄水池”，扩容增量。该学年，共享各大招聘平台活动 14 场，发布岗位 2 万余个；做好征兵、军队文职人员招聘宣传等工作，鼓励毕业生参军入伍、报效国家，多途径、多渠道选择就业岗位；根据毕业生不同就业意向，分类整理就业信息，精准推送就业岗位信息，不间断梳理省市公务员、事业单位、选调生及研究生调剂等最新信息，定向推荐给考公、考研的毕业生，帮助了解报考要求，合理调整就业目标，助力打好就业“信息战”。

（五）前置就业帮扶，着力做实重点群体就业。

对建档立卡贫困家庭、少数民族、身体残疾等毕业生群体进行“前置性”排查和帮扶，准确掌握具体情况，建立台账，做到“一人一策”，实施“一对一”就业跟踪指导服务。该学年继续加大对特殊群体毕业生的帮扶，为经济困难毕业生发放求职创业政策性补贴、临时补助等各类补助补贴，落实落细“创业补贴”申报和发放等工作，共办理求职创业补贴及就业困难补贴近 80 人次。针对少数民族毕业生，重点加强就业观教育，开展专题就业座谈会，了解就业需求；专人带队参加上海市高校毕业生校园招聘会暨少数民族毕业生专场招聘会，积极推荐就业岗位。针对就业困难学生，开展“一对一”就业能力指导、不低于 4 次的就业岗位推荐，尽最大努力保障困难群体就业。

第三篇

党的建设

基层党建

【概况】2021年，上海海关学院党委（以下简称“学校党委”）深入学习贯彻习近平总书记关于海关和教育工作的重要论述、关于高校思想政治工作重要讲话精神，坚持和完善学校党委领导下的校长负责制，加强党对学校事业的全面领导，擘画“十四五”规划，以高质量党建引领保障学校事业高质量发展。

学习贯彻《中国共产党普通高校基层组织工作条例》，推动党建工作强基提质赋能，落实立德树人根本任务。学校党委贯彻落实新修订的《中国共产党普通高校基层组织工作条例》，督促各基层党组织开展专题学习；强化基层党组织政治功能，组织各院系制订或修订党政联席会议议事规则和党支部议事规则，切实发挥政治把关作用，年内对3个教学单位进行抽查和指导，学校党委专题听取了各二级院系党政联席会议召开情况的汇报。利用海关资源优势，邀请海关系统优秀党务工作者来校开展专题讲座，分享党建工作和支部品牌创建先进做法和成功经验。2021年，学生处党总支获评上海市教卫系统先进基层党组织，工商管理与关务学院党支部入选教卫系统示范党支部建设支部，并作为候选单位参评教育部全国高校样板支部。

扎实开展党史学习教育，引导广大党员自觉做到学思践悟。科学统筹党史学习教育，成立党史学习教育领导小组，制订《上海海关学院党史学习教育工作方案》；印发《关于做好党史学习教育督导工作的通知》，对全校各基层党支部党史学习教育进行工作指导、督促推动、检查评估，实现督导检查全覆盖；通过印发《党建工作提示》，落实上级党委有关部署，整理汇总阶段性学习材料，明确重点任务和学习内容，规范和指导各基层党组织有序开展相关活动。全年共组织3期处级领导干部党史学习教育培训班，进一步明确各级党组织负责人履行抓好党史学习教育的主体责任；组织全体党员参加“党史知识竞赛”，选派教师参加海关文化建设协作区党史知识竞赛，取得良好成绩；各党支部书记和支委参加“海关E课堂—党史学习教育”共8期16学时；全校在编教职工利用钉钉学习平台，参加海关系统党史学习教育网络培训班共14门课程；组织15名支部书记参加全国高校基层党组织书记党史学习教育专题网络培训班。各基层党支部带领党员坚持做到读原著、学原文、悟原理。通过“三会一课”、专题交流分享会、“微党课”等形式引导党员在深学深读、精学精研上下功夫；充分利用“学习强国”“钉钉”等平台开展自学、自测、自评，在全校范围内形成“比、学、赶、超”的良好氛围；将红色资源作为开展党史学习教育的生动教材，组织党员师生赴革命遗址旧址、革命博物馆、纪念馆等地，开展现场教学和体验教学。全部直属党支部于8月底前高质量、严标准、重实效地召开党史学习教育组织生活会。

发挥党组织战斗堡垒作用和党员先锋模范作用，积极落实“我为群众办实事”。“七一”之际，学校隆重举行庆祝中国共产党成立100周年主题活动暨“两优一先”表彰大会，表彰在教学、科研、行政等工作中做出突出成绩、具有示范性的优秀党员、党务工作者和基层党组织。“我为群众办实事”实践活动开展以来，学校党委重视师生员工对学校事业发展和民生问题的关切诉求，在深入开展调研、广泛听取意见的基础上，制订了“我为群众办实事”重点发展项目清单等三张清单，扎实推进办实事实践活动见行见效。其中，校级重点发展项目清单5项（已完成3项）、民生项目清单6项（已完成5项）、党委班子成员联系基层支部实事项目清单7项（全部完成）。图书馆1项重点发展项目和综保处1项重点民生项目被市教卫工作党委列为学校重点项目，均已完成。

规范党员发展，完成支部设置调整工作。全年共发展党员180名，其中学生178名，教工2名。学校党委印发《关于调整基层党组织设置的通知》，将原有13个直属党支部调整设置为22个直属党支部，选优配强党支部书记，实现教师党支部书记“双带头人”全覆盖。支部调整换届后，学校党委及时举办党务工作者培训班，通过加强政治理论学习，进一步提高政治站位、增强党建业务融合的意识和能力。

【召开全面从严治党工作会议】2021年3月2日，学校召开2021年全面从严治党工作会议。党委书记唐赟峰传达学习习近平总书记重要讲话和中央纪委第五次全会精神以及全国海关全面从严治党工作会议精神，总结回顾2020年学校全面从严治党工作，从强化政治建设、强化管党治党责任担当、一体推进“三不”实效、巩固拓展作风建设、提高巡察监督质量、深化准军事化内涵建设等六方面部署2021年度学校全面从严治党重点工作。

【举办红色专题图片展】2021年4月20日至5月中旬，学校在图书馆一楼大厅举办“马克思主义传播在中国——文献中的百年党建”红色专题图片展，学校校长从玉豪致辞，在校全体校领导、师生党员代表参加专题图片展开展仪式。展览以习近平总书记“马克思主义不仅深刻改变了世界，也深刻改变了中国”讲话精神为指导，以编年体的形式，共展出28幅版面，分为“西学东渐：近代中国马克思主义的最初译介”“必由之路：十月革命促进了马克思主义在中国的传播”“万象更新：建党后马克思主义著作的翻译、出版和传播”“劈波斩浪：白色恐怖下传播真理的壮丽诗篇”“源头活水：延安时期开启马克思主义中国化的新时代”五个部分。本次专题图片展是学校党史学习教育特色品牌活动。

【荣获上海市文明校园称号】2021年4月27日，上海市文明办公布上海市文明城区、文明行业、文明单位、文明校园名单。学校荣获2019—2020年度（第二届）上海市文明校园称号。自2002年起，学校连续10届荣获上海市文明单位和文明校园称号。

【召开巡视组巡视学校工作动员会】2021年4月12日，总署党委第十二巡视组巡视上海海关学院工作动员会召开。第十二巡视组组长杨德春就巡视工作进行动员，党委书记唐赟峰就配合做好巡视工作作表态发言。一要自觉提高政治站位，主动接受巡视监督；二要强化政治担当，积极做好支持配合，切实保障巡视工作顺利开展，实事求是地汇报工作，客观公正地反映情况；三要压实管党治党政治责任，坚持雷厉风行抓问题整改，剖析原因、追根溯源、标本兼治，认真做好巡视“后半篇文章”。

【举办志远讲坛活动】2021年6月4日，学校举办第三十期志远讲坛暨“学史·铸魂”红色讲坛活动，邀请中国延安干部学院科研管理处副处长、教授李瑞芳现场讲授题为“做到‘两个维护’的延安经验：第一代中央领导集体形成与毛泽东领袖地位确立”的党史学习教育专题讲座。李瑞芳教授以丰富的史实、生动的故事、翔实的数据，深入浅出、声情并茂地论述了中国共产党在延安十三年的奋斗历程，并和与会师生就关心的问题进行了深入交流。海关系统第18期海关中青年处级领导干部进修班（以下简称“中青班”）全体学员、学校党委班子成员、基层党务工作者和师生代表共100多人聆听专题报告。

【举行表彰大会】2021年7月5日，学校举行庆祝中国共产党成立100周年主题活动暨“两优一先”表彰大会。大会表彰荣获上海市、上海市教育卫生工作系统和学校“两优一先”（优秀共产党员、优秀党务工作者、先进基层党组织）获奖个人和集体。学生代表向荣获“光荣在党50年”纪念章的老党员代表献花，党委班子成员为上海市及学校“两优一先”等荣誉获得者颁发证书。学校党委班子成员，处科级领导干部、师生党员代表及中青班学员代表，“光荣在党50年”纪念章获得者、获上海市表彰的先进个人和集体、校级“两优一先”荣誉获得者参加活动。

【举办重要讲话精神读书班】2021年9月至10月，学校党委举办学习贯彻习近平总书记“七一”重要讲话精神读书班。9月7日、8日，读书班成员赴浦东展览馆参观“浦东开发开放30周年主题展”，集体聆听上海市委党校教授肖昌进作的学习贯彻习近平总书记“七一”重要讲话精神专题辅导报告，并以分组研讨的形式就有关议题开展深入交流。10月17日，读书班举办专题交流会，党员代表从强化基层党组织建设、推动思想政治教育融入“三全育人”、继承和弘扬伟大建党精神等主题进行交流发言。

【召开秋季学期工作会议】2021年9月9日，学校召开秋季学期工作会议暨庆祝教师节、警示教育大会。党委书记唐赟峰部署党委重点工作，要求全校深入学习贯彻习近平总书记“七一”重要讲话精神，贯彻落实新时代党的教育方针和《中国共产党普通高等学校基层组织工作条例》，推动党史学习教育和“我为群众办实事”活动走向深入；坚持全面从严治党常抓不懈，聚焦“四个融入”扎实推进巡视整改，深化清廉校园建设，切实营造安全稳定的政治环境。

【举办专题培训班】2021年10月21日至10月23日，学校党委在苏州分校组织开展贯彻落实高校党建工作会议暨基层党支部书记专题培训班。党委书记唐赟峰，党委副书记、校长丛玉豪出席培训班并进行专题授课，党委委员、副校长李纳新全程督导，学校各基层党支部书记、副书记及部分支部委员代表共22人参加培训。本次培训采取理论自学、专题讲座、现场教学、影视观摩相结合的方式，共分为贯彻落实高校党建会议精神、基层党建工作实务、海关准军事化纪律作风建设、专题研讨交流四个专题。

【专题学习贯彻党的会议精神】2021年12月24日，学校党委召开理论学习中心组扩大会议，党委书记唐赟峰作学习贯彻十九届六中全会精神专题宣讲。结合百年党史和学校发展历程，引用文献史料和历史事件，围绕百年奋斗取得重大成就、重大成就确证历史意义、重大成就提炼历史经验、百年回顾回答根本问题等四个方面，系统地介绍《中共中央关于党的百年奋斗重大成就和历史经验的决议》的历史背景、重要内容和现实意义，以及对学校党的建设和事业发展的重大指导意义。

（撰稿人：张嘉伦）

思政工作

【概况】2021 年，学校党委始终紧紧围绕立德树人根本任务，遵循高等教育教学规律和人才成长规律，把思想政治工作贯穿教育教学全过程，推动“三全育人”工作迈上新台阶。

聚焦思政主课堂，完善党员领导干部讲授思政课制度。制订《上海海关学院党委领导带头抓思政课工作方案》，党委班子成员以开学第一课、形势政策课、党课团课等多种途径带头上思政课；组织设立课程思政教育教学改革领导小组和指导委员会，印发《关于各本科专业课程思政建设实施方案及规划纲要提交工作的通知》《上海海关学院课程思政建设实施方案》《上海海关学院课程思政建设质量指标体系》；提高课程思政建设能力，《贸易安全与便利》课程获评教育部首批课程思政示范项目，4 项获批为总署课程思政示范项目。

推进课程思政教学改革，引导教师将思想政治教育工作融入各类课程教学，努力实现思政元素全面融入人才培养全过程。贯彻落实《关于做好落实“课程思政”进教学大纲的通知》，要求所有本科课程参考教育部印发的《高等学校课程思政建设指导纲要》，修订课程大纲，切实将课程思政在全部课程的教学课程大纲及教学内容中体现和融合，凝练课程思政建设成果，引领示范取得明显成效。

加快推进马克思主义学院建设，以“校领导联系思政课教师和带头上思政课”方案构建起大思政教育格局，学校党委书记、校长和各位校领导，亲自带头集体备课，教室上课、听思政课；积极引进专家学者、海关系统先进模范、优秀校友等共同走进课堂，各有侧重、优势互补，形成育人合力。持续深入做好习近平新时代中国特色社会主义思想“进课堂、进教材、进头脑”工作。在海关管理专业试点基础上，面向学校各专业学生推广《习近平新时代中国特色社会主义思想概论》课程，并且新建设《经典著作导读》等五门选修课。以《习近平新时代中国特色社会主义思想概论》课程为核心，基本形成以其他必修课和选修课为两翼的思想政治理论课程群体系。

定期开展干部师生思想动态调研，增强教师思想政治工作的针对性和有效性，主要围绕教师价值观念、从业态度、师德建设、教风学风、学生评价等方面定期开展专任教师思想动态调研工作。针对当代大学生思维模式的多元化，围绕行业院校的学生特点、学生教育教学等内容，开展大学生思想状况调研，完成《2021 年上海海关学院学生状况调查报告》；掌握不同阶段学生思想行为特点及思想政治状况，把牢学生意识形态的领导权和主动权，深化理想信念教育，推进准军事化管理，开展精准服务指导，全面助力大学生成长成才。

重视思政队伍建设，党的十九大召开以来，紧紧围绕立德树人根本任务，着力建设专兼配备、结构优化、能力突出的专职思想政治工作人员和党务工作人员队伍。配齐思想政治工作者和党务工作者，专职辅导员 13 人、兼职辅导员 15 人，师生比为 1∶150；学校配备校内少数民族专职辅导员 1 人、海关专职少数民族辅导员 1 人，师生比为 1∶50；心理健康教育专职教师配备 2 名，师生比为 1∶1, 354。

健全学校党委教师工作部各项工作制度，实行“师德一票否决制”，开展岗前和在职师德教育培训，组织形式多样的师德教育主题活动，严格规范干部教育、培训、选拔、考核和监督等制度，坚持党对人才工作的全面领导；开展“两优一先”等选树典型活动，以海关初任培训、“师德师风建设”网络培训班等方式提升教师育德意识和能力。学生对学校师德师风满意率为 91. 10%。

【海关特色原创话剧展演】2021 年 3 月至 5 月，学校海关特色原创话剧《关魂·怒海雄关》第二季在校内外成功展演。该话剧以广州海关隶属大铲海关的“四勇精神”为蓝本创作。来自总署、广州海关、广州海关隶属大铲海关、上海市教委和学校的领导到场观看并慰问演职人员。该话剧荣获 2021 年第六届“汇创青春”——上海大学生文化创意作品展示活动一等奖和第十七届大学生话剧节优秀演出团队奖，学校荣获“优秀组织奖”。学校以优异成绩庆祝中国共产党成立 100 周年。

【讲授思政课】2021 年 10 月 13 日，学校校长丛玉豪为学校本科生讲授题为“学习习近平新时代中国特色社会主义思想，做实现中华民族伟大复兴中国梦的接班人”的思政课，海关管理专业全体 2021 级大一新生、马克思主义学院教师共同聆听。学校校长丛玉豪通过今昔对比、翻天覆地变化的生动事例，给学生们讲述了中国人民从站起来、富起来到强起来的奋斗历程和伟大意义；重点讲解了在习近平新时代中国特色社会主义思想指引下，近年来海关高等教育的高质量、内涵式发展的巨大进步；阐述了未来建设海关特色鲜明、服务国家战略、具有国际影响力的中国海关大学的梦想。课后，马克思主义学院教师组织学生们展开深入讨论。

【深入学院现场办公】2021 年 10 月 15 日，学校党委班子集体聆听马克思主义学院青年教师潘婷的《思想道德修养与法治》课，随后到马克思主义学院召开思政工作现场办公会议，党办、人事处、教务处、学生处、研究生处、马克思主义学院主要负责同志出席。党委班子肯定马克思主义学院在推进“三进”工作方面做出的努力和成绩，要求马克思主义学院筑牢思政课建设“主战场”，坚守课堂教学“主渠道”，用“请进来”或“走出去”等多种方式，主动学习借鉴外校重点马克思主义学院先进经验，全面提升学校思政理论课程水平。学校各部门要继续加强合作，形成思政课程和课程思政、第一课堂和第二课堂同向同行等“三全育人”的工作合力。

▲2021 年 10 月 15 日，学校党委班子集体听思政课

【召开民族学生大会】2021 年 10 月 26 日，学校组织全校少数民族学生召开民族学生大会，副校长岳龙、学生处有关负责同志、张江高校派出所有关警官及学校民族辅导员老师参加会议。学生处介绍民族学生的思政教育、内涵学军、学业帮扶、能力提升、毕业就业等方面情况，张江高校派出所警官结合高校反面典型案例进行法律科普，帮助同学们进一步强化法律思维、法律责任和安全意识，副校长岳龙对学生们提出希望与要求。会议促进了师生沟通，通过树典型、找不足、强引导，帮助学生们在学习期间健康成长和全面发展。

【举行“资助文化周”活动】2021 年 11 月中旬至 12 月中旬，学校学生资助中心举行了历时一个月的“资助文化周”活动。本次活动是继“新生资助季”后学校资助育人活动推出的又一重要举措。其间，通过“关院梦立方知识竞赛”“冬季送温暖座谈会”“勤助岗位学生才艺展示”等活动，引导和帮助家庭经济困难学生增智强能、自强自立。

【开展师德师风专题培训】组织一期“国情教育”网络培训班，46 名青年教师参加培训，人均 38 学时；组织一期“师德师风建设”网络培训班，共 23 门课程 39 学时，12 名新进教师参加培训，同时围绕教职工价值观念、从业态度、师德建设、教风学风、学生评价等 5 个方面在全校专任教师中开展问卷调查，进行教师思想动态调研与分析。

（撰稿人：孔令兰萱　宋丽萍　张嘉伦）

纪检监察

【概况】上海海关学院纪检监察工作坚持以习近平新时代中国特色社会主义思想为指导，认真贯彻党的十九大和十九届中央历次全会精神，全面落实驻署纪检监察组、上海市纪委监委及学校党委部署要求，增强“四个意识”、坚定“四个自信”、做到“两个维护”，坚持稳中求进工作总基调，坚持全面从严治党战略方针，坚持不敢腐、不能腐、不想腐一体推进，忠诚履职、担当作为，积极发挥监督保障执行、促进完善发展作用，为学校事业发展提供坚强政治和纪律保障。

提高政治站位，强化政治监督，把“两个维护”落实到纪检监察工作全过程。持之以恒学懂弄通做实习近平新时代中国特色社会主义思想，建立跟进学习党的创新理论的长效机制；以庆祝建党100周年为契机，扎实开展党史学习教育，联系职能职责，从百年党史中感悟初心使命，在忠诚履职中践行初心使命；聚焦全面从严治党政治责任、巡视整改、学校党政重大改革举措等落实情况，有针对性地组织开展监督检查，及时发现问题、纠正偏差。

坚持问题导向，强化监督执纪，持续推动全面从严治党向纵深发展。聚焦二期维修改造、招标采购、科研经费管理、招生复试、常态化疫情防控等重点领域和关键环节，加强日常监督，开展专项督查，推动防范风险隐患，完善内控制度机制；坚持全面从严要求，持续推进落实中央八项规定精神，驰而不息纠“四风”树新风；坚持实事求是、依规依纪依法，加强和规范信访举报、问题线索处置工作，严肃监督执纪，推进以案促改、以案促治，做好监督执纪“后半篇文章”；持续整治诬告陷害行为，坚决维护信访举报秩序，保护干部干事创业积极性。

【开展专题调研】2021年3月至6月，学校纪委书记、纪检监察室人员深入学校20余个院系、部门开展调研，贯彻驻署纪检监察组《关于进一步加强调查研究工作的指导意见》，采取“看”“听”“谈”的方式，立足摸实情、排风险、找问题。调研与监督检查相结合，通过对各部门的实地走访，向各基层党组织有效传导责任压力，要求部门“一把手”及班子成员不断提高政治意识，牵住“责任制”这个牛鼻子，不断强化“四责协同”，对标对表，勇于担当，压紧压实全面从严治党主体责任。

【开展巡视整改监督】2021 年 9 月，学校纪委制订《海关总署党委第十二巡视组巡视反馈意见整改监督工作方案》，对全校 113 项巡视整改措施落实情况开展动态跟踪监督。检查组通过实地检查、听取汇报、调阅资料、现场抽查、个别访谈等方式，督促推动各项整改任务按期保质保量完成。

【开展新冠肺炎疫情防控专项检查】2021 年 9 月，学校纪委制订《疫情防控专项检查工作方案》，成立专项检查组，采取“四不两直”方式，对新学期开学前后落实新冠肺炎疫情防控措施情况开展实地检查，通过制发“监督意见书”督促问题整改、编发“疫情防控负面清单”引导全体师生员工增强新冠肺炎疫情防控意识。自 9 月 1 日起，坚持落实新冠肺炎疫情防控监督周报制度。

【开展重点工程项目专项督查】2021 年 9 月，学校制订《二期建筑维修改造项目专项督查工作方案》，围绕“四个聚焦”（法规制定执行、关键环节、关键少数、责任落实）、“三个阶段”（招标采购、工程施工、竣工验收）开展督查工作。年内重点完成招标采购阶段的跟进监督工作。

【举办纪检监察业务培训】2021 年 11 月 19 日，学校纪委召开纪检监察业务培训会议。纪委书记侯长立在开班讲话中强调，要深刻认识纪律检查工作的重要性，增强做好纪律检查工作的责任感、使命感，要深入思考“立足新发展阶段，贯彻新发展理念、构建新发展格局”对学校纪检工作的新要求，准确把握、深刻理解纪检工作的内涵，推动纪检工作高质量发展，要把自己摆进去、把职责摆进去、把工作摆进去，把学习培训成果转化为更加坚定的理想信念、实际行动和工作成效。学校纪委委员、各党总支、直属党支部纪检委员或支部党员代表、纪检监察室全体同志参加培训会。

【开展诬告陷害专题教育整治】2021 年，学校组织开展诬告陷害专题教育整治工作，通过宣传教育，引导教职员工树立正确的权利义务观念，客观真实反映情况、依规依法反映问题，并注意发现异常检举控告行为，规范和加强诬告陷害行为查处、失实检举控告澄清等工作，结合实际制定出台《上海海关学院纪委关于查处诬告陷害和失实检举控告澄清工作的实施办法》。

（撰稿人：蒋书怀）

群众工作

【概况】2021 年，学校坚持党对群众工作的领导，坚持工会工作的政治性、先进性、群众性，落实教职工参与学校民主管理的各项制度和措施，重视对学生社团的政治引导，建立完善各项团学组织管理制度。

密切联系群众，始终关心师生成长和发展，着力为师生排忧解难。学校工会积极配合新冠肺炎疫情防控工作，多方联系采购防疫用品，为教职工上岗提供防疫用品日常保障，帮助教职工渡过难关。学校与浦东新区御青幼儿园等周边学校签订共建合作协议，为教职工子女教育提供便利，出面解决教职工子女转学困难的问题。完成图书馆综合阅览室改造，建立节假日开放常态长效机制，增加开放区域，为师生学习科研创造更为便利舒适的环境。争取财政经费支持，启动校园二期建筑大修改造工程，解决学校部分楼宇年久失修问题。学校通过系列民生工程，不断提升师生员工的获得感、幸福感和安全感。

【参加健步走比赛】2021 年 5 月 9 日，上海市第九届教职工运动会高校“校长杯”健步走比赛在杨浦滨江大道举行，由党委书记唐赟峰、校长丛玉豪、副校长岳龙组成的学校代表队参加比赛。本次比赛主题为“奋斗百年路，启航新征程”。作为上海市教育系统庆祝中国共产党百年诞辰的系列活动之一，得到上海各高校的积极响应，参赛运动员达 300 多人。学校参赛领导以良好的身体素质和精神风貌，在比赛中赛出了风格，赛出了水平。在通过第三个党史知识问答打卡点后，胜利完成 6 千米的赛程。

【召开教职工代表大会】2021 年 7 月 6 日，学校召开第七届教职工代表大会暨第十届工会会员代表大会第二次会议。学校校长丛玉豪作题为《站在新起点，展现新作为，为开创关院高质量发展新局面而不懈奋斗》的工作报告，总结回顾七届一次教职工代表大会以来学校在明确“十四五”发展目标、加强制度建设、提升治理能力、提升党建工作质量、筑牢新冠肺炎疫情防控屏障、拓展办学空间、加强内涵建设、提升人才培养实效、完善科研管理机制、推进国际交流与合作、强化干部队伍建设、改善民生等方面取得的成绩，分析学校进一步发展所面临的形势和挑战，提出和部署学校今后的工作任务。大会还听取和审议了《上海海关学院“十四五”事业发展总体规划（征求意见稿）》《学校财务工作报告》《工会工作报告》等文件。与会代表充分行使民主权利，对校长工作报告展开了热烈讨论。

【会商合作】2021 年 7 月 7 日，学校校长丛玉豪会见带队来访的上海建平中学西校校长赵之浩等一行。在随后召开的共建合作协商会议上，双方明确了共建合作的内容与形式，为双方今后深度共建合作打下良好根基。

【举办运动会】2021 年 10 月 29 日，学校举行第三十二届运动会，校领导及全体师生出席开幕式。在庄严的升旗仪式后，学校校长丛玉豪致开幕辞，希望广大师生以奥运健将的爱国情怀、拼搏精神为指引，担当起新时代赋予的责任与使命，响应“青春向党，运动强国，扬帆有我”的号召，把顽强拼搏、超越自我、团结协作的体育精神融到日常工作学习，不断实现新突破。

（撰稿人：吴新胜　宋丽萍）

第四篇

教育教学

本科生教育

【概况】学校认真贯彻落实习近平总书记和党中央关于高等教育工作各项要求，按照总署对学校提出的“培养中国特色社会主义海关急需人才的主平台”要求，紧紧围绕“为党育人、为国育才”这一主题，坚持立德树人根本任务，强化价值引领，结合学校实际，突出融入海关、服务国家和地方经济社会发展这一主线，围绕“人才强校、关校融合、国际化”三大战略，秉承行业办学传统，对标行业需求，立地顶天，依特做特，以特促强，走特色办学内涵发展之路，培养适应海关与外经贸事业发展需要的应用型、复合型、涉外型高素质专门人才。

精准对标行业需求，优化本科专业结构。2021 年，学校获批海关检验检疫安全本科《普通高等学校本科专业目录》外新专业。截至 2021 年底，共有海关管理、海关检验检疫安全、行政管理、税收学、经济统计学、物流管理、审计学、国际商务、法学、英语等 10 个本科专业。本科法学、税收学专业分别是教育部第二、第三批高等学校特色专业建设点，海关管理、海关检验检疫安全专业为国家控制布点特设专业。海关管理专业为国家级一流本科专业建设点，税收学专业为省级一流本科专业建设点。

在校生规模持续增长，生源质量稳步提升。2021 年，学校 7 个本科专业（审计学、物流管理和经济统计学当年暂停招生）在 31 个省（自治区、直辖市）招生 703 人，完成招生计划数 100%，实际报到人数 686 人，报到率为 97.58%。海关管理、海关检验检疫安全 2 个本科专业在各省提前批次招生，录取新生 528 人，一本（自招）上线率 100%。在全国各地录取最低分均超当地一本（自招）录取控制线，文史类平均超 42 分，理工类平均超 84 分。其中，黑龙江省理科最低录取分超当地本科一批线 149 分、文科最低录取分超当地本科一批线 79 分，辽宁省最低录取分超当地特招线 105 分。其他专业分别在普通本科批、本科一批、本科二批、各类专项、内高班等批次招生 175 人，一本（自招）上线率 95.4%。各专业累计 695 人超生源地一本（自招）控制线，一本（自招）上线率98.86%，同比上升3.5%，为2008年以来最高。截至2021年底，在校本科生2,641人，同比增加4.02%，其中海关类专业1,574人，涉关类专业1,067人。

聚焦立德树人根本任务，深入推进课程思政建设。学校坚持立德树人根本任务，针对人才培养特点来丰富完善课程教学体系，保证课程思政建设取得实效。2021年，围绕迎接和庆祝建党100周年，开展系列主题教育活动，深化"三全育人"综合改革。充分挖掘海关特色，完善具有学校特色的课程思政教育教学体系。截至2021年年底，学校累计立项建设36门课程思政示范建设项目，约占全校课程总数的9%，建设成《海关史》《政治经济学》《大学生心理健康》等一批课程思政领航课程，初步形成了具有学校特色的课程思政建设体系。"'国门中国'系列课程学生核心素养培育研究"获批上海市重点教改项目。

围绕海关业务链条，调整现有本科专业方向。为更好地对接海关建设和发展对人才的需要，学校进一步细化和实施了海关管理专业分流培养方案。2021年7月，学校启动2021年度海关管理专业人才培养分流改革。在海关管理专业原有5个方向的基础上增加了6个方向，海关管理专业累计增至11个专业方向：国门安全与口岸管理、海关风险与应急管理、海关国际事务、海关监管、通关与行政管理、海关税收、海关统计、跨境贸易管理、海关稽查、口岸物流与供应链安全、海关法学。

全面推行"专业招生、特色分流、分段培养"的新培养模式改革探索。针对目前海关专业培养模式单一的问题，2021年学校全面启动"专业招生、特色分流、分段培养"的海关专业人才培养新模式改革探索。新模式将按照海关类专业进行大类招生，后续按照特色分流，分段培养，力求为社会主义现代化海关提供"一专多能""多专多能"的创新型、高素质的管理人才和业务骨干。

对标分类评价，促进内涵建设。学校在开展高校分类评价工作期间，遵循《上海高等教育布局结构与发展规划（2015—2030年）》，以《上海高校分类评价指标（试行）》为指导，结合《2020年上海高校分类评价分析报告》，坚持"评价导向、自我保障、多元诊断、重在发展"的工作理念，召开各职能部门和教学部门专题工作会议，分析指标含义，明确主体责任，做到分工明确，责任清晰。同时学校要求各相关部门根据指标评价结果，深入分析与同类高校相比存在的优势或者差距，逐条分析评价结果反映的问题与差距，及时查找问题根源，寻找解决对策，促进内涵建设。在2021年上海市高校分类评价中，学校综合评价在"应用技术型"高校排名（11）与2020年持平，总体评分较2020年上升1.47分，与前一位高校差距较2020年缩小3.27分；学校效益评价在"应用技术型"排名第9位，较2020年上升 2 位。

强化内涵建设，课程建设效果显著。2021 年，学校有 3 门课程获批上海市市级重点课程立项，8 门课程被认定为省部级一流课程，4 门课程被认定为省部级课程思政示范项目。还立项建设优质在线课程 3 门，11 门课程荣获学校第一批“课程思政示范课程”。截至 2021 年底，学校共有国家级一流课程 1 门，省部级一流课程 12 门，市级重点课程 27 门，省部级精品课程 5 门，省部级课程思政示范项目 4 项、示范性全英文课程 5 门、虚拟仿真实验教学项目 1 项、虚拟仿真实验课程 1 门。另外，有校级一流本科培育课程 20 门、重点课程 57 门、精品课程 12 门、网络（开放）课程 29 门、示范性全英语培育课程 23 门、课程思政立项课程 36 门、优质在线课程 16 门。

18 项本科教学成果获批为党的十九大以来海关高等教育优秀教学成果。2021 年 11 月，学校申报的《对接海关，对标国际，高质量培养海关高素质人才的改革与创新》等 20 项成果获批为党的十九大以来海关高等教育优秀教学成果。其中本科 18 项，包括教学成果类奖项 4 项、一流本科课程 4 门、优秀课程思政项目 4 项、优秀教材 2 本、实验教学示范中心 1 个、虚拟仿真实验教学中心 1 个、示范性实习/实践基地 2 个。

国家级教学研究项目获得突破。2021 年 11 月，学校“新文科背景下海关特色专业的建构研究与实践探索”“对标新文科对接新海关——海关国门安全专业建设探索与实践”“新文科理念下海关管理专业复合型人才培养创新与实践”3 个项目获得教育部首批新文科研究与改革实践项目立项，在国家级教学研究项目中实现新的突破。

以创新创业训练项目为载体，持续推进创新创业教育。2021 年学校新增大学生创业训练项目 9 项、大学生创新训练项目 91 项，合计 100 项，其中国家级 18 项（创业训练项目 2 项、创新训练项目 16 项）、上海市级 34 项（创业训练项目 3 项、创新训练项目 31 项）、校级 48 项（创业训练项目 4 项、创新训练项目 44 项）。

狠抓日常教学管理，确保教学各环节基本质量达标。根据日常教学管理与质量监控要求，教务处依托 3 次教学检查（期初检查、期中检查、期末检查）、期末考试试卷复查、日常教学督导听课、校领导和教学部门领导听课、同行听课、师生座谈会等途径对教学质量进行监控，通过各种渠道获取教学质量信息充分进行现场交流、随时反馈。

落实教育部要求，继续完善一流本科教育制度建设。2021 年，对标教育部对一流本科教育建设的要求，出台《上海海关学院一流本科建设总体方案》。同时学校在人才培养、教学大纲、课表编制与调停课、教材建设、本科论文、实验实训、大学生创新创业、学科竞赛、教学改革、教学团队、教育教学奖励办法、教学督导、考试违纪等方面修订、制定了《上海海关学院领导干部及同行听课管理规定》《上海海关学院本科教学事故认定和处理办法》《上海海关学院本科教学督导工作管理办法》《上海海关学院本科课程考核管理办法》等近20项管理办法，使本科教学管理进一步得到规范，更好地满足了推进一流本科教育建设的需求。

573名本科生按期获得学士学位。2021学年，学校全面落实以本为本，推进“四个回归”，全面整顿教育教学秩序，严格本科教育教学过程管理，合理提升学业挑战度、增加课程难度、拓展课程深度，切实提高课程教学质量，推进课程考核评价，严格考试纪律、严把毕业出口关，明显提升教风和学风。同时通过学业预警、学习帮扶等活动，为学习困难学生提供帮助。在一系列措施的共同作用下，本科人才培养质量明显提升。2021年，577名应毕业学生中，3人申请延期毕业，转入下一年级继续学习。1人因学生个人原因，未能完成学分，按结业处理，颁发结业证书。573人获得学士学位。

【一流本科课程入选】 2021年1月19日，上海市教委公布2020年度上海高等学校一流本科课程认定结果，学校的《海关估价》（负责人：林弘）、《海关法》（负责人：万曙春）、《海关稽查》（负责人：陈苏明）及《海关国门安全危机事件处置虚拟仿真实验》（负责人：黄丙志）4门课程成功入选。

【获批新专业】 2021年3月1日，《教育部关于公布2020年度普通高等学校本科专业备案和审批结果的通知》下发，学校申报的海关检验检疫安全新专业成功获批《普通高等学校本科专业目录》外国家控制布点专业。海关检验检疫安全新专业，充分体现教育部所倡导的“四新”学科人才培养新理念，是融检验检疫安全意识、管理思维、业务知识、技术能力相统一的公共管理类复合型、应用型的特色专业。新专业将服务海关和外经贸事业，为海关及相关部门培养从事以安全为主体、开展检验检疫相关工作的应用型、复合型、涉外型高素质专业人才。

【参赛获奖】 2021年3月21日，在首届上海市高校教师教学创新大赛上，学校获“优秀组织奖”，3名教师获个人奖。其中胡妤获地方高校中级及以下组“三等奖”和“优秀基层教学组织奖”，万曙春获地方高校正高组“优秀奖”，钟昌元获地方高校副高组“优秀奖”。

【学士学位授予】 2021年6月，根据教育部《普通高等学校学生管理规定》和学校学生管理的相关规定，学校为2021届573名本科毕业生授予学士学位。2021届本科生共577人，其中573人在学校规定学习年限内，修完教育教学计划规定内容，达到毕业要求，符合学士学位授予资格，同意授予毕业证书和学位证书。

【获市级重点课程立项】 2021年7月，在上海市教委公布的2021年度上海高校市级重点课程立项名单中，学校的《国际经济学》（线下课程）、《高等数学》（线上线下混合式课程）、《国际贸易实务》（全英语课程）3门课程获批，申报获批率再度实现100%。

【推进人才培养分流改革】 为更好地对接海关建设和发展对人才的需要，学校进一步细化和实施了海关管理专业分流培养方案。2021年7月，学校启动2021年度本科专业人才培养分流改革。在海关管理专业原有5个方向的基础上增加了6个方向，海关管理专业累计增至11个专业方向。

【双创项目获奖】 2021年10月，在“第七届上海大学生创新创业训练计划成果展”上，工商管理与关务学院学生梁瑞焜负责的“豆焜信息科技：基于SD模型算法的YRS订舱平台”项目获最佳创业项目奖，匡增杰副教授获优秀指导教师奖；另有2个项目获优秀创业项目奖项，3个项目获优秀展示项目奖，3个项目获优秀项目报告奖，3篇论文获优秀创新创业论文奖。在第七届中国国际“互联网+”大学生创新创业大赛上，学校推荐的一个项目进入全国总决赛，2个项目获上海赛区铜奖。

【新文科研究与改革实践项目立项】 2021年11月，经学校组织、总署推荐、教育部网络审核和会议审议等程序，学校“新文科背景下海关特色专业的建构研究与实践探索”“对标新文科对接新海关——海关国门安全专业建设探索与实践”“新文科理念下海关管理专业复合型人才培养创新与实践”3个项目获得教育部首批新文科研究与改革实践项目立项，在国家级教学研究项目中实现新的突破。

【获批海关高等教育优秀教学成果】 2021年11月，按照总署总体部署，学校组织开展了党的十九大以来海关高等教育优秀教学成果推荐、评选工作。经总署海关优秀教学成果审核委员会组织专家评审，学校申报的《对接海关，对标国际，高质量培养海关高素质人才的改革与创新》等20项海关高等教育成果获批为党的十九大以来海关高等教育优秀教学成果。其中，本科项目18项，包括教学成果类奖项4项、一流本科课程4门、优秀课程思政项目4项、优秀教材2本、实验教学示范中心1个、虚拟仿真实验教学中心1个、示范性实习/实践基地1个，具体明细见表1。

表 1 党的十九大以来学校海关高等教育优秀教学成果表

成果类别	奖项	成果名称	成果负责人
优秀教学成果（综合）	特等奖	对接海关，对标国际，高质量培养海关高素质人才的改革与创新	丛玉豪
	一等奖	贯彻新文科理念，创新海关管理专业应用型人才培养模式	黄胜强
	二等奖	新时代“一德四能”关务人才培养体系构建与实践	孙　浩
	二等奖	关校融合、校企协同、国际合作，海关法特色精英化人才培养模式	万曙春
一流本科课程	不分等第	物流管理	孙　浩
		高等数学	龚　毅
		国际贸易实务	匡增杰
		关贸律师实务	娄万锁
优秀教材	不分等第	海关估价（第二版）	林　弘
		关税制度案例分析	钟昌元
“课程思政”示范项目	不分等第	笔译Ⅱ（汉译英）	胡兴文
		海关管理概论	丁　敏
		高等数学	赵振刚
		《艺术鉴赏》之海派文化的传承	钱　明
实验实训教学中心与基地	不分等第	上海海关实习基地	陈振海
		一流引领　智慧升级　实践强基——海关管理专业实验教学示范中心建设	侯彩虹
		海关国门安全虚拟仿真实验教学中心	黄丙志

【推进创新创业教育】2021 年，学校继续深入推进大学生创新创业训练计划工作，促进创新创业教育改革，全面培养学生创新能力、创业意识和实践能力，先后与上海海关签订共建双创实践育人基地协议、与花木街道社区事务受理服务中心及德必芳华陆家嘴互联网创新基地签订“三区联动”双创服务战略合作协议，构建大学生创新创业实践育人机制。2021 年，创新创业项目校级立项 100 项、市级立项 34 项、国家级立项 18 项，总计投入专项经费 103.5 万元。

【赴海关一线完成实践教学任务】2021 年，学校制订新冠肺炎疫情常态化下实践教学执行方案，暑假共安排 2018 级海关管理专业 221 名学生赴上海海关、宁波海关、哈尔滨海关、汕头海关、乌鲁木齐海关进行专业实习，安全率为 100%。各海关实习基地对实习生的准军事化纪律和新冠肺炎疫情防范意识给予了高度表扬。

【报名跨校辅修专业】 2021年，学校2020级210名学生报名跨校辅修专业，报名率为31.25%。139名学生被复旦大学、华东政法大学、上海外国语大学辅修金融学、法学、德语、法语、日语专业录取。

（撰稿人：纪昌和 辛 一 武冠宇 桂 佳 钱晓岚 曾祥霖）

研究生教育

【概况】学校于2012年5月成立研究生处，主要负责对学校研究生招生、研究生培养、学位点建设、学位与研究生教育工作进行规划、管理和服务，现有4名教职员工。2012年12月，研究生处经国务院学位委员会正式批准为“服务国家特殊需求人才培养项目”——学士学位授予单位开展培养专业硕士学位研究生的试点工作单位。2013年9月，首届税务专业硕士研究生入学，开始了专业硕士研究生的培养。截至2021年12月，学校共有税务、公共管理、国际商务、翻译4个硕士学位授权点；共招收录取九届税务硕士（MT）研究生343人，三届公共管理硕士（MPA）研究生150人，在校研究生207人。

学校始终坚持立德树人的根本任务，以高质量精准服务海关为办学宗旨，以培养高层次海关人才为研究生教育目标，紧密围绕“人才强校、关校融合、国际化”三大战略，对标行业需求，立地顶天，依特做特，以特做强，着力优化学位点结构和布局，紧抓学位点建设质量，加强研究生培养模式和过程控制的管理，以实际行动推进落实“立德树人、服务需求、提高质量、追求卓越”的研究生教育发展要求，持续推动研究生教育实现跨越式、内涵式发展，保障研究生培养质量的稳步提高。积极拓展研究生国际合作与对外交流，加入“国际海关学术研究与发展伙伴关系”（PICARD）项目和“国际海关大学联盟”（INCU），荣获世界海关组织（WCO）的国际海关专业认证，先后与美国、荷兰、泰国、阿塞拜疆等多个国家和地区的大学建立了研究生联合培养关系，如选派研究生参加“美国西伊利诺伊大学国际交流访学项目”“荷兰海关跟班作业”等活动，并组织研究生赴世界海关组织（WCO）亚太能力建设办公室实习并获得好评。

根据上级主管部门的新冠肺炎疫情防控要求以及在强有力的政策指导和支持下，学校继续坚决有效落实新冠肺炎疫情防控常态化和考试相关工作要求。2021年4月，开展硕士研究生复试工作，全部采用在线（网络远程视频）形式进行，全力保障复试工作开展的软硬件条件，严格按照程序到位、监管到位、公开到位、反馈到位、服务到位的工作要求组织开展研招工作。积极利用线上和线下结合的方式落实教育部关于复试工作“两识别”“四比对”“一平台”“三随机”的工作要求，坚持把“按需招生、全面衡量、择优录取、宁缺毋滥”原则落到实处，确保招生录取工作科学规范、公平公正。2021 年共计划招生 90 名，录取 90 名，招生计划完成率为 100%。

2021 年，学校继续狠抓培养质量，取得了较好成效。学校组织修订 2021 级研究生人才培养方案，并根据培养方案开设研究生课程 42 门。研究生线上线下教学整体运行良好，教学秩序井然，培养质量稳步提升。组织完成 2019 级 42 名公共管理硕士研究生和 2020 级 38 名税务硕士研究生中期考核工作。学校加快课程思政、精品课程教材建设取得新突破，获得国家级课程思政示范项目 1 项，省部级优秀教学成果 4 项。新增总署风险管理司、济南海关、上海上咨市场咨询有限公司、上海跨境电子商务公共服务有限公司 4 个研究生实践基地。研究生积极参与各级各类论坛、学术交流和讲座 21 余次，发表南大核心期刊 1 篇，获得上海分会 2020 年度优秀论文二等奖 1 人。研究生初次就业率达到 100%，用人单位对学校毕业生给予了高度的关注和评价。

再造学位论文工作流程，提高研究生学位论文质量。2021 年，增加学位论文校级盲审环节，委托第三方权威机构对 2021 届 39 名毕业生学位论文进行盲审，盲审全部通过。注重上海市研究生学位论文抽检工作，上海市学位与研究生教育信息化平台公布 2020 年度学位论文抽检结果。学校税务专业抽检论文合格，且学校自 2014 年参加上海市学位办组织的研究生学位论文抽检工作以来，已连续 7 年抽检论文全部合格。加快学校学位点培育和建设工作，强化特色发展、着力优化学位点布局结构，积极组织申报国际商务、翻译等硕士专业学位点，并成功获批国际商务、翻译硕士 2 个专业学位授权点。构建评估工作体系，完成税务硕士、公共管理硕士 2 个已有专业学位点的自评工作；并进一步做好法律等专业硕士学位点和应用经济学、公共管理、中国史等一级学科学位点的培育工作；增加公共管理博士点培育，顺利纳入上海市博士授予单位培育建设名单和上海市博士后流动站建设筹备单位名单。

【开展学位点专项评估自评】按照国务院学位委员会的《学位授权点合格评估办法》，构建评估工作体系，完成学位点专项评估自评工作。2021 年 1 月，组织公共管理、税务学位点对照指标完成自查自纠工作。4 月，组织开展学位点建设工作，对标合格评估指标落实任务。9 月，组织学位点完成 2021 年公共管理硕士学位授权点质量专项巡查迎检工作。

【开展研究生学位论文盲审】2021 年 4 月，为把控学位论文质量，实施论文答辩工作流程再造，学校决定增加学位论文校级盲审环节，并委托第三方权威机构对

2021届研究生论文开展盲审试点工作。1篇论文送审两位专家，论文全部送审，共计送审78篇次。经过校外专家盲审，送审的39篇论文均通过盲审。

【获批课程思政示范课程】2021年6月，教育部官网发布《教育部关于公布课程思政示范项目名单的通知》，公布首批课程思政示范项目名单，确定全国研究生课程思政示范课程99门，课程思政教学名师和团队99个。学校申报的研究生《贸易安全与便利》课程获评“课程思政示范课程”，授课教师及其团队获评“课程思政教学名师和团队”。

【召开学位授予工作会议】2021年6月，学校学位评定委员会召开会议，审定2021届税务专业硕士研究生学位授予工作，一致同意授予39名研究生税务专业硕士学位。

【推进考点建设】2021年6月，在上海市教育考试院的工作要求下，学校着手开展本校研究生考点建设工作。目前，建设工作推进顺利即将进入验收阶段，为启动考点工作做好硬件保障。

【开展招生宣传活动】2021年10月，学校进一步拓展系统内招生宣传渠道，通过直属海关单位机关团委等灵活形式宣传研究生招生政策，并实地前往拉萨海关为边关解读政策。在全国硕士研究生招生考试中共录取考生90名，其中海关系统一志愿录取率达100%，包括天津、沈阳、大连等在内的27个直属海关，推动学校发挥行业办学优势和特色，主动服务“一带一路”建设等国家政策和地方经济社会发展。

【新增硕士学位点获批】2021年10月，国务院学位委员会正式发布《国务院学位委员会关于下达2020年审核增列的博士、硕士学位授权点名单的通知》，公布了此次批准的新授权学科和专业学位类别名单。学校获批国际商务、翻译硕士2个专业学位授权点。

【优秀教学成果获批】2021年10月，根据《海关总署办公厅关于党的十九大以来海关优秀教学成果评选获奖情况的通报》，学校20项海关高等教育成果为党的十九大以来海关高等教育优秀教学成果，其中获得研究生优秀教学成果4项。

【完成公共管理硕士PICARD认证】2021年11月，在学校各部门的通力合作与共同努力下，公共管理硕士PICARD项目认证工作在经过两年多的时间，经历广参与、多环节、严把关，顺利完成将认证报告向世界海关组织（WCO）正式递交的任务。

【纳入上海市博士授予单位培育建设名单】学校组织开展一级学科学位点的培育工作。2021年11月，学校校长丛玉豪带队参加上海市博士学位授予单位培育建设项目答辩评审会，学校的办学定位和特色得到专家的高度认可，顺利纳入上海市博士授予单位培育建设名单。

（撰稿人：蔡丽丽　薛　菲）

第五篇

学术科研

科研工作

【概况】学校科研工作以习近平新时代中国特色社会主义思想为指导，以聚焦深化改革、聚焦内涵建设、聚焦特色发展为主基调，加强科研规范管理，强化服务海关、促进工作创新发展，科研事业稳步推进。

2021年科研项目立项总经费509.46万元，其中纵向课题经费201万元，横向课题经费308.46万元。学校教师获批国家级资助项目1项，省部项目14项，其中，总署署级课题4项、总署科技发展司项目4项，获批总署省部级课题数量创历史新高。省部级、厅局级项目总数与2020年基本持平，横向项目总数同比增长244%，创横向项目总数新高。

2021年，学校发表SSCI、SCI、EI论文10篇；发表CSSCI、WCJ论文10篇，其中，B类及以上学术论文2篇，较2020年有较大增长；公开发表的普刊论文总计90篇；出版专（译）著17部，较2020年增长70%。省部级、一级学会获奖9项，被录用咨询报告（《海关编译参考》《领导参阅》）4篇。

2021年适逢中国共产党成立百年，海关在中国共产党百年奋斗历程中发挥了重要作用，为此学校编辑部在建党百年之际，组织策划了“庆祝中国共产党建党百年专栏”稿件。同时编辑部还围绕海南自由贸易港建设、海关学学科建设、中国入世二十年等主题，策划专栏稿件，提升期刊的学术影响力。2021年期刊出版6期，每期发行量3,000册。

上海海关学院海关学会充分利用海关学会作为学校与海关、社会学术团体之间学术交流的重要桥梁开展学术交流。在新冠肺炎疫情影响下，上海海关学院海关学会秘书处通过邮件、微信群等方式，及时向各基层海关学会小组传达中国海关学会总会、上海分会的年度工作计划。2021年，报送中国海关学会总会年度征文投稿共计7篇，其中，入选中国海关学会总会主题征文优秀奖1篇；中国海关学会上海分会主题征文一等奖1篇，二等奖2篇，三等奖1篇；中国海关学会上海分会综合论文一等奖1篇，二等奖1篇，三等奖1篇。中国海关学会上海分会2021年评优工作中，海关与公共管理学院小组被评选为优秀学会小组，董强被评为优秀会员，赵世璐被评为优秀学会工作者。

【成立跨学科研究团队】2021年3月，学校依托海关与经贸研究院，以青年博士为主要力量形成3个跨学科研究团队，聚焦海关学、海关国门安全和国际贸易规则与海关开放监管等领域开展科研研究，推进海关智库建设。开展多次青年博士沙龙活动，通过交流会、讲座、学术论文选题策划会等多种方式，加大青年博士教师培育力度，搭建发展平台，推动青年博士教师成长与学校事业发展相结合。

【获上海市人民政府决策咨询研究重点项目立项】2021年5月，学校黄丙志教授负责的“新技术涌现下新型国际贸易业态模式和制度瓶颈研究”获批2021年度上海市人民政府决策咨询研究重点项目立项、资助经费8万元。项目从海关视角进行研究，分析海关推动跨境电子商务、通信技术与信息产业、数字内容产业等方面发展的政策及影响，探寻海关方面存在的制约因素；根据实证研究的结果和上海的实际特点，借鉴国际经验，提出上海进一步发展数字贸易，突破新型国际贸易业态瓶颈的政策建议。

【获上海市自然科学基金项目立项】2021年6月，学校校长丛玉豪教授负责的“基于模型降阶的二阶系统的反馈稳定化”获批2021年度上海市自然科学基金项目立项，资助经费20万元。项目主要针对大规模不稳定的二阶系统，利用改进的模型降阶法对高维二阶系统进行降维近似，进而有效地对系统进行模拟和控制，并结合模型降阶法对系统设计输出反馈控制器。同时，进一步研究基于模型降阶求解二阶系统部分状态的数值方法，为优化设计、优化控制和反问题等研究和应用奠定理论基础和数值方法。

【获国家社科基金一般项目立项】2021年9月，学校廖日卿博士负责的“‘一带一路’沿线口岸的风险治理与安全共生机制研究”获批2021年度国家社科基金一般项目立项、资助经费20万元。该项目立足中国正逢“十四五”开局之年又面临全球复杂局势的背景，对中国“一带一路”新一轮建设如何突出共同发展理念，针对风险挑战重点、找准“安全保障”关键、开展更高水平的务实合作进行前瞻性、创新性研究，并提供可操作性政策建议，从而为国家推动共建“一带一路”高质量发展攻坚探路。

【获上海市社科规划课题一般项目立项】2021年9月，学校孙浩教授负责的“发展与安全视角下长三角自贸试验区联动发展监管制度创新研究”获批2021年度上海市社科规划课题一般项目立项、资助经费8万元。该项目通过制度约束理论研究自贸区联动发展监管制度创新，解决开放发展的贸易环境伴随较高贸易风险的“监管制度悖论”，为长三角自贸区联动实行制度探索，进行更大的风险压力测试，建设更具国际市场影响力和竞争力的长三角自贸区集群，促进长三角高质量一体化发展提供智力支持。

【获总署科研项目立项】2021年9月，学校副校长李纳新博士负责的“海关总署党校的培训体系与高质量发展路径研究”获批2021年度总署科研项目立项。该项目主要针对海关人才发展“十四五”规划和海关干部教育培训“十四五”规划明确的未来方向和具体任务，分析目前党校培训体系和高质量发展存在的问题和短板，通过实地调研同行机构的经验与做法，并学习借鉴有关国外海关培训的经验，探析总署党校培训体系的构建高质量发展的目标、内涵与要素，并就高质量发展的路径和行动方案提出意见和建议。

【获总署署级课题立项】2021年10月，学校校长丛玉豪负责的“我国外贸中长期趋势发展研究”获批2021年度总署署级课题立项。该项目采用可视化方式全面深入刻画中国2010—2020年对外贸易发展的趋势特征与结构变化，具有较强的实践应用价值，为国家从贸易大国迈向贸易强国进程中的重要决策制定、相关外贸企业了解外贸发展不同行业的竞争力与互补性指标，以及贸易结构与贸易伙伴动态变化均提供很好的借鉴意义，有助于相关企业更好地开拓国际市场，有利于加快新发展格局背景下中国通过国内国际市场双循环实现经济高质量发展。

【获专题征文活动优秀奖】2021年11月，上海海关学院海关学会继续主动与中国国际贸易学会秘书处联系，组织参与中国国际贸易学会开展的2021年“中国外经贸发展与改革”专题征文活动，组织上报8篇高质量论文，获得优秀奖4篇，学校获得组织奖，扩大了学校教师在相关专业领域的影响力。

【举办学术研讨会】2021年12月24日，“中国入世二十年与海关改革发展”学术研讨会在学校举办。为回顾加入世界贸易组织（WTO）二十年来中国海关改革取得的成就，展望海关未来发展前路，学校科研处、党校工作部、图书馆联合主办本次活动，学校贸易便利化科研创新团队参与协办。研讨会邀请总署第19期中青班的有关学员参与研讨，总署国际业务司综合业务处卢超处长、企业管理和稽查司信用管理处杨旭处长、湛江海关关税处巫智敏处长、青岛海关综合业务处赵旸处长做主题发言，总署驻上海特派办一级巡视员谢秋慧做点评。会议针对贸易安全与便利、AEO互认、通关时效、RCEP生效等对中国海关管理带来的挑战等问题进行研讨。

【承担《经修订的京都公约》全面审议工作】2021年，按照总署的工作安排，学校继续承担世界海关组织（WCO）《经修订的京都公约》（RKC）全面审议工作机制秘书处工作，负责RKC管理委员会第24~27次会议的组织联络工作。秘书处相关人员及时与对口司局协调沟通，做好历次会议发言准备工作；秘书处翻译工作组认真完成历次会议文件的翻译工作。同时秘书处以打造最具竞争力的海关监管体制为核心，开展一系列理论研究和国际谈判，推动“单一窗口”“原产地规则”“经认证的经营者（AEO）”“海关在安全中的作用”“自由区”“跨境电商数据模型”等6项中国提案进入全面审议工作的最后阶段，成功否决不利于“一带一路”倡议的提案，稳妥应对个别国家在“自由区”定义上与中国相左的建议，使中国在未来国际海关治理体系中占据主动，有效维护国家利益。

【科研数据统计】2021年，学校科研成果情况、被录用研究报名情况、出版专（译）著情况、承担国家及（省部级）项目情况分别见表1、表2、表3、表4。

表1　2021年上海海关学院科研成果统计一览表

论文题目	作者	所属单位	发表刊物/论文集	刊物类型
Modeling of engine thermal dynamics and its application in energy management of HEVs considering engine warming-up	姜玉瑶（通讯作者）	海关与公共管理学院	International Journal of Engine Research	SCI-E
Economic effects analysis of environmental regulation policy in the process of industrial structure upgrading: Evidence from Chinese provincial panel data	于潇（第一作者）	海关与公共管理学院	Science of the Total Environment	SCI
Impact of Renewable Energy on Economic Growth and CO2 Emissions—Evidence from BRICS Countries	郑鹏飞（通讯作者）	海关与公共经济学院	PROCESSES	SCI
Relationship between interpersonal competences and loneliness among chinese college students: a two-year follow-up study	任丽杰（第一作者）	学生处（学生工作部、团委）	Current Psychology	SSCI
How does e-commerce city pilot improve green total factor productivity? Evidence from 230 cities in China	邓敏（通讯作者）	海关与公共管理学院	Journal of Environmental Management	SCI、SSCI
Numerical approximation for fractional neutron transport equation	赵振刚（第一作者）	公共教学部	Journal of Mathematics	SCI-E

续表1

论文题目	作者	所属单位	发表刊物/论文集	刊物类型
Extended Model on Structural Stability and Robustness toBounded Rationality	张翅（通讯作者）	研究生处	Complexity	SCI
The impacts of generation efficiency and economic performance on the solar power generation and storage scale: An empirical analysis of 20 countries	张翅（通讯作者）	研究生处	Sustainable Energy Technologies and Assessments	SCI
A Two-Phase Method for Solving the Hub Location and Routing Problem	杨潇（第一作者）	工商管理与关务学院	IEEE-Xplore	EI 会议论文检索
A Model of Assessment and Minimization of CO2 Emissions for Green Hub Location-Routing Problem	杨潇（第一作者）	工商管理与关务学院	IEEE-Xplore	EI 会议论文检索
长三角区域税收竞争影响市场一体化的理论与实证分析	黄丙志（第一作者）	海关与公共管理学院	上海经济研究	CSSCI 来源期刊
平台经济税收管理问题：认识、挑战及应对	崔志坤（第一作者）	海关与公共经济学院	税务研究	CSSCI 来源期刊
全球价值链视角下中美服务贸易竞争力比较	匡增杰（第一作者）	工商管理与关务学院	统计与决策	CSSCI 来源期刊
中国贸易便利化发展战略——基于RCEP成员之间区域自由贸易协定的比较分析	王珉（第一作者）	海关法律系	国际贸易	CSSCI 来源期刊
“双万计划”与“双一流”建设的政策接力研究	房莹（第一作者）	发展规划处	现代大学教育	CSSCI 来源期刊
企业模块化能力测度指标体系的构建	王瑜（第一作者）	海关与公共管理学院	统计与决策	CSSCI 来源期刊
互联网背景下的网络心理咨询探讨——评《网络心理咨询理论与技术》	张雪凤（第一作者）	科研处	中国教育学刊	CSSCI 来源期刊
Enabling Supply Chain Visibility and Compliance Through Voluntary Information Sharing with Customs: a Case Study of the Global Quality Traceability System in China Customs	周欣（第一作者）	海关与公共管理学院	World Customs Journal	WCJ

续表2

论文题目	作者	所属单位	发表刊物/论文集	刊物类型
Exploring human resource management approaches to improve performance in the new customs agency in China from a human resources business partner perspective	李楠（第一作者）	国际交流部（世界海关组织亚太培训中心办公室）	World Customs Journal	WCJ
Understanding tax and customs policies for retail export e-commerce in China	李向阳（第一作者）	海关与公共经济学院	World Customs Journal	WCJ

表2　2021年学校被录用研究报告情况表

报告题目	所有作者	录用媒介
联合国贸易和发展会议：数据和跨境数据流动的全球治理框架	胡啸天，韩晓梅，林玫贝	海关编译参考
世界海关组织：协调边境管理的实施	张树杰，赵世璐，崔仁杰（学）	海关编译参考
美国国际战略研究中心：亚太地区数据治理与美国未来政策走向	林玫贝，胡啸天，韩晓梅	海关编译参考
基于京都公约的海关监管体系研究	胡蓉，李华东（外）	领导参阅

表3　2021年学校出版专（译）著情况表

著作名称	作者	出版单位	著作类别
美国协调关税税则	李九领，金宏彬	上海财经大学	译著
世界海关组织进出口业务研究译丛（1）	吴慧，王志军，胡兴文，胡妤，韩健，王婷婷	中国海关出版社有限公司	译著
世界海关组织进出口业务研究译丛（2）	吴慧，王志军，胡兴文，胡妤，韩健，王婷婷	中国海关出版社有限公司	译著
世界海关组织进出口业务研究译丛（3）	吴慧，王志军，胡兴文，胡妤，韩健，王婷婷	中国海关出版社有限公司	译著
德国妈妈的儿童成长抗压课	邱海颖	中国经济出版社	译著
I Can Read 双语分级阅读（提高级）	安全勇，李荻（外）	中信出版集团	译著
新基建视角下人力资本与企业科技创新研究	丁敏	新加坡协调出版社	专著
海关风险管理制度国际比较研究	廖日卿	上海人民出版社有限责任公司	专著
中小企业人力资源管理外包的风险控制研究	丁敏	新加坡百科出版社	专著

续表

著作名称	作者	出版单位	著作类别
跨境电子商务国际海关管理	高翔	上海人民出版社有限责任公司	专著
汉语成语的表征及其认知机制研究	郭晓群	北京工业大学出版社	专著
适宜制度对要素配置效率的影响研究——基于转型国家视角的理论分析与实证检验	王强	上海人民出版社有限责任公司	专著
当代国际体系中的国际集体领导研究	周国荣	天津人民出版社有限公司	专著
我国装备制造企业成长能力研究	谢晶	中国海关出版社有限公司	专著

表 4　2021 年学校承担国家级（省部级）项目表

项目名称	负责人	项目级别
“一带一路”沿线口岸的风险治理与安全共生机制研究	廖日卿	国家级
排污权交易政策的作用机理和实施效果差异性分析	王恩慈	省部级
深入推进改革创新建立与社会主义现代化国家相适应的海关监管体制机制研究	贾亮亭	省部级
新技术涌现下新型国际贸易业态模式和制度瓶颈研究	黄丙志	省部级
基于模型降阶的二阶系统的反馈稳定化	丛玉豪	省部级
破解大城市低生育率问题研究：抚养成本的视角	王素素	省部级
发展与安全视角下长三角自贸试验区联动发展监管制度创新研究	孙浩	省部级
体教融合与校园足球改革	邵怡	省部级
虚拟现实技术（VR）在口岸卫生检疫技能培训的应用研究	黄丙志	省部级
基于国际供应链枢纽视角的中欧班列海关监管体系研究	胡蓉	省部级
海关总署党校的培训体系构建与干部教育培训高质量发展研究	李纳新	省部级
我国外贸中长期发展趋势研究	丛玉豪	省部级
国际海关发展战略比较研究	丛玉豪	省部级
《经修订的京都公约》审核修订研究	研究团队（杨骁、胡蓉、张树杰、朱秋沅）	省部级
海关促进科技成果转化	贾亮亭	省部级

（撰稿人：冷　蓉　张雪风　赵世璐）

学报与智库建设

【概况】2021年，学校积极打造特色智库与期刊品牌，服务海关与经济社会发展。推进海关特色智库建设，服务海关建设发展的决策咨询研究。胡蓉老师的研究报告《基于京都公约的海关监管体系研究》被总署研究中心《领导参阅》录用。胡啸天老师的研究报告《联合国贸易和发展会议：数据和跨境数据流动的全球治理框架》、张树杰老师的研究报告《世界海关组织：协调边境管理的实施》、林玫贝老师的研究报告《美国国际战略研究中心：亚太地区数据治理与美国未来政策走向》被总署研究中心《海关编译参考》录用。在中国国际贸易学会2021年“中国外经贸发展与改革”征文活动中，3位老师获得优秀奖。积极申报上海市人民政府发展研究中心课题，黄丙志教授申报的《新技术涌现下新型国际贸易业态模式和制度瓶颈研究》获得上海市政府决策咨询重点课题立项。积极进行上海市自由贸易试验区研究工作，孙浩教授申报的《发展与安全视角下长三角自贸试验区联动发展监管制度创新研究》获得上海市哲学社会科学规划课题立项。廖日卿老师申报的《“一带一路”沿线口岸的风险治理与安全共生机制研究》获得国家社科基金一般项目立项。

学校学报《海关与经贸研究》作为学校的一张学术“名片”，是学校与海关之间学术交流、服务海关的重要平台。《海关与经贸研究》前身为创办于1980年7月的《海关教学》，1983年更名为《海关教学与研究》，1999年更名为《上海海关高等专科学校学报》，2007年9月更名为《上海海关学院学报》，2014年1月更名为《海关与经贸研究》。由总署主管、上海海关学院主办，《海关与经贸研究》编辑部编辑、出版，面向国内外公开发行（刊号为CN31-2007/F）。本刊从2012年起开始改版为双月刊，每双月25日出版。

2021年，《海关与经贸研究》全年出版期刊6期，每期发行量3,000册，扩大了学报在海关系统、社科学界的影响力。在中国国际贸易学会组织举办的2021年“中国外经贸发展与改革”征文活动中，上海海关学院海关学会获得组织奖。

【筹建海关史研究院，加强海关史研究】 2021 年 5 月 26 日，学校参加由总署党委委员、副署长、政治部主任胡伟主持召开的海关史研究座谈视频会，校长丛玉豪从设立“海关史研究院”的必要性、学校承担“海关史研究院”工作的基础，以及“海关史研究院”架构功能与计划建设等方面汇报学校在海关史特别是新中国海关史研究方面所做的工作、下一步打算及建议，中国海关博物馆、中国海关学会、有关领导专家也分别汇报海关史研究相关工作。副署长胡伟对加强海关史特别是新中国海关史的研究提出五点要求：一要系统梳理研究海关史特别是新中国海关史的意义；二要注重研究的系统性、完整性、真实性和学术性；三要处理好海关史与新中国海关史的关系；四要充分调动海关的研究力量；五要形成合力开展系列研究的工作机制。会后，学校着手筹建海关史研究院，组建研究团队，加强海关史研究工作。

（撰稿人：赵世璐　蒋书怀）

第六篇

学生工作

招生工作

【本科生招生】2021年，学校7个本科专业在31个省（自治区、直辖市）招生703人，招生计划完成率100%；实际报到人数686人，实际报到率97.58%。海关管理、海关检验检疫安全2个本科专业在提前批次招生，其他专业分别在普通本科批、本科一批、本科二批等批次招生。本年度各专业计划招生数、实际录取率、一本（自招）上线率、实际报到率、第一志愿录取率见分目“上海海关学院本科专业建设综述”中表3，此处不再赘述。

各专业累计695人超生源地一本（自招）控制线，一本（自招）上线率98.86%，较2020年上升3.5%，为2008年以来最高。海关类专业录取新生528人，一本（自招）上线人528人，上线率100%；其他专业录取新生175人，其中167人超生源地一本（自招）控制线，一本（自招）上线率95.4%。其中，海关类专业在全国各地录取最低分均超当地一本（自招）录取控制线（文史类平均超42分，理工类平均超84分），黑龙江理科最低录取分超当地本科一批线149分，文科最低录取分超当地本科一批线79分；辽宁省最低录取分超当地特招线105分。

【硕士研究生招生】2021年，学校坚持“按需招生、全面衡量、择优录取、宁缺毋滥”的原则，按照程序到位、监管到位、公开到位、反馈到位、服务到位的工作要求，同时受新冠肺炎疫情的影响，研究生招生复试全部采用在线（网络远程视频）形式进行。2021年，学校硕士研究生招生计划数90人，一志愿报考人数超300人，超过国家复试基本分数线人数近百人，再创新高。组织线上复试10场次，录取90人，招生计划完成率100%。

2021年招生生源较为充足，其中税务专业学位点录取的40名考生生源以应届毕业生等社会生源为主；公共管理专业学位点录取的50名考生均为全国海关系统在职人员，包括来自上海、福州、青岛、武汉等全国27个直属海关，较往年考生所在关区增加了哈尔滨、长沙、拱北、重庆、贵阳、西宁、乌鲁木齐等 7 个直属海关，推动学校发挥行业办学优势和特色，主动服务“一带一路”建设等国家战略和地方经济社会发展。

（撰稿人：曾祥霖　薛　菲）

培养工作

【概况】2021 年，学校的学生工作坚持以“立德树人”为核心，立足服务学校改革发展和学生成长成才，努力提升学生的“政治素质、纪律意识、专业能力、人文素养”，培养学生“做爱国忠诚的社会主义新时代国门卫士”。依托学生学业发展中心，聚焦三类学生群体的帮辅，组织开展读书节、英语辩论赛、数学建模等活动，搭建平台，三维培育，助力学生科创实践，利用大学生学科竞赛、大学生创新创业训练计划、大学生实习实践基地 3 大平台，构建科普服务、科研训练、创新创业三个维度，形成良好的培育模式。

学校以“三定”为契机，探索建立大学工体制机制，设学生处（学生工作部、团委），负责全校学生管理工作。设易班发展中心、心理健康教育中心、学业发展中心、学生资助中心、大学生生涯教育和就业指导中心、媒体发展中心 6 个中心，学生准军事化管理、学生生活园区、征兵工作 3 个办公室，1 个大学生创业指导站。截至 2021 年 12 月 31 日，在校全日制硕士研究生 77 人、本科生2,635人，学生党员257 人、共青团员2,467人。

贴近学生，思想引领，铸就忠诚国门卫士。研判大学生思想政治状况，用习近平新时代中国特色社会主义思想武装青年，线上线下开展“百名学生党员讲建党百年故事”“党史知识竞赛”等活动，加强民族学生教育管理，建设浦东高校安全教育示范点，不断深化思想政治教育，把牢意识形态教育。

精心组织，热情服务，校园防疫工作井然。制订防疫工作方案，定期召开专题工作会议，开展学生思想引导、知识宣教、健康日报、进出审批、应急排查、临时健康观察、新冠肺炎疫苗接种等工作。2021 年全校全日制学生第一和第二针接种率达 99%。

聚焦学业，营造氛围，加强三类学生帮辅。依托学生学业发展中心，聚焦三类学生群体的帮辅；组织开展读书节、英语辩论赛、数学建模等活动；广泛宣传获奖学生事迹；组织开展年度人物、优秀毕业生、各类奖助学金等评选；开展学情调研。

搭建平台，三维培育，助力学生科创实践。利用大学生学科竞赛、大学生创新创业训练计划、大学生实习实践基地3大平台，构建科普服务、科研训练、创新创业3个维度，形成了良好的培育模式。2021年，学校在各项大学生科创竞赛中共获国家级和省部级荣誉27项。

宣传教育，三元联动，提高心理健康素质。建立专兼职心理教师7天工作制度、定期培训制度和督导制度；开展心理普测、24小时心理热线、朋辈互助等；实施宿管员、辅导员、学生骨干三级安全值班和巡查制度，完善危机干预体系，青春、心理、生命三元联动，矩阵式开展生命安全教育。2021年，学校成为首批上海市心理学会青春期与性教育实践基地，承办了市教委“生命守门人”专项培训和青春期与性教育家校共育工作研讨会。

内涵学军，加强管理，提升学生综合素养。通过“一日生活制度”、国防教育、军事训练、学军竞赛、应急演练、新媒体宣传等不断深化学军内涵，浓郁学军氛围，规范校园秩序，提升育人实效。

教学联动，精准施策，促进及时充分就业。举办“就业创业政策宣传月”、校园宣讲会、招聘会30余场，提供岗位7,000余个；培树2名毕业生基层就业先进典型；对76名贫困生开展就业帮扶；加强与院系联动，力促毕业生及时就业、充分就业。截至2021年8月27日，学校毕业生毕业去向落实率为90.05%。

规范管理，突出重点，理论性社团有成效。2021年，海思宣讲团加入上海市高校理论社团联盟，入选上海市学生理论微课程后续建设名单；关魂青年讲师团、海思宣讲团、时代先声研习社、青马社入选沪上高校党史宣讲百大名单；关魂青年团队荣获上海市五四奖章集体。

融入海关，坚持原创，艺术文化成果丰硕。学校秉持传承中国海关精神和文化的使命，精心打造校园原创话剧——《关魂》。2018年和2019年分别创作和复排以红其拉甫海关“四特精神”为蓝本的《关魂》第一季。2021年正值中国共产党成立100周年，学校再次推出以广州海关隶属大铲海关“四勇精神”为蓝本的《关魂》第二季——《怒海雄关》，于3月30日在校内展演，5月30日在上海市展演，荣获2021年第六届“汇创青春”——上海大学生文化创意作品展示活动戏剧类一等奖、第十七届上海市大学生话剧节优秀演出团队奖。此外，原创话剧《丁贵堂》荣获2021年第六届大学生艺术展演上海市活动艺术表演类戏剧专场甲组二等奖；原创舞蹈《关·守》荣获2021年第六届“汇创青春”——上海大学生文化创意作品展示活动戏剧舞蹈类二等奖、全国第六届大学生艺术展演上海市展演活动二等奖。

学生处（学生工作部、团委）近年来屡获表彰。2015—2018年，连续4年获上海市青年五四奖章集体；2018年获总署基层党建培育品牌；2019年获学生军事技能比武上海市优胜单位、浦东新区校园安全工作先进单位；2020 年获海关基层党建示范品牌、上海市征兵工作先进单位；2016 年和 2021 年两次获上海市教育卫生工作党委系统先进基层党组织；2021 年获浦东新区反恐怖防范应急工作先进单位。

【举行学生庆祝建党 100 周年系列活动】2021 年 3 月至 7 月，学校精心设计、认真开展庆祝建党 100 周年系列活动。组织海思宣讲团、青年讲师团，开展“百名学生党员讲建党百年故事”“党史集中宣讲会”“党史主题学习会”等活动；组织学生支部书记讲党课和学生党员交流学习体会活动，开展“小小镜头，记录百年”活动；组织学生参加“党史知识竞赛”“百年党史知识大竞答”“青春献礼，爱党力行——主题歌会”；组织开展“红色足迹定向打卡”“我和我的祖国舞蹈快闪”等活动。

【学生科创竞赛成果丰硕】2021 年 3 月至 11 月，学校举办第七届科创文化节，打造“关创”品牌，孵化科创竞赛项目，共荣获 27 项科创荣誉。包括第十七届“挑战杯”上海市大学生课外学术科技作品竞赛一等奖 1 项、三等奖 6 项；上海市“知行杯”暑期社会实践大赛三等奖 4 项；全国大中专学生志愿者暑期“三下乡”社会实践活动全国优秀团队奖；“工商银行杯”全国大学生金融科技创新大赛上海市特等奖 1 项、三等奖 3 项；上海市大学生电子商务“创新、创意及创业”挑战赛优胜奖 9 项；中国国际“互联网+”大学生创新创业大赛上海市铜奖 2 项。

【召开学生代表大会】2021 年 5 月 27 日，学校第三十三次学生代表大会成功举办，大会听取和审议了上海海关学院第三十二届学生委员会工作报告；选举产生了上海海关学院第三十三届学生委员会委员。面向全体师生征集提案 34 条，推动校园民主管理建设充分落实。学校 1 名正式代表参加上海市学生联合会第十七次代表大会，提交“青春宣言”6 篇，正式提案 4 篇，为学联学生会组织发展事业发展建言献策。学校 1 个作品荣获上海青年学生青春宣言征集活动三等奖。

【举行学生准军事化集训暨春季会操评比活动】2021 年 4 月中旬至 6 月初，学校组织开展了学生准军事化集训暨春季会操大评比。在校全体学生积极参与了本次评比，活动主要包括会操队列展示、建党 100 周年主题微电影及电子相册征集、准军事化集训健康体能比拼和垃圾分类知识竞赛等内容，评选出了活动中表现优异的先进班级和 40 名学校准军事化建设工作中贡献突出的先进个人。本次活动丰富了学生准军事化建设内涵，增强了学生的团队意识和准军素养，受到了在校师生的一致好评。

【举行毕业典礼暨学位授予仪式】2021 年 6 月 18 日，学校举行 2021 届毕业典礼暨学位授予仪式。全体校领导、校学位评定委员会委员、相关部门和院系负责同志、教师代表、家长代表参加了毕业典礼。学校校长丛玉豪作了主题为《生而逢盛世，奋斗正当时》的讲话。39名研究生获硕士学位，573名本科生获学士学位。校领导为上海市优秀毕业生授予学位。教师代表龚毅和优秀校友代表、海口海关符雨冰分别发言。

【举行新生开学典礼】2021年9月17日，学校举行2021级新生开学典礼，全体校领导、各专业院系负责人、各职能部门负责人、教师代表、全体新生辅导员以及高年级学生代表参加了典礼，共同欢迎2021级686名本科新生和89名公共管理和税务硕士新生的到来。学校校长丛玉豪代表学校寄语新生。总署原党组成员、国家口岸办公室主任、海南自由贸易港建设专家咨询委员会委员、海关与公共管理学院黄胜强教授代表全体教师发言。

【承办专项培训】2021年，学校“生命守门人”项目获得上海市教委的经费支持。10月27日至30日期间，面向上海高校学工和保卫部门开展了“生命守门人”专题培训。培训为期4天，来自华东师范大学、华东理工大学、上海财经大学、上海外国语大学、上海大学、上海理工大学等22所高校的45名教师参加了培训。培训呈现师资队伍实战性、课程设计系统性、学员构成异质性、培训内容操作性的特点，受到参训学员、高校和上海市教委领导的高度认可和肯定。

【完成志愿服务工作】2021年11月5月至10日，学校119名“小叶子”志愿者在严守新冠肺炎疫情防控要求中圆满完成第四届中国国际进口博览会志愿服务工作。11月8日，学校校长丛玉豪、副校长岳龙代表学校党政领导赴主会场看望慰问志愿者。此次服务累计时长达4,753小时，志愿者每日人均步数2万以上。成立了临时团支部、“小叶子”讲师团、“小叶子”体验官等强化组织建设，推出专题推送14篇，累计阅读量达11,073次，学校志愿服务事迹多次被青春上海、《中国青年报》、上海人民广播电台等新闻媒体报道。

▲2021年11月8日，学校慰问第四届中国国际进口博览会志愿者

【青年舆情研究助力网络思政】2021年，学校高度重视校园青年舆情工作，及时收取与反馈与学生密切相关的校园议题或重大时事热点，开辟以线上调查问卷为主、线下访谈为辅的校园舆情监测与反馈渠道。2021年，通过周研讨、月调研等机制，围绕“百年党史”“网络行为”等7个主题，共发放近1,254份问卷，形成2篇微调研、4篇舆情报告，纵宽纵深了解青年舆情动态，推动与建设良好的校园舆论氛围。

【开展主题活动】2021 年，学校不断深入开展“我为同学办实事”主题系列活动，弘扬和践行“有效服务，有为服务”的理念。举办“我为同学做实事”主题活动 10 项，涉及党史教育活动及文体活动，活动参与度较高，反响良好。强化就业指导，助力学生积极开展“千校万岗”就业团干部精准帮扶行动、“扬帆计划”、“返家乡”社会实践、“志愿服务西部计划”等就业工作项目。

（撰稿人：史晓东　任丽杰　孙　励
宋丽萍　袁　梦）

就业工作

【概况】2021年，面对新冠肺炎疫情多发散发和经济下行压力，为贯彻落实党中央、国务院稳就业保就业决策部署，学校始终把毕业生就业工作作为学校办学的生命线，积极深化就业工作综合改革，着力完善就业工作体系，创新就业创业服务方式，力促毕业生充分就业、高质量就业。

2021年，本科毕业生574人，截至2021年8月31日，就业513人，初次就业率89.37%。各专业就业率统计见分目“上海海关学院2021年毕业生就业综述”中表8，此处不再赘述。

从就业单位性质看，本科毕业生到党政机关工作的人数最多，达185人，占就业人数的36.06%；到企业工作143人，占就业人数的27.88%；到事业单位工作（含高等、中等、初等教育单位，其他事业单位）13人，占就业人数的2.53%；到部队工作4人，占就业人数的0.78%；志愿服务西部计划项目1人，占就业人数的0.19%；服务社区计划项目2人，占就业人数的0.39%。本科毕业生中攻读研究生46人，占就业人数的8.97%，其中，国内读研32人，国外读研14人。

2021年，学校硕士研究毕业生39人（均为税务硕士），初次就业率为100%，高于上海市研究生平均就业率（94.62%）。学校研究生就业单位有机关单位、国有企业、民营企业、三资企业。其中，1人被华为公司关务部录用，3人被中兴公司录用，3人进入国家机关单位，其余33人分别被德勤、中汇、立信会计等事务所以及各企业录用。硕士研究毕业生受到社会业界的欢迎和好评。

【落实大学生创新创业训练计划】2021年，学校新增大学生创业训练项目9项、大学生创新训练项目91项，合计100项。其中，国家级18项（创业训练项目2项、创新训练项目16项）、上海市级34项（创业训练项目3项、创新训练项目31项）、校级48项（创业训练项目4项、创新训练项目44项），共获资助经费96.5万元。截至年底，学校累计共有701个项目获得创新创业项目立项（创新项目565项、创业项目136项）。其中，国家级项目 289 项，市级项目 202 项，校级项目 210 项。所立项目覆盖所有本科专业，参与学生达 2,751 人次，共获资助经费 957.48 万元。

【获上海市高校创业指导站年度评估达标 B 级】 按照《上海市鼓励创业带动就业专项行动计划（2018—2022 年）》的部署，根据《关于落实本市鼓励创业带动就业专项行动计划有关事项的通知》等有关文件的要求，上海市就业促进中心会同上海市学生事务中心委托第三方机构，于 2021 年 10 月 11 日至 14 日在长宁区天山路 1800 号 2 楼会议室举行了 2020—2021 年度院校创业指导站服务成效集中评审会。学校创业指导站认真筹备，顺利通过了书面评审、负责人陈述、专家组提问等环节，与复旦大学等名校一起喜获达标 B 级。

（撰稿人：孙　励　易　灿）

第七篇

师资队伍建设

人事工作

【概况】2021 年，学校人事工作坚持以习近平新时代中国特色社会主义思想为指导，围绕总署提出的“建成海关系统学习贯彻习近平新时代中国特色社会主义思想的主阵地，培养中国特色社会主义海关急需人才的主平台，研究探索中国特色社会主义海关发展规律的主战场”目标，立足“十四五”规划，针对高校人事制度改革的新形势，着眼于学校长远发展，深化人事制度改革，按照校领导人事工作总体规划和思路，求实创新，全力攻关，推动人事工作再上新台阶。

优化评价体系，激励专业技术人员自我发展。全面分析专业技术职称晋升中存在的各种矛盾和问题，结合“破五唯”要求，在构建更加全面的评价标准基础上，逐步提升对各类专业技术人员的要求，结合学校实际，完成专业技术职务职称晋升办法的修订，对学校专任教师及其他专业技术人员起到了晋升通道进一步明确、评聘标准进一步科学、学术氛围进一步浓厚的积极效果。

运用绩效考核理念，不断深化绩效考核工作。以综合考量、量化考核、优绩优效为导向，制订并执行教职工个人年度考核办法，完善相关支持配套措施。在部门绩效考核体系上不断完善，全面规划设计部门绩效考核指标体系，实现定量和定性相结合、定量为主的目标，将学校事业发展目标具体化、细化、量化到各单位，探索在分项指标中设定“追、赶、超”纵向比较指标，引导各部门朝着“主流”方向强化学科专业建设、力求呈现办学成果。通过考核机制的改革，促进基层队伍建设，更好地激发教职工的活力，激励全校师生同心同德，营造干事创业的良好风气，推动学校高质量发展。

探索改进薪酬激励体制，努力体现多劳多得。深入思考人事分配制度改革问题，根据总署的部署，结合事业单位绩效工资改革的相关要求并报总署审核。同时对本科教学教师激励计划实施过程中大家普遍反映的不合理问题，组织相关部门进行修订，进一步体现了对教师的激励。针对教职工加班问题存在的各种矛盾，出台管理和服务人员超工作量绩效办法，对职能部门加班问题做了进一步规范。

围绕提升育人能力，引导人才发展。根据学校立德树人要求，继续围绕育人能力的提升，着力构建鼓励各类人才脱颖而出的制度体系。希望通过制度体系的完善，能为把各类人才的注意力、创造力积聚到早出成果、出好成果上来提供保障。加强与地方的沟通联系，学校干部培养首次被纳入上海市教卫系统干部培养体系。

发挥教师工作部职能，开展教师思想政治工作。全面贯彻习近平总书记关于教育的重要论述和全国教育大会精神，深入落实《中共中央国务院关于全面深化新时代教师队伍建设改革的意见》，根据《教育部关于在教育系统开展师德专题教育的通知》要求，结合学校实际开展教师师德专题教育。

【制定专业技术职务职称晋升办法】2021 年，学校组织数十次讨论和多次集中审阅，经征求意见汇总修改意见，深入研讨，制定了《上海海关学院教师和其他专业技术职务评聘实施细则（试行）》，对学校专任教师及其他专业技术人员起到了晋升通道进一步明确、评聘标准进一步科学、学术氛围进一步浓厚的积极效果。

【落实青年博士教学科研扶助计划】2021 年，学校加强对青年教师的教学科研扶助，结合上一年度在实施青年博士教学、科研扶持计划中存在的问题，对扶持力度、办法进行了调整。青年博士教学科研培育计划完成考核 15 项（教育教学培育计划第一阶段的考核 9 项、科研启动经费项目结项 6 项），完成立项 28 项（教育教学培育计划第一阶段配备青年教师导师 13 人、科研启动费立项 15 项），覆盖率 100%。

【修订教师产学研制度】2021 年，学校及时总结教师产学研践习工作中存在的问题，真正发挥产学研的效益。2021 年，结合近两年项目实施情况，修订了管理办法，对考核任务中的教学、科研类成果进一步明确，并增加罚则条款。实际安排产学研 11 人次，对完成项目进行了考核。经专家评审，1 项获评“优秀”等次。启动 2022 年产学研践习工作，6 位老师申报，已完成评审。

【探索薪酬激励制度改革】2021 年，学校修订本科教学教师激励计划实施方案，调研本科激励计划中教师反映的意见和建议，对本科教学教师激励计划进一步修订，更合理的体现和发挥对教师的激励机制。出台管理和服务人员超工作量绩效办法，对职能部门加班问题做了进一步规范。

【教职工个人年度考核改革】2021 年，学校根据新修订的教职工个人年度考核办法，完善相关支持配套措施，开发学校个人考核系统，以领导、同事、服务对象（电脑随机抽取）进行评价为主。专任教师根据本年度教学工作量与质量、教学研究、科研工作完成情况，社会服务和实践情况，参与总署、学校部署的专项工作情况等，量化确定教学和科研教分，更加重实绩、讲实效。

【完善部门绩效考核】2021 年，根据学校行政工作要点，紧扣学校事业发展中的薄弱环节，全面规划设计部门绩效考核指标体系，实现定量和定性相结合，教学单位指标根据绝对数或增长率共形成 34 项，205 个指标；非教学单位根据行政工作要点分为 I 类、II 类和 III 类指标。其中，I 类指标为重点目标任务指标，共计 52 个，II 类指标共 63 个，III 类指标共 63 个。并在年底根据提交材料客观评分和现场汇报测评顺利完成全校各部门的绩效考核。

【开展离退休工作】2021 年，根据总署及上海市教卫党委老干部处、上海市高校退管会的相关要求，对离退休人员开展冬送温暖、夏送清凉及敬老节、致敬“光荣在党 50 年”、“庆建党百年”等活动，并对生病住院的离退休教职工开展慰问，多举措全力做好离退休新冠肺炎疫情防控工作。

（撰稿人：孔令兰萱　杜婷婷　杨　翎
陈　敏　　夏开封）

队伍建设

【概况】截至2021年12月31日，学校共有教职工287人，其中，专任教师163人（含学生思想政治系列专任教师和双肩挑人员），占教职工总人数的56.79%。专任教师中，具有博士学位的教师有100人，占专任教师总人数的61.35%；具有硕士学位的教师有53人，占专任教师总人数的32.52%，以上占比合计93.87%。45岁及以下的教师有110人，占专任教师总人数的67.49%；46至55岁的教师有38人，占专任教师总人数的23.31%；56岁及以上的教师有15人，占专任教师总人数的9.20%。具有正高级专业技术职务的教师有19人、副高级专业技术职务的教师有49人，中级专业技术职务的教师有78人，专任教师中高级职称比例为41.72%。专任教师各类别结构情况见表1。

表1　专任教师结构情况表

专任教师			人数	占比（%）
专业技术职务结构	高级职称	小计	68	41.72
		正高	19	11.66
		副高	49	30.06
	中级		78	47.85
	初级及未定级		17	10.43
学历学位结构	研究生	小计	153	93.87
		博士	100	61.35
		硕士	53	32.52
	学士		10	6.13
年龄结构	45岁及以下		110	67.49
	46~55岁		38	23.31
	56岁及以上		15	9.20
合计			163	100

【强化理论学习】2021年，学校积极引导广大教师借助“钉钉”等网络平台，开展习近平新时代中国特色社会主义思想、党史等政治理论专题学习，钉钉学习平台教师参与率为99.27%；组织教师参加党的十九届五中全会精神专题网上培训班，参与率为99.26%，考试通过率为97.41%。

【组织网络培训班】2021年8月，学校组织“国情教育”网络培训班。以社会主义核心价值观为引领，以爱国主义教育为重点，紧密结合党史教育、宪法法律、国情世情、优秀传统文化等内容，积极引导广大教师树立正确的历史观、民族观、国家观、文化观。46名青年教师参加了该培训。

2021年11月，学校组织“师德师风建设”网络培训班。该培训结合《关于加强和改进新时代师德师风建设的意见》《关于加强新时代高校教师队伍建设改革的指导意见》和高校教师工作实际设计内容，由中宣部、北京大学、湖南大学等知名教授授课，12名新进教师参加了培训。

【开展师德师风调查】2021年10月，学校围绕教职工价值观念、从业态度、师德建设、教风学风、学生评价等5个方面设计调查问卷，在全校专任教师中开展问卷调查。调查显示，学校教师思想状况稳定，重视师德素质。

（撰稿人：孔令兰萱　杜婷婷　夏开封）

第八篇

党校干部教育与国际交流合作

党校干部教育

【概况】中共海关总署党校成立于2004年，依托学校办学，主要承担海关系统处级以上党员领导干部的理论培训和进修任务，兼具培训职能管理、实体办学和培训教学研究的功能，负责组织、策划、协调、实施分属于中共海关总署党校、学校框架下的主体班次培训、总署司局业务班次培训，直属海关的委托培训等项目。近年来，在总署党委的高度重视下，学院党委着力推进党校发展和培训建设，坚持政治立校、特色办校、基础建校、从严治校的党校办学思路，在教学培训、科学研究、决策咨询、开放办学、队伍建设、保障服务、系统建设等方面取得明显成效，办学特色和成效获得了全国海关及中央党校中央和国家机关分校的充分肯定。根据学校“十四五”规划，学校将坚定不移加强政治建设，以高质量党建引领高水平发展，关于党校工作和继续教育工作的指导思想是“继续做好海关总署党校建设。一方面，发挥高校优势，大力促进党校内涵建设；另一方面，充分发挥党校引领作用，助力学校立德树人和高质量发展，努力适应新时代社会主义现代化海关建设需要。”

2021年，总署党校坚持以习近平新时代中国特色社会主义思想为指导，将党史学习教育贯穿党校教学始终，按照时任总署署长、党委书记倪岳峰提出的“主阵地、主战场、主平台”建设要求，落实2021年党校校委会会议精神，扎实开展学习党的十九届五中、六中全会精神培训，严格落实新冠肺炎疫情防控措施，统筹开展线上线下培训，推动高质量培训办学。2021年，共举办党校主体班次9期，培训学员954人次。主要举措如下：

（一）坚持用习近平新时代中国特色社会主义思想武装头脑、凝心铸魂。

1. 突出主业主课，把学习贯彻习近平新时代中国特色社会主义思想作为党校教学的首要任务和中心内容。

在党校各类班次中，着力推进习近平新时代中国特色社会主义思想、习近平总书记重要讲话精神第一时间进课堂、进教材、进头脑，把学习宣传贯彻习近平总书记“七一”重要讲话精神、党的第十九届六中全会精神作为首要政治任务和党史学习教育的核心内容。落实《中国共产党党校（行政学院）工作条例》有关课程安排、课时比例要求。2021年，党校主体班次党的理论教育和党性教育课程占总课时的83%，其中，党性教育课程占总课时的42%，习近平新时代中国特色社会主义思想占理论课时的68%，互动式课程占总课时的32%。

2. 认真研究党校教学规律和干部教育规律，运用特色教学活动促进学员学思践悟入脑入心。

组织学员认真学习习近平总书记在中央党校中青年干部培训班开班式上发表的一系列重要讲话精神，继续举办习近平新时代中国特色社会主义思想读书报告会，组织学员认真学习领会习近平新时代中国特色社会主义思想，认真研读指定书目，开展集体学习和交流研讨，邀请党校专家点评，教学成果被《光明日报》、人民网、学习强国、署内信息快报等载体多次报道。

（二）把增强党性修养作为党校培训必修内容贯穿始终。

1. 将党史学习教育贯穿党校培训全过程。

围绕党史学习教育要求，组织学员研读指定书目，同总结经验、观照现实、推动工作结合起来，围绕社会主义现代化海关建设中的重大现实问题进行专题研讨。大力弘扬伟大建党精神，深入挖掘利用上海丰富的红色资源和海关红色资源，组织学员讲述党史故事、分组到24个上海红色教育基地现场教学、与红其拉甫海关开展“云党建”，在线“云上”等教学活动，促使学习走活、走心、走实。会同全国海关教育培训中心，开设海关e课堂专题课程，辐射全国海关。

2. 推进“红色海关”课题研究。

认真贯彻落实习近平总书记关于“用好红色资源、赓续红色血脉”的重要指示精神，加强党领导下的海关革命斗争史研究工作，“中国共产党与近代海关”课题主要成果《红色征程——中国共产党领导下的海关革命斗争史》已成稿并呈送总署领导审阅。基于研究成果已开发特色课程两门，并在党校培训课堂和部分直属海关单位讲授。在“七一”前夕，策划并开展“红色海关”专题展览。

（三）突出实际实用实效，不断提高办学质量。

1. 创新培训方式。

适应新冠肺炎疫情防控常态化形势，探索线上线下融合培训新模式，2021年共完成13期、2,150人次的线上培训。探索创新开展“党的十九届五中全会公报学习地图”、“从红色电影回顾中共一大”、“从党史中汲取初心力量：党史学习教育创新”、全国海关抗击新冠肺炎疫情先进代表面对面等“线上+线下”融合教学模式，提升培训效果。

2. 从严管理培树优良学风。

把加强学员党性锻炼、增强党性修养

作为基本内容、基本要求落实到培训目标、教学内容、教学方式、教学管理、学员作风等各方面，贯穿于党校学习培训全过程。严肃培训纪律，加强党校学员培训现实表现情况的跟踪分析和综合研判。做好新冠肺炎疫情防控、全程封闭管理，同时坚持严管厚爱，组织学员气排球联赛、艺术啦啦操、游泳等丰富多彩的文体活动。

3. 开展党校高质量发展课题研究。

为更好地推动“十四五”党校建设和培训工作发展，组织开展《海关总署党校培训体系与高质量发展路径研究》课题研究，围绕培训体系建设和高质量发展的内涵与要素、存在问题和短板、党校培训体系高质量发展的路径等内容开展研究，为党校发展建设提供参考。

4. 党校条线工作中所取得的成绩和获得的重要荣誉等。

一年来，党校办学和培训成效得到各方认可和肯定。在中央党校中央和国家机关分校2021年春季学期教学工作会议上，派员代表海关党校就“政治立校，制度建校，将政治历练贯穿学员党校学习全程”作交流发言。第19期中青班与中央和国家机关党校直属中青班“云端”联学党的十九届六中全会精神，得到了中央和国家机关党校领导和相关专家的充分肯定。在中央和国家机关党校主办的《党校工作通讯》上发表教学经验介绍文章4篇。

梳理总结党的十九大以来党校干部教育培训教学做法经验，共报送3类12项成果参加总署干部教育培训优秀教学成果评选，共4项成果获奖（精品课程一等奖、二等奖各1项，教学研究成果一等奖1项，教学管理成果奖二等奖1项）。2021年培训班次情况统计见表1。

表1　2021年培训班次情况统计表

序号	班次名称	开班时间	结业时间	学员人数	天数	学员级别
1	2021年第一期海关职级公务员晋升三级关务监督培训班	2021-01-25	2021-02-05	420	12	处级
2	2021年上海海关处级干部学习贯彻党的十九届五中全会精神集中轮训班（第一期）	2021-03-16	2021-03-18	66	3	处级
3	2021年全国海关司局级干部学习党的十九届五中全会精神暨党史学习教育专题培训班（第一期）	2021-03-16	2021-03-20	94	5	司局级
4	2021年江门海关党史学习教育暨党的十九届五中全会精神处级干部集中轮训班	2021-03-21	2021-03-31	36	11	处级

续表1

序号	班次名称	开班时间	结业时间	学员人数	天数	学员级别
5	2021 年全国海关司局级干部学习党的十九届五中全会精神暨党史学习教育专题培训班（第二期）	2021-03-22	2021-03-26	102	5	司局级
6	2021 年上海特派办学习党的十九届五中全会精神暨党史学习教育专题培训班（第一批）	2021-03-23	2021-03-26	8	4	处级
7	2021 年上海海关处级干部学习贯彻党的十九届五中全会精神集中轮训班（第二期）	2021-03-23	2021-03-25	79	3	处级
8	2021 年全国海关司局级干部学习党的十九届五中全会精神暨党史学习教育专题培训班（第三期）	2021-03-29	2021-04-02	100	5	司局级
9	2021 年上海海关处级干部学习贯彻党的十九届五中全会精神集中轮训班（第三期）	2021-03-30	2021-04-01	76	3	处级
10	2021 年上海海关学院学习贯彻党的十九届五中全会精神暨党史学习教育专题培训班（第一期）	2021-03-30	2021-04-02	11	4	处级
11	2021 年上海特派办学习党的十九届五中全会精神暨党史学习教育专题培训班（第二批）	2021-03-30	2021-04-02	7	4	处级
12	2021 年全国海关司局级干部学习党的十九届五中全会精神暨党史学习教育专题培训班（第四期）	2021-04-12	2021-04-16	104	5	司局级
13	2021 年上海海关处级干部学习贯彻党的十九届五中全会精神集中轮训班（第四期）	2021-04-13	2021-04-15	82	3	处级
14	2021 年上海海关学院学习贯彻党的十九届五中全会精神暨党史学习教育专题培训班（第二期）	2021-04-13	2021-04-16	19	4	处级
15	2021 年上海特派办学习党的十九届五中全会精神暨党史学习教育专题培训班（补训）	2021-04-13	2021-04-16	2	4	处级
16	2021 年全国海关司局级干部学习党的十九届五中全会精神暨党史学习教育专题培训班（第五期）	2021-04-19	2021-04-23	118	5	司局级
17	中央党校中央和国家机关分校 2021 年春季海关中青年处级领导干部进修班（总第 18 期）	2021-04-19	2021-07-06	42	79	处级
18	2021 年上海海关学院学习贯彻党的十九届五中全会精神暨党史学习教育专题培训班（第三期）	2021-04-20	2021-04-23	20	4	处级
19	2021 年上海海关处级干部学习贯彻党的十九届五中全会精神集中轮训班（第五期）	2021-04-20	2021-04-22	80	3	处级
20	2021 年上海海关处级干部学习贯彻党的十九届五中全会精神集中轮训班（第六期）	2021-04-27	2021-04-29	96	3	处级
21	2021 年教育处长培训班	2021-05-10	2021-05-14	46	5	处级

续表2

序号	班次名称	开班时间	结业时间	学员人数	天数	学员级别
22	全国海关 2021 年第一期拟选升三级关务监督衔级人员培训班（第一阶段）	2021-05-10	2021-05-21	114	10	处级
23	2021 年上海海关处级干部学习贯彻党的十九届五中全会精神集中轮训班（第七期）	2021-05-11	2021-05-13	79	3	处级
24	2021 年新任职正处级领导干部培训班	2021-06-10	2021-06-26	312	17	处级
25	全国海关 2021 年第一期拟选升三级关务监督衔级人员培训班（第二阶段）	2021-06-15	2021-06-18	114	4	处级
26	2021 年中建一局新入职员工培训班	2021-07-07	2021-07-15	278	9	科级以下
27	2021 年海关新录用公务员初任培训（B 班）第二阶段培训	2021-08-07	2021-09-10	252	35	科级以下
28	2021 年度海关边关“金质荣誉章”人员培训班（第一期）	2021-10-09	2021-10-22	28	14	其他
29	2021 年度海关边关“金质荣誉章”人员培训班（第二期）	2021-10-09	2021-10-22	31	14	其他
30	2021 年杭州海关新任职科级领导干部培训班	2021-10-10	2021-10-15	59	6	科级
31	2021 年口岸监管综合科长培训班	2021-10-18	2021-10-22	39	5	科级
32	中央党校中央和国家机关分校 2021 年秋季海关中青年处级领导干部进修班（总第 19 期）	2021-10-18	2021-12-28	41	72	处级
33	2021 年福州海关新任职处级领导干部培训班	2021-10-26	2021-11-05	50	11	处级
34	2021 年上海海关新任职处级领导干部培训班	2021-10-26	2021-11-05	63	11	处级
35	2021 年深圳海关新任职副处级领导干部专题班	2021-10-26	2021-11-06	59	12	处级
36	2021 年上海海关党支部书记暨执法一线科长培训研讨班（第二期、第三期）	2021-11-11	2021-11-12	186	2	科级
37	2021 年新任职正处级领导干部培训班（第二阶段）（网络培训）	2021-11-12	2021-11-25	40	14	处级
38	2020 年、2021 年上海海关新任职科级领导干部培训班（第二阶段）	2021-11-15	2021-11-19	285	5	科级
39	2021 年第三期拟选升三级关务监督衔级人员培训班	2021-11-15	2021-11-26	171	12	处级
40	2021 年海关特殊监管区域保税账册监管培训班	2021-12-02	2021-12-03	85	2	其他
41	2021 年新任职司局级领导干部培训班	2021-12-20	2022-01-18	51	30	司局级
	合计			3,945		

【获署级课题立项】 2021 年 1 月，中共海关总署党校申报由学校副校长李纳新牵头的《海关总署党校培训体系与高质量发展路径研究》署级课题，获总署立项。

该课题立足总署党校新发展格局，采取定性（SWOT 分析法、文献法、访谈法、德尔菲法）与定量（问卷调研）相结合的方式推进研究，并结合海关干部教育需求和党校高质量发展要求，规划出党校干部教育培训历史、青年干部成长规律、垂管党校案例与资源比较、海关党校培训体系等专项子课题研究，为高质量发展提供理论支撑与实践指引。

【总署副署长胡伟出席党史学习教育专题培训班开班仪式】2021 年 3 月 17 日，总署党委委员、副署长、政治部主任胡伟在中共海关总署党校出席全国海关学习贯彻十九届五中全会精神暨党史学习教育专题培训班开班仪式，对全体学员提出三点要求：一是提高政治站位，深刻认识学习贯彻党的十九届五中全会精神、开展党史学习教育的重要意义；二是明确学习重点，准确把握学习贯彻党的十九届五中全会精神、开展党史学习教育的主要内容；三是抓好贯彻落实，承担起学习示范和组织推动的重要责任。

【总署副署长胡伟出席总署党校校务委员会会议】2021 年 3 月 17 日，总署党委委员、副署长、政治部主任胡伟出席中共海关总署党校校务委员会 2021 年全体会议，对 2021 年党校工作提出四点要求：一是要把学习习近平新时代中国特色社会主义思想作为最重要的内容；二是坚持党校姓党，把党性锻炼作为基本内容；三是不断提高办学质量；四是要创新培训教学方式。

【参加中央党校中央和国家机关分校教学工作会议】2021 年 3 月 17 日，中央党校中央和国家机关分校举办 2021 年春季学期教学工作会议，中央党校中央和国家机关分校、62 个部门党校共 115 人参会。党校工作部副主任朱晶、李明老师参加会议，并以“政治立校，制度建校——将政治历练贯穿学员党校学习全程”为主题做大会发言，交流了总署党校准军事化学员管理、积分制管理等特色做法，获得热烈反响。

【举办中青班】2021 年 4 月 20 日至 7 月 6 日、10 月 18 日至 12 月 28 日，顺利举办第 18、19 期中青班，共有来自全国海关的 83 名学员参加培训。学员们普遍表示，经过党校的学习，提高了理论水平、党性修养和工作能力，对习近平新时代中国特色社会主义思想的精神实质把握得更深更准确了，进一步学习领会党百年奋斗的历史意义、历史经验，明确新时代中国共产党的前进方向。

【总署副署长胡伟与中青班学员座谈】2021 年 7 月 5 日下午，总署党委委员、副署长、政治部主任、中共海关总署党校第一副校长胡伟来校与 2021 年中青班（总第 18 期）学员座谈，代表总署对学员提出三点要求：一是把深入学习贯彻习近平总书记在庆祝中国共产党成立 100 周年大会上的重要讲话精神作为当前和今后一个时期最重要的政治任务；二是牢固树立政治机关意识，切实提高政治站位，坚决做到“两个维护”；三是不忘初心、牢记使命，履职尽责、担当作为，为建设社会主义现代化海关贡献力量。

【发表教学研究文章】2021 年 9 月，学校党校工作部朱晶撰写的中共海关总署党校教学研究文章《弘扬伟大抗疫精神致敬忠诚国门卫士——海关总署党校开展“全国海关抗击新冠肺炎疫情先进代表面对面”访谈式教学》在中央和国家机关党校主办的重要刊物《党校工作通讯》2021 年第 4 期发表，该文章全面介绍了中共海关总署党校开发的访谈式教学课程的基本情况和教学成效。

【全国优秀党务工作者走进党校课堂】2021 年 10 月 27 日上午，全国优秀党务工作者、江门海关政工办副主任方冬宏为中共中央党校国家机关分校 2021 年秋季学期海关处级领导干部进修班在线讲授《云访谈：对党忠诚　为党分忧　为党尽职，海关先进榜样领学习近平总书记“七一”重要讲话精神》课程，同时参加学习的还有深圳海关、上海海关、福州海关新任职处级领导干部线上培训班学员。与会人员就党建业务双融双促、调动中青年干部参与党建工作积极性、创新丰富基层党建形式、提升党员归属感等热点议题展开了热烈、深入的交流。

【开展交流合作】2021 年 12 月 10 日下午，学校与总署企业管理与稽查司开展“用心学党史，用情办实事”党建联学共建主题党日活动暨举行上海海关学院与东莞外商投资协会合作备忘录签署仪式。总署企业管理与稽查司副司长林少滨、黄埔海关副关长胡文海、学校副校长李纳新出席活动。

【完成轮训任务】2021 年，按照总署统一部署，克服新冠肺炎疫情影响，学校举办全国海关司局级领导干部学习贯彻党的十九届五中全会精神暨党史学习教育专题培训班（第五期），共轮训署管干部 519 人。汇集上报学员提出的意见建议 268 条，供总署有关部门参考。

（撰稿人：李　明）

国际交流合作

【概况】学校坚持开放办学，实施国际化发展战略。学校2016年设置国际交流部，负责具体落实国际交流与合作事宜，推动国际化与人才培养、师资队伍建设的紧密融合。作为中国海关国际能力建设的重要基地和世界海关组织（WCO）亚太培训中心之一，学校承担了商务部援外、双边和多边协议、国际组织委托、内港澳海关等不同框架下的涉外培训与交流项目。据不完全统计，自2005年至2021年，学校累计举办国际培训项目267期，参训学员7,174人次，覆盖140多个国家和地区，主题涵盖国际海关改革发展的重点和热点议题，工作语言涉及英语、法语、阿拉伯语、俄语、越南语、韩语、西班牙语、葡萄牙语、蒙古语等。探索和实践线上国际培训，促进了我国海关与“一带一路”沿线国家和地区的交流。开拓与俄罗斯西北管理学院、荷兰方提斯应用科技大学、德国明斯特大学、韩国建国大学、乌克兰海关与财政大学、阿塞拜疆海关学院等院校的交换生项目，留学生数量及学分互认高校数量逐年增加，并体现海关专业特色。“十三五”期间，国际交流部开展外留学生学分互换项目，共计55人；启动与荷兰伊拉斯姆斯大学鹿特丹管理学院的国际双学位硕士联合培养项目，签订合作备忘录，为之后正式开展招生工作打下基础；外事接待36次，120人次；赴境外送教上门4次。

2021年，尽管受到新冠肺炎疫情影响，但是国际交流部在国际交流与合作工作方面取得了诸多进展，主要包括：牵头与乌兹别克斯坦海关学院和阿塞拜疆海关学院两所海外高校签署合作协议；45名留学生参与学分互认项目，选拔33名学生参与交换生线上项目；共举办8个涉外培训项目，382人参训；牵头组织申报上海市外国专家局引智项目并成功中标一项，获得国家外国专家高端引智项目两项，这是学校第一次参与上海市和国家外国专家引智项目申报并竞争获得立项；牵头向世界海关组织（WCO）提交公共管理硕士专业PICARD认证材料；与世界500强企业DHL空运服务（上海）有限公司签署合作协议，为学校的涉外培训、留学生教育、外事接待、国际会议、国内培训等活动搭建合作平台；牵头全英文课程建设，该年度学校的纯英语授课课程数增加4门，使用原版教材课程数增加1门。

【获批上海市和国家外国专家局引智项目】 2021年，学校经争取获得上海市外国专家局引智项目指南，并积极动员各院系申报。经专家评议，学校中标1项，这是学校第一次参与上海市此类项目申报并获得立项。学校还接到国家外国专家局通知，获得国家外国专家项目申报指南。申报项目经专家评议，获得两项高端外国专家引进计划，这也是学校第一次通过竞争获批此类项目。

【获批商务部援外项目】 2021年，学校作为世界海关组织（WCO）亚太培训中心之一，通过援外培训积极为世界海关组织（WCO）能力建设服务，为国家战略服务。全年经撰写标书、内外沟通协调、专家评审和竞争，最终获批11项，创历史最高。

【首次线上援外培训项目开班】 2021年9月1日，商务部援外项目“发展中国家海关管理研修班”（在线）正式开班。这是学校承办援外培训项目以来，首次采取“线上直播+录播”方式开展培训。来自乌克兰、蒙古国、柬埔寨、泰国、基里巴斯、乌拉圭、毛里求斯7个国家海关、跨越4大洲5个时区共计64名学员参加为期两周的线上培训。此次线上培训班也正式拉开了学校国际线上培训工作的序幕。

【举办秋季在线交换生项目】 2021年9月至12月，学校与俄罗斯西北管理学院、阿塞拜疆海关学院开展了秋季在线交换生项目。这是学校积极应对新冠肺炎疫情影响，拓展高等教育国际合作的务实行动之一。来自俄罗斯和阿塞拜疆的45名学生在线参加了学校教师开设的英文课程；学校33名学生参加了俄罗斯西北管理学院开设的在线课程。在学习过程中，海关管理专业林轶澜同学应邀参加俄罗斯西北管理学院海关与安全系开展的知识产权研究课题并撰写研究论文。

【与阿塞拜疆海关学院签署合作备忘录】 2021年9月30日，学校与阿塞拜疆海关学院签署合作备忘录。阿塞拜疆海关学院隶属于国家海关委员会，同为世界海关组织（WCO）亚太培训中心和国际海关院校联盟（INCU）成员。学校校长丛玉豪和阿塞拜疆海关学院校长诺夫罗佐夫出席签约仪式，并表示将通过共同努力，优势互补、资源共享，共同打造国际交流新平台，为两所院校的发展注入新活力。两校将在学生互换、科研合作和人员交流等领域开展全方位合作，共同促进海关的区域合作和全球化发展。

【举办发展中国家海关贸易便利化研修班】 2021年10月12日至25日，学校成功举办发展中国家海关贸易便利化研修班。学校校长丛玉豪出席开班仪式并致辞，柬埔寨海关国际司司长钱柬菲普（OUK Chansopheap）女士代表学员致辞，她表示将充分利用本期研修班的机会，分析和研究促进区域和全球贸易便利化的可行方法。来自厄瓜多尔、柬埔寨、毛里求斯和委内瑞拉等 10 个国家的 69 名高级官员在线参加培训，并对学校承办的本期研修班给予了高度评价。学校多次成功举办的贸易便利化主题研修班，已经成为学校涉外培训品牌项目。

【学校校长丛玉豪出席线上会议】2021 年 10 月 27 日，学校校长丛玉豪作为世界海关组织（WCO）亚太地区培训中心（中国）代表团团长参加了第十九届世界海关组织（WCO）亚太地区培训中心主任会议。来自世界海关组织（WCO）能力建设司、亚太能力建设办公室、亚太地区的 8 个地区培训中心、亚太地区情报联络办公室及伊朗、泰国海关的 44 位代表参加线上会议，共同研讨“如何在后疫情时代办好在线培训”。

【递交公共管理硕士 PICARD 认证的申请函】2021 年 11 月 15 日，经过近一年的认真准备，经学校校长丛玉豪审定并签发，学校正式向世界海关组织（WCO）能力建设司递交公共管理硕士项目 PICARD 认证的申请报告。这标志着学校公共管理硕士项目 PICARD 认证申请的校内认证材料环节已完成，现已进入世界海关组织（WCO）最后的评审阶段。

【举办口岸检测设备应用研修班】2021 年 12 月，受商务部培训中心委托，学校举办约旦海关管理暨口岸检测设备应用研修班。中国驻约旦使馆大使陈传东、学校校长丛玉豪出席开班式并致辞。这是学校第一次为约旦海关举办专题研修班，共有来自约旦海关总署及一线海关的 23 位中高级海关官员参加此次研修班。

（撰稿人：成　竞　李　楠　童　话）

第九篇

二级院系（部）

海关与公共管理学院

【概况】海关与公共管理学院（以下简称“管理学院”）成立于2019年7月，前身为海关管理系。管理学院以习近平新时代中国特色社会主义思想为指导，根据总署“五关建设”新要求，在教育部“新文科”建设背景下，遵循学校“人才强校”“关校融合”和“国际化”战略，紧抓学校跨越式发展的历史机遇，以一流海关人才培养为目标，在公共管理一级学科布局下，把握“公共管理+海关特色”方向，发挥学科对专业的引领作用，秉承学校“依特做特、以特促强”的内涵建设发展思路，坚持立足海关、面向社会，培养符合海关事业和经济社会发展需求的应用型、复合型、涉外型高素质公共管理专业人才。

管理学院下设3个教研室，分别是海关管理教研室、行政管理教研室、海关技术教研室；建有3个研究中心，分别是海关与国家安全研究中心、海关风险管理研究中心、报关研究中心。

管理学院拥有海关管理和行政管理2个本科专业，其中，海关管理专业于2019年被教育部列为第一批国家一流本科专业建设点。管理学院拥有硕士学位授予点1个，为公共管理硕士。

管理学院现有教职工31名，其中教授2名，副教授9名，博士生导师1名，硕士生导师7名。截至2021年年底，管理学院学生总数1,720名，其中，在院硕士研究生139名、本科生1,582名。

管理学院拥有海关监管查验实验室、海关虚拟仿真实验室、“互联网+海关”仿真模拟实验室、海关商品归类实验室、海关实务实验室、海关通关模拟实验室等实验室，用于开展海关管理专业综合实训、相关专业课程教学等工作。

2021年，学校丛玉豪教授、岳龙副教授牵头的《对接海关，对标国际，高质量培养海关高素质人才的改革与创新》和黄胜强教授、黄丙志教授牵头的《贯彻新文科理念，创海关管理专业应用型人才培养模式》分别获总署高等教育教学成果奖特等奖和一等奖。黄丙志教授主持、严晓老师负责的“海关国门安全虚拟仿真实验室”获得推荐参评总署科技成果奖。

【学科专业建设】管理学院围绕“海关特色鲜明、服务国家战略、具有国际影响力的一流高等学府”的学校发展目标开展公共管理学科建设，倾力打造一流的、具有鲜明海关特色的公共管理学科。基于海关发展前沿实践需求，以公共管理硕士专业学位建设为支点，加强管理学院、学校、海关的交流与合作，整合内外部优质资源，充实公共管理学科基本框架，建成公共管理一级学科硕士点，做好公共管理一级博士点培育项目，积极申报该博士点。同时，聚焦海关安全与风险治理特色开展学科门类研究，做好行政管理、海关国门安全、海关风险防控等二级学科方向分类集聚。

管理学院立足公共管理博士点培育项目，确定三个学科方向。在学校领导大力支持下，管理学院积极申报公共管理博士点培育项目，酝酿确立了海关国门安全、海关风险管理、行政管理等三个学科方向，有力推动学科团队凝聚力建设和学术研究方向聚焦化发展。顺利通过答辩，纳入上海市博士授予单位培育建设名单以及上海市博士后流动站建设筹备单位名单，成为上海市唯一一家非市属高校获得上海市硕士建设和博士培育单位建设经费的高校。

管理学院重点聚焦学科建设，先后邀请浙江大学余潇枫教授、西安交通大学朱正威教授、东北大学孙萍教授、上海财经大学杨翠迎教授、上海对外经贸大学张永安教授、海关总署海关科技研究中心边勇研究员等专家委员，共同讨论海关管理学科建设的聚焦点及子学科建设方向。在专家授课、研讨交流与传经送宝中，逐步明确了“技术上需要向海关数字治理”“场域上需要向海关安全与空间治理”“制度上需要向海关全球治理”迈进，围绕“海关安全与风险治理”的学科特色，努力确立学科优势。

目前，管理学院有海关管理和行政管理 2 个专业。海关管理专业培养适应新时代中国特色社会主义发展需要，视野开阔，具有比较丰富的人文社会科学素养，管理学专业基础扎实，系统掌握海关管理的基本理论和方法，具备一定的创新精神和实践能力，具有海关税收征管、海关风险与应急管理、海关监管、海关国际事务、海关统计、跨境贸易管理、海关稽查和海关法学等多方面的专业知识和技能，外语与计算机能力优良，能适应海关与外经贸企事业发展需要的应用型、复合型、涉外型高素质专门人才和德智体美劳全面发展的社会主义建设者和接班人。2019 年 12 月，海关管理专业入选 2019 年度教育部首批国家级一流本科专业建设点。行政管理专业培养适应新时代中国特色社会主义发展需要，视野开阔，具有现代公共精神素养和比较丰富的人文社会科学素养，管理学专业基础扎实，系统掌握行政管理领域的基础理论知识、方法和基本专业技能，具备一定的创新精神和实践能力，具有行政管理的专业知识和技能，外语与计算机能力优良，能适应行政管理现代化、科学化事务需要的应用型、复合型、涉外型高素质专门人才和德智体美劳全面发展的社会主义建设者和接班人。

在专业建设与人才培养中，2021 年管理学院推出一系列举措，推动本科专业教育内涵式发展。一流专业建设方面，在学校一流本科建设工程方案的基础上，2021 年 10 月制订海关管理专业、行政管理专业一流本科建设计划；本科论文质量保障方面，制订管理学院本科生毕业论文抽查方案，共同保证本科论文质量建设方案推进。审核评估方面，制订本部门审核评估方案，完成学校安排的审核评估各项工作。2021 年 6 月，按照学校部署积极落实“专业变方向”改造任务，新设三个专业方向（国门安全与口岸管理、海关风险与应急管理、通关与行政管理），同时完成行政管理专业改造，制订海关国门安全新专业新培养方案。

管理学院积极探索和推动“专业招生、特色分流、分段培养”的海关专业与涉关类专业相融合的人才培养新模式探索与改革，不断强化适应不同业务岗位的海关专业素质培养；海关管理专业设置了 11 个专业方向供学生选择，增设“海关基础课”模块，全面夯实了海关管理专业学生的专业知识基础；为强化检验检疫的国门安全职能，本院增设“公共卫生安全”和“口岸生物安全”课程，针对各专业方向特点还增设了多门专业课程以更好地从知识、能力、素养三个方面培养面向国家战略需求和海关工作需要的专业人才。

【教学工作】为保障海关管理专业本科生毕业论文撰写的整体质量，进一步提升海关管理专业人才培养水平，结合学校、管理学院及海关管理专业的培养实际，管理学院制订《海关与公共管理学院本科生毕业论文抽查工作方案》《上海海关学院海关管理专业本科生论文基本要求与评价指标体系（试行）》；结合海关管理专业建设的具体实际，管理学院制订《海关与公共管理学院一流本科建设推进计划》《海关与公共管理学院海关管理专业课程思政建设实施方案及规划纲要》和《海关与公共管理学院行政管理专业课程思政建设实施方案及规划纲要》等，深化教学改革，提升育人能力。

以虚拟仿真实验室建设为重点，推进实验教学示范中心建设。海关国门安全虚拟仿真实验教学中心信息化平台规划为“1+3+1”体系（1 个门户、3 个平台、1 个中心）。目前，海关国门安全虚拟仿真实验教学中心门户、仿真实训平台和实训教学管理平台已初步建设完成，营造了一个有利于人才培养的良好的实验环境。

结合新冠肺炎疫情防控形势，“线下+线上”扎实推进实践教学。在学校与相关海关实习基地充分沟通后，2018 级学生于 2021 年 7 月赴上海海关等现场顶岗实习。管理学院依托超星学习通平台，建立海关管理专业实习专题和专业认知教育专栏。以线下与线上相结合的形式，认真组织专业认知教育，采取了专题讲座、实训教学、优秀学长座谈、海关知识竞赛、师生交流总结等多种形式，扎实推进实践教学。

管理学院进一步加强班导师的配备，遴选年富力强、认真负责的青年教师担任，并于2020年11月专门制订出台《海关与公共管理学院本科生班导师实施办法》，对班导师聘任的条件和职责予以明确，要求他们重点在专业知识指导、学术素养提升和道德品质强化三方面发挥指导作用。

黄胜强教授主持的项目“对标新文科对接新海关——海关国门安全专业建设探索与实践”，黄丙志教授主持的项目“新文科理念下海关管理专业复合型人才培养创新与实践”分别获得教育部国家级第一批新文科研究项目。胡蓉副教授主持“贸易安全与便利”获得教育部首批课程思政项目立项和课程思政教学团队。

管理学院努力实现高标准合作交流与实践教学，2021年10月，管理学院获批两个总署级别的实验实训示范中心，分别是侯彩虹副教授负责的“一流引领—智慧升级—实践强基——海关管理专业实验教学示范中心建设”，黄丙志教授主持、严晓老师负责的“海关国门安全虚拟仿真实验教学中心”。另外，陈振海副院长带队指导实习的上海海关获批为省部级示范性实习基地。

【科研工作】2021年，管理学院教师共发表论文12篇，撰写著作与教材6部，承担科研项目12项，获得各类课题经费108.2万元。

管理学院教师发表SCI、SSCI、EI期刊论文3篇，其中A类1篇，B类2篇；发表CSSCI、WCJ期刊论文3篇；发表一般期刊6篇。出版《当代国际体系危机中的国际集体领导研究》《进出口税则调整机制的国际比较研究》等专著、编著6部。管理学院教师主持省部级课题3项，获得课题经费46万元；获得总署指派类课题2项，获得课题经费12万元；主持横向课题7项，获得课题经费47.2万元。

黄丙志教授主持的“新技术涌现下新型国际贸易业态模式和制度瓶颈研究”获批上海市政府决策咨询重点项目。黄丙志教授主持、严晓负责的“虚拟现实技术（VR）在口岸卫生检疫技能培训的应用研究”，胡蓉副教授主持的“基于供应链枢纽的中欧班列海关监管机制研究”获总署项目立项。

管理学院教师邓敏博士的论文成果《全球价值链下的中国本土生产力空间布局效应》获得中国国际贸易学会2021年中国外经贸发展与改革征文优秀奖。

【师资队伍】管理学院人才引进工作以学科、专业建设和师资队伍建设为依据，着眼于可持续发展需求，既强调引进人才的学历和职称，又重视学术梯队结构。2021 年，管理学院引进博士研究生 5 人。目前，管理学院教职工中共有博士 22 人。

管理学院 17 位老师参加了上海市属高校青年教师教学研究论文写作与发表专题研修班、全国公共管理硕士“社会组织管理”课程教学与案例研讨会等 29 场学习培训班，共计约2,011学时。

【交流合作】国际交流方面，周欣副教授组织师生（线上）参加国际学术会议宣读、报告论文 4 篇（于潇老师 1 次、校内兼职老师 3 次）。新增《原产地规则》和《国际税则》两门留学生全英文课程。选拔赴外留学生 24 人实行线上教学。

管理学院先后与济南海关、总署风险管理司签署合作协议，就专家双向交流、教师产学研、课题研究、公共管理硕士实习基地、本科实践教学等方面开展多层次的深度合作。

【举办论坛】2021 年 5 月 13 日，由学校管理学院、海关与国家安全研究中心、海关风险管理研究中心共同举办的“2021 年海关国门安全与风险管理论坛”在学校顺利召开。会议围绕“国门安全理论构建研究”“国门安全与风险防控机制研究”“国门生物安全风险防控”“国门安全与风险防控技术创新”四个主题展开，对推进海关制度创新和治理能力的建设提供了崭新思维和有益探索。

【签署合作备忘录】2021 年 6 月 1 日，学校和济南海关签署合作备忘录。学校与济南海关达成共识，务实开展公共管理硕士实习基地建设等相关领域的密切合作，共同探索优化海关管理人才的培养培训模式，提升海关与院校科研合作水平和影响力，推进中国海关国门安全理论与实践的发展及创新，为我国海关管理事业发展提供智力和人才支持。

【聘任兼职教授】2021 年 6 月 23 日，学校批复同意管理学院聘任朱正威、孙萍教授为学院兼职教授。两位教授分别作了《直面中国公共管理的真问题》和《新中国以来政府机构改革的进程与思考》主题报告，两位教授均为教育部公共管理专业教指委委员、资深专家，他们的加盟为管理学院公共管理学科建设、海关管理专业发展、应急管理与公共政策分析等提供重要的学术指导，为管理学院专业建设和教师科研发展贡献专家智慧。

【举办学术活动】2021 年 7 月 7 日，管理学院举办“聚焦海关学科发展——专家委员大家谈”学术交流活动。黄胜强教授、朱正威教授、姚为群教授、杨翠迎教授、沈桂龙教授、陈文处长等先后发言。会议就我国国际贸易动态、公共管理与上海改革、海关业务改革等领域发展趋势和焦点问题展开研讨，对海关学科与其他领域的深度融合、海关学科建设与关键概念的界定、海关学科支撑平台建设和海关学科研究生教育等方面提出了指导意见。

▲2021 年 7 月 7 日，管理学院举办“聚焦海关学科发展——专家委员大家谈”学术活动

【举办专家咨询会】2021 年 5 月 28 日、9 月 23 日，管理学院先后两次召开海关国门安全专业人才培养专家咨询会，吴志华教授、朱春奎教授、李清华关长、邱海滢局长、张磊处长、任勇教授、陈水生教授、刘晓亮教授等专家建言献策。专家一致建议“海关国门安全”作为新申报专业名称，海关类专业建设要以海关业务专业人才岗位需求为导向，以“虚”促“实”，推动管理学院人才培养工作高质量精准服务海关。关检融合后，海关人才培养需要在业务技术素养、行政执法能力、政治能力、国际视野等方面有进一步作为，在通识类课程、基础学科的设置上更应紧密结合理论与实践，突出专业特色，加强融合性、交叉性学科建设力度。

（撰稿人：朱秀变　陈耀辉）

海关与公共经济学院

【概况】海关与公共经济学院（以下简称“经济学院”）成立于2019年7月，前身为经济与工商管理系。经济学院以立德树人为根本，以服务海关和国家战略、上海经济社会发展为使命，以建设海关特色鲜明的应用经济学一级学科为核心任务，对接社会主义现代化海关建设新要求，优化学科专业结构和人才培养模式，为社会主义培养复合型、应用型、涉外型的高素质建设者和接班人。

经济学院主要承担税收学、经济统计学2个本科专业和税务硕士专业学位授予点的建设和培养任务。学院下设办公室和税收学、经济统计学2个教研室，以及海关税收研究中心1个科研机构。其中，税收学专业是国家特色专业和上海市一流本科专业。经济学院共有教职工22名，其中，教授3名，副教授6名；15名教师有博士学位，硕士研究生导师8名。截至2021年年底，经济学院学生总数350名，其中，在院硕士研究生77名、本科生273名。

2021年中国共产党建党百年之际，经济学院党支部入选总署“品牌支部”，并荣获校级“优秀支部”。教师钟昌元、段景辉荣获校级优秀共产党员，副书记周亚杰荣获学习强国学习标兵等荣誉称号。

【学科专业建设】经济学院以服务新时代海关建设和地方经济社会发展为导向，以建设具有鲜明海关特色的应用经济学一级学科为突破口，以海关特色学科团队、标志性科研成果为抓手，围绕新时代海关建设需要优化学科专业布局，凝练学科方向，形成特色鲜明的税收学、海关统计等学科特色研究方向。

税收学专业2009年入选教育部第三批国家特色专业建设点项目，2019年入选上海市一流本科专业建设点名单。《海关税收制度》课程被教育部认定为首批国家级一流本科课程。经济统计学专业2019年9月获批，以“海关统计方向”为专业特色。

2011年，经济学院获批“服务国家特殊需求人才培养项目”——学士学位授予单位开展培养税务硕士专业学位研究生试点工作建设单位，并于2013年招收首批税务硕士研究生。2018年，学校获批硕士学位授予单位，同时获批税务硕士专业学位授权点。经济学院认真完成硕士研究生培养工作，学位授予率100%，在历年上海市学位论文抽检中全部合格。经济学院完成市级研究生教改项目2项、校级研究生重点课程建设项目6项。钟昌元等教师撰写的教学案例获“全国第三届税务硕士专业学位案例大赛”二等奖；孙军超同学的学位论文获“第四届全国税务硕士优秀学位论文”一等奖。

经济学院在上海德勤税务师事务所、上海外高桥保税区海关建设两个上海市实践教学基地，加强与海关、企业合作，提升实践育人水平，培养高层次应用型人才。

【教学工作】为保障教学工作制度化、规范化，经济学院制订教学规章制度26项，涉及课堂教学、实习实践、教学质量监控等教学各环节。经济学院教学工作重点举措：一是对标海关事业“十四五”规划和学校“十四五”规划，开展经济学院“十四五”规划制订工作；二是召开行业专家研讨会，邀请总署、上海海关、上海财经大学等单位专家，优化完善本硕人才培养方案；三是组织全体教师开展课程思政大纲编写工作，深化课程思政建设；四是强化新冠肺炎疫情防控常态化背景下的网上课程建设，确保全部课程建成在线课程。

2021年，经济学院获得省部级教学成果奖4项，其中“海关总署党的十九大以来海关高等教育优秀教学成果奖”3项，包括优秀实验实训教学中心与基地奖（李九领）、优秀教材奖（钟昌元）、优秀教学案例奖（钟昌元、李九领和毛道根）各1项。此外，获首届上海市高校教师教学创新大赛优秀奖1项（钟昌元）。

【科研工作】2021年，经济学院教师发表B类及以上学术论文1篇，CSSCI、EI、WCJ学术论文2篇，撰写著作与教材2部。承担纵向科研项目4项，其中，省部级2项；横向科研项目4项。累计获得各类课题经费39万元。

【师资队伍】2021年，经济学院引进安徽财经大学教授崔志坤，担任经济学学科带头人、税收学专业负责人。12月，赵永辉晋升副教授。税收学专业教师共12人，经济统计学专业教师共7人，各专业老师积极参加培训进修学习。其中，郑鹏飞、刘弈诺、李向阳参加联合国贸发会议、联合国统计局、世界贸易组织（WTO）联合举办的服务贸易培训，张建勋参加中宣部、教育部举办的《马克思主义政治经济学概论》专题研修学习，张磊参加2021年财政学类专业第九届暑期师资培训班，毛道根、钟昌元参加2021年全国财税法学师资研修班。

【学生工作】经济学院在校学生350人，其中本科生党员27人，硕士生党员25人。2021年学生发表科研论文5篇。获2021年“挑战杯”全国大学生课外学术科技作品竞赛和创业计划大赛上海市三等奖1项，2021年上海市“知行杯”暑期社会实践大赛三等奖1项，“正大杯”第11届全国大学生市场调查与分析大赛上海市赛三等奖2项，第13届税收筹划方案设计大赛二等奖和三等奖各1项。

2021年，经济学院应届毕业生125人，其中税收学本科生86人、税务硕士39人。截至2021年8月，落实就业人数104人，毕业去向落实率为83.20%，其中，本科生为75.58%、税务硕士为100%。

【实施本科生导师制】2021年3月，学院制订并实施《本科生导师制实施办法》，明确每位专业教师担任1~6名本科生导师，从学生入校起的四年中指导学生学习、实践、创新创业、科研、就业等工作。该办法的实施有利于进一步强化对学生的指导，将学校“三全育人”方案落到实处。

【参加国际科研论坛】2021年4月，由俄罗斯西北管理学院主办，保加利亚、塞尔维亚、印度尼西亚、泰国、中国等五个国家30余名经济学界学者参加的国际科研论坛在线上举行。经济学院教师张国红、李菁菁在线参加了主题为《国家与商业：经济发展的趋势与挑战》的国际科研论坛，并以英文做了专题学术报告。

【总署署级课题结项】2021年5月，总署署级课题《碳关税对我国外贸的影响及对策研究》研讨会在经济学院召开。这次研讨会是由课题牵头单位成都海关主办，学校经济学院承办，呼和浩特海关等三家课题研究单位共同参加的首次课题研讨活动。成都海关副关长李宣彤、副处长向勇，呼和浩特海关副处长郝海峰，经济学院院长李九领、教师崔志坤等14位专家学者参加会议。经济学院五位老师参与了课题论证、调研和评审等集中工作，撰写了高质量课题研究报告，课题如期顺利结项。

【开展合作洽谈】2021年6月，深圳海关下属龙岗海关与经济学院通过腾讯会议方式举行合作洽谈会。龙岗海关党委书记、关长何军，查检科科长刘明，副科长刘黎明，综合业务科副科长李咏梅，办公室负责人孙园园，经济学院支部书记、院长李九领，副书记、副院长周亚杰，税收学专业负责人崔志坤，经济统计学专业负责人段景辉，以及办公室主任王双出席了会议。双方就学生实习与就业、党建交流、科研项目、海关税政调研等方面开展的合作进行了交流和探讨。

【举行论证评审会】2021年10月，经济学院举行人才培养方案与课程教学大纲专家论证评审会。邀请总署统计分析司原

副巡视员温韧，上海科创中心海关副关长

▲2021 年 10 月 22 日，学校经济学院举行人才培养方案与课程教学大纲专家论证评审会

储慧莉，教育部财政学类专业教指委委员、上海立信会计金融学院教授杨光焰，上海外经贸大学教授刘永辉担任评审专家。同时，邀请全国税务专业硕士教指委委员、上海财经大学教授朱为群，上海杨浦海关关长陶蔚莲，上海海关统计处处长陈文进行通讯评审。

（撰稿人：王　双　周亚杰　钟昌元　段景辉　崔志坤）

工商管理与关务学院

【概况】工商管理与关务学院（以下简称“关务学院”）成立于2019年7月。学院坚持以习近平新时代中国特色社会主义思想为指导，深入贯彻教育部、总署和上海市教委的部署要求，按照学校“十四五”事业发展总体规划确定的奋斗目标和行动路线，全面落实立德树人根本任务，坚持学科建设的龙头地位，坚持学生中心、产出导向的发展思路，坚持行业特色的发展之路，努力推进高质量学科专业建设和人才培养。

牢固树立以立德树人为宗旨，以学科建设为龙头，以内涵发展为目标，以师资建设为抓手，以教研相长为路径的发展思路，深入分析当前的内外部环境和新形势，紧紧围绕一流海关人才培养、一流教学团队建设、一流课程质量和教学资源建设、一流专业建设等展开建设，努力提高人才培养、教学科学研究、社会服务、文化传承创新的能力和水平，全面落实学校“十四五”事业发展总体规划，努力实现应用型、复合型、涉外型高素质人才的培养目标。

关务学院下设国际商务、审计学、物流管理3个本科专业，建有关务综合实验室、ERP沙盘实验室和智慧口岸物流仿真实验室。2021年获批国际商务硕士专业学位授权点。现有教职工25人，其中教授2名、副教授9名，拥有博士学历的教师占比为80%，教师队伍年龄、职称、学缘结构合理，发展态势良好。截至2021年年底，关务学院学生总数434名。

关务学院成立以来，发挥海关行业特色，推动办学模式创新。在科研方面，承担了多项国家自然科学基金、国家哲学社会科学基金、教育部人文社科研究、上海市哲学社会科学基金、上海市软科学、上海市决策咨询和总署署级课题研究；出版一批学术专著，在国内外核心刊物发表高水平中英文论文，相关研究成果荣获上海市决策咨询成果奖一、二等奖。在教学方面，多名教师获得上海市级教学成果奖、总署署级教学成果奖、上海市级与署级一流课程等荣誉。在培养学生方面，指导学生获得全国大学生创新创业年会最佳实践项目、“挑战杯”全国大学生创业计划竞赛全国铜奖，以及上海市金奖等多项学科竞赛大奖。在学校国际化办学战略的指导下，积极拓展国际交流与合作领域，已与韩国建国大学签订合作框架协议，推动两校师生的学术交流和外派学习。

2019—2021 年，关务学院三次荣获学校先进集体，并获得学校先进党支部、三八红旗集体等荣誉称号。2021 年，关务学院党支部获批上海市教卫工作党委“党支部建设示范点”；匡增杰荣获上海市优秀共产党员、上海市教卫系统优秀共产党员称号；孙浩荣获上海市教育卫生系统三八红旗手称号。

【教学工作】探索教育教学改革，不断创新提质发展。以制度建设为抓手提升教学管理水平，以一流课程、一流教材等为目标，加强教改项目、重点课程、课程思政培育。2021 年度，《新时代“一德四能”关务人才培养体系构建与实践》获总署教学成果二等奖；《海关稽查》《物流管理》《国际贸易实务》获上海市一流课程荣誉，《物流管理》《国际贸易实务》同时获得总署一流课程称号；《国际贸易实务》《国际经济学》获上海市重点课程立项。

【科研工作】学术研究氛围浓郁，科研成果再传佳音。开展“学科建设和人才培养”系列讲座，邀请校外专家学者就学科专业建设、人才培养等问题把脉问诊。开展青年教师学术沙龙系列活动，加强内部学术交流学习。继 2020 年获批 2 个国家社科项目后，2021 年度再次获批 1 个国家社科项目，并新增上海市哲学社会科学基金项目 1 项、上海教育科学研究项目 1 项，参加了 3 项总署署级课题研究；发表 CSSCI、SCI、IEEE 论文 5 篇，其中刘婵娟的论文发表于《Applied science-basel》，SCI，（JCR，Q2 区）；出版专著 2 本。获得纵向课题经费 37 万元、横向课题经费 47.5 万元。

【师资队伍】加强教师队伍建设，营造干事创业的良好氛围。教学方面，以“青年教师教学竞赛”为抓手，不断打磨青年教师的教学基本功水平。发挥教学督导作用，高标准严要求提升教师教学能力水平。科研方面，根据学科方向为青年教师确定指导教师，对各类基金项目申请实行一对一全过程指导。邀请校内外专家对有潜质的科研项目点评把脉，从科研选题、研究技术路线等方面进行多对一现场指导。同时，注重团队建设，促进教学团队与科研团队互动发展。

【学生培养】以学科竞赛为辅助，促进创新能力培养。坚持以赛促学促教，加强对学生参加各类学科竞赛的支持、指导，在不同年级学生中形成传帮带竞赛梯队组合。2021 年，关务学院学生荣获“工商银行杯”全国大学生金融科技创新大赛全国一等奖、全国高校商业精英挑战赛国际贸易竞赛全国二等奖、全国大学生物流设计大赛全国三等奖等 3 项国家级竞赛奖项；荣获上海市“挑战杯”一等奖、4 项三等奖和 1 项“工商银行杯”上海市特等奖等6项省部级竞赛奖项。指导学生发表论文7篇，新增19项双创项目立项。

【获批国际商务专业硕士点】2021年，学校正式获批国际商务专业硕士点（MIB），提升了办学层次。制订三年迎评建设规划，开发新增实践基地，完成了上海市教委新增学位点培优培育项目申报工作，明确2022—2025年的重点工作任务和举措。按照总署和学校对涉关类专业改造要求，组织海关人才需求调研，邀请专家指导，向学校上报了审计学、物流管理2个专业申报新专业方案，最终审计学专业申报的海关稽查专业获得学校推荐报送教育部，目前获得教指委专家的全票通过。

【举办国际学术研讨会】2021年12月5日，成功举办“‘一带一路’背景下数字经济发展与智慧海关建设”国际学术研讨会。会议以线上和线下结合的方式进行，来自英国、韩国、俄罗斯、乌克兰和中国高校、科研院所的30余位专家学者参加了此次研讨会，《解放日报》《学习与探索》等报社、杂志社的领导、中共海关总署党校第19期中青班部分学员应邀参加。学校校长丛玉豪教授致开幕辞，相关部门负责人和专业教师参会交流学习，进一步促进了与国内外高校、科研院所的学术交流。

▲2021年12月5日，学校举办“‘一带一路’背景下数字经济发展与智慧海关建设”国际学术研讨会

（撰稿人：王晶晶）

海关法律系

【概况】海关法律系立足海关走“依特办特，以特促强”的行业特色办学之路，以应用型、复合型、涉外型高素质人才培养目标为指导，秉承开放办学、打造精品理念，办全国唯一以海关法为特色发展方向的法学专业。致力于培养适应建设社会主义法治国家和新时代海关法治工作发展国家急需，系统掌握海关法学理论、熟练运用海关专业知识和技能，德法兼修，践行明法笃行、知行合一，具有国际化宽广视野的高端法律人才。

目前，海关法律系下设2个教研室，分别是海关法教研室和缉私教研室，建有1个海关法研究中心，设有本科专业1个。现有教职工14名，其中教授2名、副教授6名，硕士生导师5名。截至2021年年底，海关法律系共有学生158名。

海关法律系拥有面积各225平方米的模拟法庭实验室和海关缉私实验室，建有上海海关缉私局、上海市第三中级人民法院、上海市人民检察院第三分院、上海市环球律师事务所、北京市德和衡（上海）律师事务所、上海靖予霖/浙江靖霖律师事务所等校外实践教学基地。同时，与学校其他专业实验室和实验软件共通共用。通过关校融合、校企协作、国际合作的协同育人机制，积极深入地开展实践教学工作，培养学生实践应用能力。

2021年，海关法教学团队获首届上海市教师教学创新大赛地方高校正高组优秀奖。“关校融合、校企协同、国际合作，海关法特色精英化人才培养模式”获总署党的十九大以来海关高等优秀教学成果二等奖。全系教师共申报省部级及以上科研项目7项；承接多项纵向课题，纵横向课题经费共计90万，其中纵向40万、横向50万；教师在C刊和外文期刊刊发文章两篇，普刊多篇；祝少春老师领衔的海关缉私团队成功承办了全国海关缉私系统刑事法制业务技能比武竞赛第一、第三战区的初赛和全国总决赛，获得了总署缉私局的来函表扬；万曙春老师为海关法律系首次获批上海市科学技术委员会（上海外国专家局）立项省部级外国专家引智科研项目。

【学科专业建设】2021年，法学专业

（海关法方向）根据学校秉承行业办学传统与优势，实施人才强校、关校合作、国际化三大发展战略，走特色办学的内涵发展之路，培养能适应海关与外经贸事业发展需要的应用型、复合型、涉外型高素质专门人才的办学定位，法学专业实施《法学类教学质量国家标准（2021年版）》+海关法特色的法学人才培养模式。该年度，法学专业完成国家级一流本科专业建设点的申报。

实施《法学类教学质量国家标准（2021年版）》，保证专业培养的规范性，同时突出海关法特色发展。在课程设置上，自2021年起实施法学专业必修课程“1+10+X”分类设置模式。2021年9月开设习近平法治思想概论课程，形成以校党委委员、副校长李纳新为负责人的教学团队，将习近平法治思想核心要义和工作要求落实到法治人才培养的全过程和各环节。该专业课程设置包括通识教育平台课程、专业教育平台课程、实践教学平台课程三部分。

【教学工作】强调学科综合性和交叉性，形成通识教育类、法学专业核心类和海关专业类课程体系，形成模块化课程体系、精英人才培养模式和个性化学习体验三大主线，将“学生为主体”落实在教学策略设计和实施过程中。建立“高校实务部门联合培养”机制，不断提升协同育人效果和保证长期有效的合作。

该年度，海关法律系积极探索教育教学改革，逐步完善专业课程体系，课程教学团队不断趋于成熟。新开课6门，新增留学生全英课2门。在一流课程建设方面取得一定突破，《海关法》课程经上海市教委认定为上海高等学校一流本科课程，目前已完成国家级一流本科课程申报工作；《国际海关法》课程获得上海市一流本科课程的认定；《关贸律师实务》获得总署一流本科课程的认定。

【科研工作】2021年，海关法律系学院教师共发表论文2篇，撰写著作与教材1部，获得各类课题经费90万元。王珉副教授在《国际贸易》（2021.2）发表论文：《中国贸易便利化发展战略——基于RCEP成员之间区域自由贸易协定的比较研究》。万曙春教授在《The foundation for law and international affairs review》（2021.2）发表论文：《The Pandemic Covid-19 accelerates the transfermation of national pretectionism to national precautionism》。由万曙春、娄万锁、吴展合著的《海关法》完成撰写。

【师资队伍】2021年度引进华东政法大学刑法学博士研究生1名，担任法学专业教师，系部根据该教师个人特点，制订有针对性的培养计划，指定带教老师，开展新教师帮扶工作。发动全系教师配合学校人事处关于行政法高级人才的招聘工作，通过各种途径对外发布招聘信息，积极主动对接符合条件的相关人员。

关心、关爱、关注教师成长发展，多项举措维护教师队伍稳定。系部领导多次登门慰问休病假、哺乳假的教师，及时解决教师工作生活各项困难。关注教师职业发展规划，组织教师积极参与研究生导师、辅导师遴选等，在教师申报课题、出版著作、“产学研践”、职称晋升等工作中给予切实帮助与指导。

该学年，海关法律系先后有两位教师赴海关业务一线开展“产学研践”。“产学研践”的开展，为专业教师了解海关、融入海关提供了有效的途径，也为专业教师研究业务问题，从而更好地服务海关奠定了基础。

【交流合作】2021 年，为积极配合学校国际化发展战略，海关法律系联合法国艾克斯—马赛大学法学院、中国国家税务总局税收研究所三方，组织召开“一带一路”税收议题和海关监管国际研讨会——当前与未来的挑战与机遇，该会议以视频在线方式，在法国艾克斯和中国北京、上海三地召开，中华人民共和国驻马赛总领事馆总领事陆慧英女士、学校副校长李纳新、法国艾克斯—马赛大学法学院院长让·菲利普·安格鲁斯迪、法国艾克斯—马赛大学财税研究中心主任蒂埃尔·兰伯特教授、中国国家税务总局税收科学研究所所长谭珩，法国高校研究者、国家税务总局科研所、海关系统代表及学校师生 200 余人参会。

与日本早稻田大学商量教师和学生访学、交流的相关事项。新增《跨境电商法》《中国海关法律制度》两门留学生全英文课程。万曙春老师受聘法国艾克斯—马赛大学法学院客座教授一职，为法国艾克斯—马赛大学海关法与海关程序硕士生开设《中国海关法律制度》课程。

【学生工作】2021 年，法学专业教师与学生齐心协力、齐头并进，积极探索法学专业人才培养模式的特色创新。通过开展学科、专业发展及人才培养专家咨询会、法学专业高质量建设展望暨课程建设与教学基本功提升研讨会等，深入探讨论证创新法学人才培养模式的有效途径，力求改变以教师为中心的单一教学模式，探索以学生需求为导向的学、研、践“三位一体”学业发展路径，促使学生在科创实践赛事、法学专业思维锻造、正确就业观念培育等方面都有提升与收获。

在 2020 年国家统一法律职业资格证书考试中，海关法律系法学 1701 班 39 人中有 21 名同学参加了本次国家统一法律职业资格证书考试，其中 8 人通过合格线，通过率为 38.1%，高于 2018 年、2019 年的年度平均通过率，也远高于全国平均通过率。

学生通过参加各类专业或综合性赛事、科研项目、论文撰写等活动，将课堂所学专业知识运用于研究实践中，并取得了较好成绩。法学 1801 班陆文尧同学撰写的论文《中法海关法制度比较——中国〈海关法〉修改的国际视野学术研讨会综述》发表于《海关经贸与研究》（2021 年第 2 期）。在第三届上海市大学生法律案例分析大赛中，海关法律系参赛选手再获佳绩，法学 1901 班卢智虞同学获得二等奖，法学 1901 班赵志龙同学获得三等奖。法学专业本科生在大学生创新创业训练计划项目（创业训练、创业实践）中获国家级立项 1 项，在大学生创新创业训练计划项目（创新训练）中获国家级立项 1 项、市级立项 7 项、校级立项 4 项。海关法律系教师参与指导的大学生创新创业训练项目（创新训练）获国家级立项 1 项、市级立项 7 项、校级立项 5 项，大学生创新创业训练项目（创业训练、创业实践）获国家级立项 1 项。法学 2001 班曾知乐同学参加第十一届上海市大学生国际人道问题辩论赛、2021 华语辩论世界杯联赛杯活动，在实践中增长才干、获取新知、取得进步。

【组织课程建设研讨会】2021 年 6 月 22 日下午，海关法律系组织全体教师开展“习近平法治思想概论”课程建设讨论会。根据《教育部办公厅关于推进习近平法治思想纳入高校法治理论教学体系的通知》文件精神，为切实将习近平法治思想纳入高校法治理论教学体系，坚持立德树人、德法兼修，推动法学教育高质量发展，培养德才兼备高素质法治人才，在新修订的《法学类教学质量国家标准（2021 年版）》中明确了习近平法治思想的指导地位，将“习近平法治思想概论”纳入法学专业核心必修课。海关法律系将此课程的设置纳入专业建设的整体布局中，统筹谋划、提前规划、认真筹备，已于 2021 年秋季开学初面向法学专业新生授课，并要求课程团队教师在备课与授课过程中将习近平法治思想与个人专业所长充分结合，强化思想引领、提升学术内涵、完善课程设计、创新方法手段、加强师资培训，确保课程的育人效果。

▲2021 年 6 月 22 日，学校海关法律系开展“习近平法治思想概论”课程建设研讨会

【参加反走私执法一体化研讨会】2021 年 7 月 29 日，长三角地区检察机关反走私执法一体化研讨会在沪召开。来自长三角地区的检察机关、审判机关、侦查机关、上海市政府打私办、人民代表及政协委员、相关专家学者等与会。上海市人民检察院第三分院跨区域案件特聘专家、海关法律系祝少春副教授应邀参会，并做以“推进反走私综合治理立法，构建区域联动反走私协作体系”为内容的主题发言。

【召开专家咨询会】2021 年 11 月 14 日，海关法律系召开了一场围绕学科、专业发展及人才培养的专家咨询会。此次会议邀请到第19期中青班的6名海关专家与会。专家结合自身工作经历、法治海关建设新局面、海关提高对外开放水平的新需求等，在海关全面深化改革对专门法治人才的需求、法学专业的学生培养目标定位、海关法律系在学科和专业建设等方面提出意见与建议。此次专家咨询会为海关法律系不断完善学科发展和人才培养目标，实现系部跨越式发展提供智力支持和方向保证。

【召开课程建设与教学基本功提升研讨会】2021年12月14日，海关法律系召开“法学专业高质量建设展望暨课程建设与教学基本功提升”研讨会。会议总结了系部近一年来在专业建设方面的整体情况，从申报流程、申报指标体系、指标设计原则、申报要点等角度解析了一流本科专业申报、新专业申报与专业改造、教学成果申报等方面的核心理念和要求，为系部今后人才培养方案设计、课堂教学改革、学生能力培养、高质量教学项目的培育与建设提供指引。

（撰稿人：余　越）

海关外语系

【概况】海关外语系的前身是2006年7月成立的外语系，2019年8月更名为海关外语系，现有翻译硕士专业学位点1个，英语（商务英语方向）本科专业1个，下设2个教研室，分别是海关英语教研室、大学英语教研室。英语本科专业2010年得到教育部的批准，并从2011年9月开始招收首届英语本科学生，前身是2006年英语（商务应用方向）专科专业。2014年6月和2015年5月，英语专业（商务应用方向）分别通过上海市教委组织的新专业检查和上海市学位办组织的学位授予专业审核评估，取得了学士学位授予资格。自2017年至2021年共有7届本科毕业生。2021年7月获批翻译硕士专业学位点。

海关外语系现有教职工22人，其中正高级职称1人、副高级职称4人；硕士研究生导师5人、具有博士学位教师8人，截至2021年底海关外语系本科生总数有148人，当年招收本科生35人，毕业50人。

2021年，海关外语系基本情况见表1。

表1　2021年海关外语系基本情况表

项　目	数　据
教职工总人数	22人
教授	1人
副教授	4人
具有博士学位教师比例	36.36%
科研总经费	42.78万元
出版专著	1部
出版译著	7部
编著	3部
教育部产学协作协同育人项目	2项

续表

项　目	数　据
在校本科生	148 人
应届本科生一次就业率	94%
应届本科毕业生考研录取（出国）率	8%

海关外语系始终坚持立德树人的根本目标，从学科队伍、科学研究及学术活动、人才培养、社会贡献、国际化等五个方面开展工作，以期通过不懈的努力在建设翻译专业硕士学位点的基础上，抓住机遇，努力拼搏，迎头赶上，以使海关外语系的学科建设及人才培养能够真正提升水平和层次。

海关外语系翻译硕士专业学位，主要侧重于海关文献和法规的笔译，以使海关外语系在学科建设层次方面更上一层楼。根据《中华人民共和国学位条例》《中华人民共和国学位条例暂行实施办法》，教育部《翻译硕士专业学位设置方案》全国翻译专业学位研究生教育指导委员会的《翻译硕士专业学位研究生教育指导性培养方案》（2011 年 8 月修订），对标国务院翻译硕士的《学位授权审核申请基本条件》，同时结合学校“十四五”发展规划、研究生教育有关规定和海关外语系办学实际，制订该系翻译硕士点建设总目标，从长计议，通过不懈的努力达到甚至在某些方面超过国务院翻译硕士的《学位授权审核申请基本条件》。

英语本科专业坚持“以语言基础为根、以涉关知识为用、以实践能力为重”的人才培养原则，培养适应新时代中国特色社会主义发展需要，具有扎实的英语语言基础，掌握语言文学、法学（国际商法）等基本知识，了解海关业务基本知识，熟悉进出口业务、国际物流及通关业务等基础知识，具备较全面的人文与科学素养和较强的跨文化商务交际能力，能适应政府部门、经贸等涉外行业工作要求的复合型、应用型、涉外型高素质英语专门人才。

2021 年，英语专业学生省部级以上学科竞赛获奖明细见表 2。

表 2　2021 年英语专业学生省部级以上学科竞赛获奖表

参赛名称	参赛者及获奖情况	指导教师	级别
2021 年全国大学生英语辩论赛华东区	黄磊获三等奖	李芳兰	省部级
2021 年讯飞杯全国高校英语口语大赛上海地区一等奖	贾茹获一等奖，吴婷婷、赵悦龙、江安琪获优秀奖	胡妤	省部级
第九届海伦·斯诺翻译奖	卫悦阳获三等奖	胡兴文	省部级

续表

参赛名称	参赛者及获奖情况	指导教师	级别
外教社杯上海市学生党史故事英文演讲比赛	刘瑞嘉获三等奖	李端阳	省部级
2021 年全国大学生英语竞赛 B 类	王一染获一等奖	杨茂娟	国家级
2021 策马杯全国英语公众演讲大赛	鲍雯慧获三等奖	郑继正	省部级
2021 年“亿学杯”全国商务英语实践技能大赛联合赛区	姜逸菲、金佳雯、朱熠颖、王彦斌获一等奖	李芳兰	省部级
2021 年“亿学杯”全国商务英语实践技能大赛国赛	姜逸菲、金佳雯、朱熠颖、王彦斌获三等奖	李芳兰	国家级
2021 年“讯飞杯”全国高校英语口语大赛比赛	贾茹获一等奖	胡好	国家级

【教学成果】吴慧教授的“AI 赋能下的英语写作课程体系研究：基于改写匠 Rewriter 的英语写作课程建设”和李端阳博士的“海关专门用途中英双语语料库实践基地建设”获得上海一者信息科技有限公司立项并获批教育部产学合作协同育人项目；胡好博士代表学校参加首届上海市高等学校教师教学创新大赛三等奖的好成绩，并荣获优秀基层教学组织奖；胡兴文副教授的“笔译 II（汉译英）”获得总署“党的十九大以来海关高等教育优秀教学成果‘课程思政’示范项目”。

【科研成果】2021 年度共发表论文 11 篇，出版教材《大学英语阅读教程 2》1 部，出版专著《汉语成语的认知表征及其神经机制研究》1 部，出版译著《德国妈妈的成长抗压课》《非凡魔术团》第 4 部，出版其他作品 3 部，获得横向科研经费 42.78 万元。在全系共同努力下，实现了科研指标尤其是译著和横向科研经费的大幅度跃升。

【与复旦大学外文学院翻译系开展交流】2021 年 6 月 16 日，学校海关外语系主任吴慧教授带队赴复旦大学外文学院翻译系开展调研和交流座谈工作。复旦大学翻译系主任陶有兰教授介绍了翻译系的历史沿革、翻译研究和教学师资队伍、学术研究成果，以及在翻译实践领域和服务社会方面的大量国际会议主要口笔译工作。随后，海关外语系教师就翻译专业人才培养方案中的特色如何呈现、课程设置、教

▲2021 年 6 月 16 日，学校海关外语系与复旦大学外语学院翻译系交流座谈

材编写、师资配备、教学管理、实践教学等各个方面开展了深入的交流。

【获批翻译硕士专业学位点】2021 年 7 月，学校海关外语系获批翻译硕士专业学位点。为适应我国社会、经济、文化发展对翻译专门人才的迫切需求，完善翻译人才培养体系，创新翻译人才培养模式，提高翻译人才培养质量，特设置翻译硕士专业学位（英文名称：Master of Translation and Interpreting，缩写：MTI）。翻译硕士专业学位是国务院学位委员会批准设立的我国第 18 个专业学位。结合学校的办学特点及行业背景，学校翻译硕士专业学位侧重于海关文献类笔译。

【完成翻译实验室建设】2021 年，学校海关外语系完成了翻译实验室建设项目，并投入正式运行。实验室配备了最新的蓝鸽语言学科平台，包含综合教学、会议口译、商务会话等模块，可支持口译、口语、听力、翻译等多门综合实训课程的展开。同时翻译实验室还配置有迪迦务翻译软件，为今后学生开展机器翻译、译后编辑提供技术支持，提升学生的翻译实践能力。此外，实验室也采购了芝麻快译翻译软件，可实现多语言多文档的实时翻译，为广大师生的教学、科研提供便利。

（撰稿人：李祝玛）

公共教学部

【概况】2021 年，公共教学部围绕学校党政重点工作目标，确立部门“十四五”发展规划和年度工作计划，在做好常规教学管理工作的前提下，从年度绩效指标、通识教育改革、课程思政建设、青年教师培养等方面，抓住重点、突破难点、展现亮点，完成了既定的工作任务。公共教学部下设 4 个教研室，分别是人文艺术教研室、数学教研室、计算机教研室和体育教研室。现有教职工共 17 人，专任教师 14 人，行政兼职教师 3 人，其中教授 3 人，副教授 3 人，讲师 9 人，助教 2 人；博士学位 5 人。本年度部门共开设 73 门课，233 门次课程。获批上海市一流课程 1 门、上海市重点课程 1 门、总署一流课程 1 门、总署示范性课程思政 2 门；获校级教学成果奖二等奖 2 项，制作教学视频共 4 门课计 385 分钟。组织学生竞赛获国家级奖项二等奖 3 人次、三等奖 3 人次，省级一等奖 3 人次、二等奖 6 人次、三等奖 6 人次；校健美操、啦啦操队荣获上海市阳光体育大联赛一等奖、上海市大学生健美操锦标赛轻器械健身操第一名、上海市城市业余联赛啦啦操比赛一等奖。

【课程建设】2021 年，公共教育部全面落实立德树人根本任务，坚持人才培养的德才兼备、全面发展原则，确立知识传授、价值引领、素质培养“三位一体”的通识教育理念，基于“人、中国人、海关人、新时代海关人”四个逻辑层次，着重从价值观与职业道德、国家意识与海关职业素养、数据思维与分析能力、计算机思维与信息素养、技能储备与体能素质等方面培养学生核心素质，构建起具有海关特色的高校通识教育教学体系。完成了 2021 级通识教育课程改革方案。课程思政建设方面显成效，制订《公共教学部课程思政建设实施方案及规划纲要》，修订所有课程教学大纲，增加课程思政融入点及相关课程思政元素。《逻辑学》课程（法学专业必修）自春季学期起使用教育部规划高校“马哲”重点教材。核心课程培育方面，完成 2021 年春季学期中国文化概论、中国审美文化、逻辑学、艺术导论、人工智能技术与应用、经典音乐赏析等 6 门课程教学大纲编制任务。

【教学工作】2021年，公共教学部制订《公共教学部推进一流本科教育建设工作的实施计划》，开设计算机特色拼盘课程“科技创新前沿”。新开“科技创新前沿”“性别角色与批判性思维养成”等课程21门。完成“公文写作”13个微视频、90分钟时长，“高等数学”16个微视频、190分钟时长，“太极拳”9个微视频、60分钟时长，“游泳”7个微视频、45分钟时长的制作。“高等数学”获批上海市重点课程、总署教学项目（一流课程）；“高等数学”“艺术鉴赏”获批总署示范性课程思政示范课程。“塑造‘国门卫士’：一流海关本科教育视角下的通识课程体系构建与实践”“服务海关能力建设的公共计算机课程体系改革探索与实践”获校级教学成果二等奖。

制发《公共教学部关于规范体育教研室工作的通知》，逐步建立本部门内部质量监控体系。坚持周教学提示制度和学生信息员教学信息反馈制度，完成年度教学常态信息采集和《上海海关学院“三全育人”实施方案》自查报告。

【科研工作】2021年公共教学部教师共发表论文11篇，承担科研项目6项，申请专利5项，获得各类课题经费45万元。发表的论文中，有7篇系核心期刊论文。承担的课题系上海市2021年度“科技创新行动计划”自然科学基金面上项目等省部级科研项目。

【党建工作】2021年，公共教学部支部工作加强思想理论武装，提高队伍的政治素质。支部坚持读原著、学原文、悟原理的要求，通过个人自学、集中研学、聆听党课、参与交流、撰写心得等形式，集中学习共计15次。严格落实“第一议题”制度，由支部书记领学重要学习内容。全面落实党建工作责任制。组织召开支委会10次，党员大会6次、党课4次，主题党日活动6次、完成专题学习测试3次，召开专题组织生活会2次，完成民主评议党员1次。制发相关会议议事规则，召开党政联席会议共计11次。扎实推进党史学习教育。开展基层专题党课，“永远跟党走”群众性主题宣传教育、“党旗在基层一线高高飘扬”宣传教育系列活动，利用支部党建阵地，营造学习氛围，进行“两优一先”先进事迹宣传。积极开展“我为群众办实事”等实践活动。

▲2021年6月，学校教师龚毅获上海市“三八”红旗手称号

【获上海市“三八”红旗手称号】2021年6月，公共教学部教师龚毅获2019—2020年度上海市“三八”红旗手称号。

【获总署教学成果奖】2021年9月，在“党的十九大以来海关优秀教学成果”评选中获多个奖项。龚毅主持的“高等数学”获批一流本科课程；赵振刚主持的“高等数学”、钱明主持的“‘艺术鉴赏’之海派文化的传承”获批课程思政示范项目。署级教学成果奖的获得，对于通识课程教育教学质量的进一步提高具有重要的引领意义。

【获批上海市重点课程】2021年7月，龚毅、杨骁主持的“高等数学”获2021年度上海高校市级重点课程建设立项，系线上线下混合式课程。这为公共教学部课程建设起到了积极推动作用。

【校级健美操、啦啦操队获奖】2021年10—12月，校健美操、啦啦操队（指导老师：段鹏）参加上海市城市业余联赛，获大学组自选花球一等奖；参加上海市学生阳光体育大联赛啦啦操比赛（高校组），获集体自选花球一等奖；参加2021年上海市大学生健美操锦标赛，获甲组轻器械健身操第一名。校健美操、啦啦操队连战连捷，是公共教学部深化体育教学改革结出的硕果，为体育教学整体再上台阶奠定了基础。

【成立大学生体质健康测试中心】2021年11月，学校大学生体质健康测试中心正式挂牌。体质健康测试中心的建成和运行是贯彻落实国家关于大学生德智体美劳全面发展目标的重要举措，有利于更加规范、有序、安全、扎实推进体育内涵建设，真正提升学生的身体素质，为海关特色人才培养提供有力保障。

（撰稿人：杨国明）

马克思主义学院

【概况】马克思主义学院成立于2019年9月，前身为思政部，现为直属学校党政领导的二级教学科研机构。马克思主义学院下设马克思主义中国化和思想政治教育2个教研室。主要职责是承担全校思想政治理论课的教学任务，开展马克思主义理论和思想政治教育方面的科学研究，充分发挥思想政治理论课在高校德育工作中的主渠道作用，引导和帮助学生树立正确的世界观、人生观和价值观，培养社会主义合格建设者和可靠接班人。

马克思主义中国化教研室，现有专任思政教师5人，承担全校本科生和硕士研究生的政治理论必修课的教学和科研工作，开设的课程有《习近平新时代中国特色社会主义思想概论》《思想道德修养与法治》《中国近现代史纲要》《马克思主义基本原理概论》《中国特色社会主义理论体系概论》《中国特色社会主义理论与实践》等。

思想政治教育教研室主要开设《形势与政策》、《军事课》（含军事训练和军事理论）、《大学生心理健康》、《大学生职业发展与就业指导职业规划》以及《国门中国》等通识选修课。该教研室师资采取专兼职配备模式，现有专职教师1位，兼职教师包括担任学生管理工作的辅导员和党校工作部的部分思政教师。

马克思主义学院现有上海市本科重点课程两门，分别是《毛泽东思想和中国特色社会主义理论体系概论》与《中国海关史》；承担完成国家社科基金项目《中国旧海关海图的整理与研究》课题1项；《东北近代经济地理》作为“中国近代经济地理”丛书之一，获得上海市和教育部人文社科优秀著作成果奖励两项。

马克思主义学院6名专任思政教师中，教授2名，副教授2名，讲师2名，含硕士生导师2名。

【学科专业建设】2021年，根据学校党委和行政事业发展目标和任务部署，马克思主义学院强化落实立德树人根本任务，守好学校思想政治理论教育主阵地，着力好思想政治教育教学改革工作。目前，马克思主义学院已凝练“马克思主义中国化研究”与“中国近现代史基本问题研究”两个二级学科的“马克思主义中国化”“海关职业伦理和道德”“中国近现代海关史”等三个发展方向，形成教学研究队伍，并取得一定成果积累。

【教学工作】2021 年，马克思主义学院推进学院教学工作制度化、规范化建设。该年度，学校《校领导联系思政课教师和带头上思政课》方案构建起大思政教育格局，体制机制日益完善。学校党委书记、校长和各位校领导，亲自带头集体备课，教室上课、听思政课，对教师们做了很好地示范和引领。马克思主义学院还积极引进专家学者、海关系统先进模范、优秀校友等共同走进课堂，各有侧重、优势互补，形成了育人合力。完善日常管理制度，制订和颁发了日常教学管理、教职工日常管理、青年教师培养培训、学生培养等内部管理实施细则 24 项；聘请校内外领导专家，成立马克思主义学院学术委员会、教学督导组等机构；通过马克思主义学院党政联席会议，商讨研究马克思主义学院发展的重大事项。初步搭建起了马克思主义学院治理架构和规章制度体系。健全课程组、课程教学团队、教研室等教学组织建设。全面推进思政课教师集中备课，改革和消除旧的大班上课模式，全面实现 100 人以下的中班教学，大力提倡小班研讨的教学模式，发挥思政课第一课堂主渠道主阵地作用，提高学生出勤率、抬头率、好评率，建设思政课堂良好生态。

强化马克思主义学院教学工作的具体举措。马克思主义学院持续深入做好习近平新时代中国特色社会主义思想“进课堂、进教材、进头脑”工作，在海关管理专业试点基础上，面向学校各专业学生推广了《习近平新时代中国特色社会主义思想概论》课程，并且新建设了《经典著作导读》等五门选修课，以《习近平新时代中国特色社会主义思想概论》课程为核心，基本形成以其他必修课和选修课为两翼的思想政治理论课程群体系。以建党百年和党史学习教育为契机，马克思主义学院突出历史和文化育人，结合海关特色，开发了“行走中的思政课”，完成了“边关精神风采”虚拟仿真社会实践项目，加强了学生爱国主义和“四史”学习教育的同时，在上海市同类高校马克思主义学院中，逐渐发挥出自身特色和影响力。通过一流课程发展规划、审核评估方案的制订、“大班授课+小班辅导”教学模式改革等，重点以“国门中国”课程建设为抓手和突破点，组建起以校党委书记领衔的高学历、高素质教学团队，编写《国门中国》重点教材，分设政治、经济、法治、智慧、廉政、国门生物安全等专题课程，获得学生的一致好评。加强马克思主义理论学科建设，以马克思主义中国化、海关职业伦理和道德、海关史为研究方向，思政课教师共发表 CSSCI 论文两篇；参与了总署党史学习教育小组的《党领导下的新中国海关事业重大成就与历史经验》专文起草工作；参与了总署办公厅牵头的中央电视台《中国海关》五集纪录片的设计及专家采访等工作；并且配合总署海关史研究工作领导小组办公室（以下简称“关史办”），初次尝试组织多学科团队，组织国家哲学社会科学重大项目《中国海关通史》课题的申报工作。马克思主义学院集体凝练的“高举爱国主义旗帜，培铸忠诚国门卫士：边关精神育人体系的建设与实践”，获得校级教学成果一等奖，并被推荐参加上海市级优秀教学成果奖评选。《中国海关史》课程，被上海市教委评选为与党史教育相融合的百门示范课程之一，《中国近现代史纲要》课程，入选上海市思政教育教学改革优秀案例。

【科研工作】2021 年，马克思主义学院教师共发表论文 8 篇，撰写教材 1 部，承担科研项目 3 个，获得各类课题经费 15 万元。姚永超教授申报的《中国海关通史》，被国家哲学社会科学办公室重大选题采纳。发表 C 刊论文《东北区域特性的巨变与不变——近代经济地理的视角》。杨寄荣教授上海市德育课题《长三角地区文化创意产业的供给侧调研》，获立项经费 2 万元；出版《思政理论课案例研讨辅学教程》教材 1 部。杨敬敏副教授发表 C 刊论文《中国近代棉纱海外贸易网络和结构的时空演进》。顾荣讲师教育部课题《城市基层党建视域下上海高校党组织融合参与社区治理创新研究》，获立项经费 8 万元；厅局级立项题目《新时代上海高校党组织融合参与城市基层党建体系研究》，获立项经费 5 万元。

【学校党政领导带头上思政课】2021 年 10 月 13 日，学校党委副书记、校长丛玉豪以“学习习近平新时代中国特色社会主义思想，做实现中华民族伟大复兴中国梦的接班人”为主题，给海关管理 2021 级大一新生授课。同学们课后表示，深受书记、校长讲课鼓舞，作为新时代中国海关的接班人，应该按照习近平总书记的要求，“系好人生第一粒扣子”，在校努力学习，促进身心健康，全面发展成长。

【推进虚拟仿真实验教学项目】2021 年，马克思主义学院“边关精神风采虚拟仿真实验教学项目”软件开发完成，并列入《国门中国》《思想道德修养与法治》课程教学计划。学生普遍认为通过虚拟仿真的方式，可以更加生动地了解到边关的自然环境与工作状态，更加深刻地体会到边关精神的内涵。

▲2021 年，学校马克思主义学院开发边关精神风采虚拟仿真教学软件

【举办主题学术讲座】2021 年，马克思主义学院邀请同济大学、上海对外经贸

大学、上海音乐学院等兄弟院校的知名专家，为学生举办了“一路走来一路歌，庆祝中国共产党建党 100 周年”“当代大学生为什么要学党史，怎样学党史”“百年大党为什么行——中国共产党应对重大考验的经验启示”“晚清海关对华洋军品贸易的监管”四场“建党百年”主题学术讲座。通过学术讲座，学生们系统掌握和了解了中国近代以来重大和热点历史问题，懂得了四个选择，坚定了做社会主义现代化建设者接班人、做好国门卫士接班人的理想信念。

（撰稿人：杨敬敏）

检验检疫技术交流部

【概况】检验检疫技术交流部成立于2019年10月。检验检疫技术交流部的成立是学校聚焦新时代海关改革发展对人才队伍提出的新要求，结合学校发展定位和办学特色，优化学科专业布局迈出的重要一步。

检验检疫技术交流部下设海关检验检疫安全教研室，拥有一个《普通高等学校本科专业目录》外国家控制布点专业——海关检验检疫安全专业。现有教职工6名，其中副教授1名，专任教师5名。2021年，招收海关检验检疫安全专业本科生58名。检验检疫技术交流部现已建成海关检验检疫样本采集实验室。

【学科专业建设】2021年，海关检验检疫安全新专业的成功获批，并被批准为《普通高等学校本科专业目录》外国家控制布点专业，对学校人才培养更好对接新时代海关发展与改革要求，建设融检验检疫安全意识、管理思维、业务知识、技术能力相统一的公共管理类复合型、应用型的特色专业发展发挥积极作用。检验检疫技术交流部已建成海关检验检疫样本采集实验室，用于支撑卫生检疫学、植物检疫学及动物检疫学等专业基础课程的实训实验室。

【教学工作】2021年，检验检疫技术交流部充分利用智慧教室，启动“海关检验检疫大讲堂”系列学术讲座等方式，邀请专家学者开展系列讲座，创新授课方式，提高学生参与度，保证专业教学与海关检验检疫业务相辅相成。

【科研工作】2021年，检验检疫技术交流部获批省部级以上科研项目1项，教师共发表论文4篇，其中2篇SCI，1篇EI，1篇中文核心期刊。

【师资队伍】2021年，检验检疫技术交流部引进3位博士为专任教师，1位理学博士担任卫生检疫学方向专任教师，1位农学博士后、1位工学博士，共同担任食品检验检疫学方向专任教师，进一步充实了部门的专业师资队伍。

【交流合作】2021年，为促进海关检验检疫安全专业实验实训课程开展及建设，检验检疫技术交流部分别组织教师赴上海中医药大学教学实验中心交流研讨，赴上海浦东机场海关媒介实验室开展实地调研，并与上海海关动植物与食品检验检疫技术中心签署了共建合作协议，为开展相互交流合作奠定了基础。

【学生工作】2021 年，海关检验检疫安全专业学生在思想与生活中都紧紧围绕党组织领导开展党建活动，例如，“社会主义革命和建设专题学习教育”团课活动、“中国特色社会主义进入新时代”系列团课、“请党放心，强国有我”主题团日活动等；定期召开支部团员大会；寒假前往各自家乡红色景点参观学习等。

海关检验检疫安全专业共 58 名学生，分为 2 个班级。同学们在校期间积极参加学校活动，获得“活力团支部”“2021 年宪法卫士先进班级”“第九届心理剧大赛二等奖”“新生职业生涯教育主题班会二等奖”“向阳而生，逆风飞扬主题优秀心理班会”“第六届全国大学生预防艾滋病知识竞赛优秀奖”“上海市大学生安全教育优秀奖”等荣誉。同时，他们也积极参加各项知识竞赛活动，分别在“白马杯”辩论赛、“策马杯”英语演讲比赛、第二十四期团校“学习贯彻十九届六中全会精神”主题演讲比赛中取得优异成绩。

【海关检验检疫安全新专业获批】2021 年 3 月，《教育部关于公布 2020 年度普通高等学校本科专业备案和审批结果的通知》下发，检验检疫技术交流部申报的海关检验检疫安全新专业成功获批，并被批准为《普通高等学校本科专业目录》外国家控制布点专业。获批的海关检验检疫安全新专业，充分体现教育部所倡导的“四新”学科人才培养新理念，是融检验检疫安全意识、管理思维、业务知识、技术能力相统一的公共管理类复合型、应用型的特色专业。

【与上海海关动植物与食品检验检疫技术中心结对共建】2021 年 7 月，检验检疫技术交流部与上海海关动植物与食品检验检疫技术中心举行结对共建签约仪式。为促新专业建设，加强关校融合，双方签署了共建合作协议，并为实训实习基地进行了揭牌。双方在加强专业建设、课题研究、人才交流、学生培养、资源共享等方面进行深度合作，并明确上海海关动植物与食品检验检疫技术中心的师资、仪器设备、场地等资源可用于新专业的建设，进一步加强和完善校外实训实习基地建设，为学生创造高品质的实践平台。

▲2021 年 7 月 5 日，学校与上海海关动植物与食品检验检疫技术中心举行结对共建签约仪式

【制订新专业培养方案】2021 年 9 月，海关检验检疫安全专业培养方案被学校纳入 2021 年本科教学一览。通过组织举办专

家论证会、咨询会、实地调研和电讯评审，进一步优化培养方案。为海关及相关部门培养从事以安全为主体、开展检验检疫相关工作的应用型、复合型、涉外型高素质专业人才。

【建成海关检验检疫样本采集实验室】2021年11月，为满足专业发展、课程对标、实训需要，检验检疫技术交流部已建成海关检验检疫样本采集实验室，用于支撑卫生检疫学、植物检疫学及动物检疫学等专业基础课程的实训实验室，提升学生对海关检验检疫作业的认知。

【启动海关检验检疫大讲堂】2021年11月，启动“海关检验检疫大讲堂”，定期邀请校内外专家学者开展讲座，开拓学生们的视野，丰富其专业知识。通过收集学生在课堂学习遗留的问题，及时与专家学者沟通交流，进行答疑解惑，让学生深入了解海关检验检疫发展趋势等。课上教学和课下系列讲座相结合，保证海关检验检疫安全专业教学不与海关检验检疫业务脱节。

（撰稿人：王雨辰）

第十篇

办学支撑与综合保障

财务与采购工作

【概况】学校财务部门最早设立于1987年，当年1月设立财务科，为学校直属科级机构。随着学校规模扩大，教育经费投入的增加，1997年，总署批复同意学校“三定”方案，财务科由科级升为副处级机构，并改名为财务处。2007年，总署对学校内设机构进行调整，财务处更名为财务装备处。2012年，总署对学校内设机构进行调整，财务装备处更名为财务与资产管理处，下设财务科和资产科。2019年，总署批复同意学校“三定”方案，对学校内设机构进行调整，财务与资产管理处更名为财务处（采购管理办公室）（以下简称“财务处”）。财务处是学校会计核算、会计监督、财务管理和采购管理的职能部门。

学校财务与采购工作认真贯彻落实国家教育改革发展部署和全国海关财务工作要求，紧紧围绕学校中心工作，依托政府、社会、学校共建机制，多渠道筹集办学资金，实现财力稳步增长。坚持以规划目标和预算绩效管理为导向，努力提高资金使用效益，为推进学校各项事业发展提供坚实的财力物力保障。

财务工作主要举措。一是拓宽办学经费来源，实现财力稳步增长。以财政保障为主渠道，向财政部和总署积极争取改善办学条件及“双一流”建设专项经费，落实二期校园建筑维修改造、临港国际校区建设等重大项目投入。依托署市共建，向上海市地方政府争取更多资源支持，加大学科及专业建设、学位点建设及对学校发展有标志性影响的学科、平台、团队资源配置的倾斜力度。调动全校力量，扩大社会合作，争取智慧校园建设、平安校园建设等投入，争取更多学生奖助捐赠资金。建立培训激励机制，鼓励开拓高水平非学历国内外培训市场，挖掘自筹收入潜力，扩大社会效益的同时提升经济效益。提高事业收入规范化、专业化管理水平，确保应收尽收。

二是加强预算管理，提高资金使用绩效。加强中期项目支出规划管理，健全项目预算审核机制，聚焦人才培养、学科建设等关键领域和薄弱环节的预算支出需求，切实提高预算编制的精准性和有效性。增收与节支并举，发展和民生并重。优化支出结构，坚持教学投入稳步增长，教职工收入稳步提高，严控一般性支出。挖掘存量资源，推行零基预算，突出预算绩效导向。完善预算执行管理责任，建立学校、业务主管部门、项目承担单位三级管理联动机制，建立动态监控机制。全面实施预算绩效评价管理，推动预算和绩效管理一体化，加强绩效结果应用。坚持以规划目标和绩效考核为导向，加强学校年度预算管理和绩效考核的衔接，探索建立目标、绩效、财权相结合的预算分配体系，提高资金使用效益。

三是深化财务改革，财务信息化建设取得明显成效。深化财务改革，加强科研经费、内涵建设经费、重大基建经费等重点领域财务职能监督；规范内部控制，健全制度体系，加强廉政风险防控，加大经济责任审计和专项审计力度，确保各项经济活动合法合规；稳步推进政府会计制度全面实施和政府财务报告的编制，财务信息真实完整。继续完善财务智能化管理，优化线上报销流程，有计划引入差旅费报销平台、办公用品采购平台、预算绩效评价信息化平台等。推进科研经费的信息化管理，实现科研课题基础信息与经费支出数据互联互通，数据共享。推进财务数据治理，以智慧校园建设为依托，探索建立基于大数据的财务决策支持系统，发挥管理会计作用，助推学校经济决策。健全科学高效的政府采购机制，提升政府采购绩效水平。构建科学严谨、规范有序、便捷高效的采购制度体系。加强采购职能管理，明晰职责权限，建立采购主体权责明晰的责任体系。科学防控风险，对关键节点、关键项目进行重点管理，做到廉洁采购。推进精细管理，指导各部门合理确定需求，促进充分竞争，参与重大项目验收，提升政府采购绩效水平。

四是加强财务队伍建设。加强政治建设，提升政治站位，落实好部门党风廉政建设责任制。财务人员控制在学校编制数内，优化岗位设置，合理开展业务轮岗，提高工作效能。加大财务人员培养力度。多层次、多方式开展业务培训，鼓励引导开展财务理论研究；“十四五”期间具备中高级会计职称资格人员（或同等职称）达到80%以上，硕士研究生以上学历占比达到70%以上。打造干净、担当、奉献、有凝聚力的财务队伍。

财务工作主要成绩。一是财力保障能力稳步提升。“十三五”期间教育经费支出总量11.4亿，为“十二五”期间的1.52倍。“十三五”期间职工收入稳步提高，人员支出4.47亿，比“十二五”期间增加1.87亿，5年增幅72%。

二是人才培养、教学投入逐年增加，日常教学投入与生均支出均符合办学要求。教学日常运行支出占经常性教育事业费拨款与学费收入之和的比例为18%（合格指标为13%）。

三是实验实训中心建设、教学办公条

件和办学基础设施设备投入到位，三期校园建设资金3.67亿全部落实并建成投入使用，教学办公和学生生活条件显著改善。

四是财务管理效能稳步提升。财务信息化建设取得阶段性成效，线上报销全面运行；预算管理能力加强，推进绩效管理，财政项目支出逐步纳入预算绩效评价；加大财务职能监督、政府采购和招投标职能管理，建立较为规范的制度体系；实施政府会计制度，新旧制度顺利衔接，会计基础工作扎实。

五是优化岗位设置和业务轮岗，减员增效，财会人员队伍发展良好。财务处部门绩效考核2019年至2021年连续三年获得创新奖、校长特别奖。

【签订银校战略合作协议】2021年1月19日，学校校长丛玉豪出席学校与中国工商银行股份有限公司上海市分行举办的战略合作协议签约仪式；副校长李纳新，校办、财务处、学生处、综保处部门负责人等参加了签约仪式。学校校长丛玉豪向中国工商银行股份有限公司上海市分行介绍了学校的发展历程和办学情况，充分肯定了中国工商银行股份有限公司多年来为学校发展提供的帮助，并就未来银校战略合作进行了展望，希望下阶段双方能围绕人才培养、智慧校园建设、智库研究、金融服务等多领域展开持续、全面、深入地合作。

【财务费控系统（二期）上线运行】2021年3月18日，学校财务费控系统（二期）上线运行，进一步提高了财务信息化管理和服务水平，师生满意度增加，具体表现在：一是设置投递机，实现24小时投递报销单，解决报销排队问题；二是实现电子签批，审批报销单更加便捷；三是实现多维度预算控制，经费管理更加科学；四是提高报销效率，经统计财务人员各审批岗位平均审核时长不超过48小时，审批和付款效率明显提高。

【2020年度个税汇算清缴】2021年3—6月，学校根据《中华人民共和国个人所得税法》及其实施条例、《中华人民共和国税收征收管理法》及其实施细则、《国家税务总局关于办理2020年度个人所得税综合所得汇算清缴事项的公告》等有关规定。全校所有人员完成2020年度个税汇算清缴工作。

【制订实施预算绩效管理制度】2021年10月14日，学校根据财政部全面实施预算绩效管理的要求以及总署工作部署和推进计划，制定了《上海海关学院预算绩效管理实施细则（试行）》。该实施细则包括事前绩效评估、绩效目标管理、绩效运行监控、绩效评价、评价结果应用等预算管理的全过程环节，旨在为学校预算绩效管理实施提供制度指引，规范学校预算绩效管理，提高预算绩效管理水平。

【筹措资金保障学校发展】2021年12月，在国家财政形势和新冠肺炎疫情影响下，学校财力保障受到巨大的挑战，学校在牢固树立过“紧日子”思想的原则下，通过调整预算结构，压缩运行经费，盘活存量资金，积极筹措资金等措施对学校经费进行统筹，经校长办公会议讨论通过了2022年校内预算调整方案。预算调整内容主要集中在民生工程、事业运转的资金需求，在财力保障方面确保了学校正常有序地运转。

【加强经费报销审核】2021年，学校持续加强报销审核，经统计分析，财务费控系统各类单据退单率为23%（含不合规报销退单、基础数据填制错误退单），其中不合规报销单据退返率超过5%。依托财务管理信息化水平不断提升，学校经费报销效率明显提升，财务处各经费审核节点平均时长之和保障在48小时内。

【推进集中采购工作】2021年，学校组织完成二期建筑维修改造项目和临港国际校区维修改造项目的主体工程采购工作，采购预算1.34亿元。为切实履行学校主体责任，保证采购的合法、合规、合理实施，确保工程质量，有效防范各类风险，财务处历时半年制订相关招标工作方案，按照时间节点做好采购方式选择、工程项目需求和实施计划专业审查、采购重要环节决策、组织采购各环节工作。

（撰稿人：王宏俊　刘瑞丹　孙智华
赵玲琳　戴璐娜）

图书情报工作

【概况】学校图书馆随学校 1953 年建校而创建，当时仅为 70 平方米的阅览室。1979 年复校后，馆舍面积扩大到1,000平方米。1997 年迁校浦东后，设计建造了面积为7,121平方米的独立图书馆楼，俯瞰呈海关标志性的“金钥匙”形状，曾获 1997 年度上海市建设工程“白玉兰”奖。图书馆（海关信息资料中心）围绕学校立德树人根本任务，紧跟智慧时代高校图书馆建设发展的大趋势，为学校教学科研、人才培养、校园文化建设和海关系统执法与研究提供文献信息支持服务。

开展“以人为本”的空间服务和文献信息服务。图书馆有阅览座位 813 个，周开馆 98 小时，全年开馆 356 天。2021 年进馆人数达 31.2 万人次，综合阅览室、研讨室、电子阅览室总使用量达 17.5 万人次。人均借阅图书 12.96 册，电子资源访问量达 75.82 万次。图书馆微信公众号订阅人数3,383人，全年推送图文 69 篇，阅读量达 6.06 万次。

围绕学校学科建设和发展，综合教学科研需求，完善文献资源建设保障体系。2021 年，采购纸本中外文图书8,626种、16,410册，全馆实体馆藏总量 77.5 万册，订阅国内外纸质报纸期刊 815 份；电子图书 273.4 万册，电子期刊 7.2 万种，电子学位论文 631.6 万篇。加强海关大型文献、学术典籍、特藏和数据库的建设，加大海关史研究的资料建设与保障力度，新增《胶海关档案史料选编》《近代海关贸易档案》《云南近代海关与外贸史话》《近代宜昌海关〈十年报告〉》等大型史料图书，进一步丰富图书馆馆藏海关史文献体系。积极参与全国、省市、校际三级文献共建共享工程，为师生获取全国各大高校、科学院及重要省市图书馆的馆藏文献，为学校人才培养提供文献信息资源保障。2021 年，学校图书馆馆藏情况见表 1。

表 1　2021 年学校图书馆馆藏情况表

文献种类	数量	
纸质图书	中文	75.4 万册
	外文	2.1 万册
电子图书	中文	221.9 万册
	外文	51.5 万册
纸质期刊	中文	686 份
	外文	45 份
电子期刊	中文	5.5 万册
	外文	1.7 万册
纸质报纸	84 份	
电子学位论文	631.6 万册	

提升情报分析服务工作效能，开展多样化信息咨询服务。通过提供知识服务系列专报，为学校学科建设、教学科研提供基础数据参考和决策支持。开展各类信息咨询服务2,176人次，在参考咨询与宣传教育、馆际互借和文献传递、文献查收查引等常规服务基础上，结合教学科研需求增加“科研成果查重”和“学科文献服务群”两项新服务。发挥海关信息资料中心作用，为海关执法和科研项目研究提供文献信息支撑。

举办系列主题展览，营造文化育人氛围。面向师生、学员举办各类新书展、书画展、文献展共 11 场次，累计参与2,600人次。开展“共沐书香”新书书展、党史学习教育主题文献展、“阅美·迎新”迎新生系列活动、“书有余香”期刊赠送等系列活动，举办“马克思主义传播在中国”“庆祝建党一百周年海关书画名家暨师生作品展”“中国共产党领导下的江海关职工革命斗争史”等一系列线上线下展览，丰富师生文化生活。

【首次推出知识服务专报】 2021 年，学校图书馆发挥馆员专业知识技能，运用多种文献检索工具与计量软件，从期刊文献计量角度发布《教学教研领域期刊分析及学校相关论文发表情况对比分析报告》，从科研成果计量角度发布学校《高质量学术论文发表情况与科研竞争力分析报告》，为学校学科建设、教学科研提供基础数据参考和决策支持。

【推广“海关云书房”】 2021 年，学校深入推进“我为群众办实事”实践活动，激励基层党组织和广大党员在学史力行中比贡献、比担当、比作为，学校图书馆加大“海关云书房”共建共享项目推广力度，为海关关员的工作与学习提供助力。“‘海关云书房’文献信息资源共享与保障”项目入选全国海关“‘我为群众办实事’百佳项目”。

【举办读书节系列活动】2021年4月23日是第26个世界读书日，学校图书馆以“书写星火青春，献礼百年征程”为主题举办读书节系列阅读活动，包括“书香觅踪”“书香满溢”“书香留韵”三大主题六项内容，通过多种渠道、形式和载体向读者传播阅读理念，引导广大师生多读书、读好书、善读书，营造人人阅读的良好氛围。

【总署党委第十二巡视组参观图书馆】2021年4月23日，总署党委第十二巡视组在学校巡视期间，组织巡视组全体党员开展支部活动，到学校图书馆参观“马克思主义传播在中国——文献中的百年党建”红色文献图片展。

【驻署纪检监察组组长陶治国参观图书馆】2021年5月12日，驻署纪检监察组组长陶治国到学校图书馆调研，参观了正在展出的“马克思主义传播在中国——文献中的百年党建”红色文献图片展及海关信息资料中心海关特色馆藏。

【加强与上海市科研院校的文献共享合作】2021年6月3日，学校与上海社会科学院、华东政法大学、上海市委党校签订跨系统图书馆文献共享合作协议，加强校际资源合作共享，通过图书资源共享、空间资源共享和专家资源共享，拓宽各单位读者文献获取渠道，提高文献资源精准服务能力。

【开展与海关系统的联学共建活动暨赠书仪式】2021年6月4日，学校图书馆与上海海关团委开展联学共建活动，搭建平台、资源共享、发展共赢，进一步加强关—校合作，依托学校文献资源为上海海关青年关员的工作与学习提供助力，接收上海海关捐赠的业务资料，搭建协作交流平台，以互帮、互学、互动促进优势互补、共同发展。

【举办庆祝建党百年系列主题展览】2021年7月1日，学校举办“奋斗百年路启航新征程”庆祝建党百年系列主题展览，凝聚学校师生爱党爱国的情怀，庆祝中国共产党百年华诞。“丹心向党墨润百年——庆祝建党一百周年海关书画名家暨师生作品展”展出学校师生优秀书画作品及天津海关退休干部邢蕴莹的66米书法长卷《光辉岁月伟大航程》，“浴血中成长——中国共产党领导下的江海关职工革命斗争史”展现了海关地下党组织带领广大海关职工开展系列革命运动。

▲2021年7月，学校师生参观“丹心向党墨润百年——庆祝建党一百周年海关书画名家暨师生作品展”

【拓展新生信息素养教育模式】2021年9月，学校图书馆开展2021年迎新系列活动，以班级为单位开展新生入馆教育微课堂活动，引导707名新生实地体验图书馆各项服务，举办迎新书展引导广大师生多读书、读好书，帮助新生融入大学学习生活，提升新生信息素养。

（撰稿人：范云欢　赵雨田　钱　芸）

综合保障

【概况】学校综合保障工作始终把有利于提高服务质量、有利于校园安全美丽、有利于提高办学效益、有利于促进学校的改革和发展，作为工作的出发点和落脚点，紧密围绕标准化、规范化、信息化、集约化的建设目标，不断深化综合保障体制机制改革，持续推进服务保障社会化，保障学校持续健康发展。

2021年，学校综合保障各项工作紧密围绕学校中心工作，以服务育人，重点保障为宗旨，持续推进综合保障改革，进一步强化队伍建设、制度建设，加强新冠肺炎疫情防控及安全工作，规范保障管理，提升服务质量，为学校教学、科研、培训工作提供强有力的保障。

年度校园基本建设。根据校园基本建设工作的整体部署，完成校园二期维修改造和临港国际校区初步设计及概算批复，完成施工图，取得审图合格证，前期招标工作有序开展。设计规划初步成形，为建设美丽校园打下坚实基础。

综合保障改革。在学校2020年关于综合保障改革的工作方案的基础上，充分开展调研、深入分析现状、强调问题导向、聚焦主要矛盾、突出重点关切，统一推进综合保障改革工作。形成部门“1+3”综合保障改革工作方案，包括以非在编用工整体改革的1个主方案，学苑餐厅改革、服务外包改革和在编人员改革的3个配套子方案。2021年，根据实际情况及减员增效目标继续计划压缩自管劳务派遣人员编制15人，比照编制的节省编制率15.7%。节约人员经费约50万元。

智慧教室建设。根据学校智慧教室的建设要求，积极开展各项调研，力求建设的准确性和实时性。目前，已完成学校申请财政专项经费的9间智慧教室改造，以及中国工商银行出资建设的14间智慧教室规划设计。

教师保障工作。为推进教师住房保障工作，学校综合保障部门派员先后前往浦东新区公共租赁住房投资运营有限公司、临港新片区咨询有关住房保障政策，为学校教职工住房保障提供有效的政策支持，明确了学校教职工住房保障申请途径和所需的相关流程等；摸清公租房政策及申请途径。此外，对于新建楼宇涉及审批流程，已全部排摸和梳理出相关节点所需的流程和要求。完成学校所有在编及劳务派遣人员入住情况的梳理和核对，并进行专项检查；积极推进制度建设，完成学校公有住房制订修订初稿；完成二期大修前南北楼住宿人员退宿工作，保障南北楼宿舍能够按期大修。

能耗管理。目前，学校各项能耗相较2019年已有明显下降，部门积极开展各项工作，已完成定期能耗分析和现场定期检查；协同开展能源审计；加强综合保障质量管理体系建设与管理，启用AI能云智控系统；发布进一步加强节能减排管理办法；完成节能周宣传工作、绿色校园主题宣传活动；已清退1,000门闲置号码资源；已建立号码资源底账和申请流程，分配使用留痕。

安全保障工作。积极推进网络管理水平，保障平稳运行，全年7次重大时间段网络安全防护，邀请总署及上海市教委网络安全专家问诊把脉，拟定《网络安全评估及整改方案》，从而提升学校网络安全防护能力；全年共举办4次安全讲座提高师生安全意识。工作日每日各类报修接单60余次，报修响应及时，30分钟内反馈，师生好评率高，双休日及节假日安排技术人员值守。完成计算中心、全光网改造、核心交换机升级、教学区域无线改造等配套基础建设，降低各类设备故障率。

按照学校新冠肺炎疫情防控工作要求，加强入校人员和车辆的管理，严格落实进校人员防疫登记制度，守好校园防疫的第一道防线，完善校园安全管理的制度建设。加大对校园违停车辆的纠治和通报，建立违章信用档案，违停现象有所好转；做好2021届169名毕业生户籍迁移工作；组织2020届大学生参加大学生网络安全教育和第六届大学生安全知识竞赛，成绩评定优良。

环境治理。通过规范建立日常绿化清扫制度，加强垃圾分类管理，显著提高校园环境卫生，每日清晨（寒暑假照常，法定节假日两天一次）校园清扫；每日做好楼内保洁；总体绿化修剪及时，部分区域修剪略滞后；新建绿化建筑垃圾堆场，归类管理，解决原三期垃圾站房堆放混乱问题；每月接受上海市教委飞行垃圾分类检查，检查结果均为优，获得上海市百佳学校。

【推进计算中心建设】2021年4月，经校长办公会审议讨论决定，学校将计算中心改造项目列为“十四五”智慧校园建设内容。新建计算中心依据国家B级机房标准设计与建设，遵循等级保护2.0要求，完成装饰装修系统、供配电系统、空调系统、机柜及冷通道系统、综合布线系统、新风及排烟系统、动环及安防系统、消防系统、KVM系统、监控室系统十大建设内容。新建计算中心满足高性能计算机类设备的运行要求，建成后于11月正式投入运行。

【校园二期建筑维修改造项目概算获批】2021年7月，总署批复学校二期建筑维修改造项目初步设计和投资概算，核定改造面积32,819平方米，总概算9,310万元，所需投资由总署安排解决。该项目是对学校二期校园的9栋建筑单体（志远楼、博海楼A、博海楼B、博海楼C、博海餐厅、教工宿舍南楼、教工宿舍北楼、教工宿舍附属楼、变配电水泵房）的整体性维修改造，从根本上解决这些建筑长期运行以来存在的安全隐患、消防不符合现行规范、功能不足、装饰老旧、能耗高等问题。

【垃圾分类管理】2021年8月31日，学校获得上海市垃圾分类“百佳学校”称号，在全面实行准军事化管理的基础上，学校一直以“后勤服务育人”为载体加强师生日常工作、生活劳动教育，结合校园生活，积极落实《上海市生活垃圾管理条例》，响应垃圾分类号召，提升学生们的垃圾分类素养和意识，促进校园垃圾分类管理，引入“互联网+垃圾分类”合作形式，通过设备运营，有效提高了广大师生的垃圾分类积极性，推动生活垃圾的减量化、资源化和无害化。

【推进智慧教室建设】2021年9月3日，经校长办公会议讨论决定，学校智慧教室建设项目正式启动。本次项目包含4间智慧教室、1个公共学习空间、5间标准化考场、1间考务中心、1间保密值班室以及必要的监控区域的建设，以提升学校的核心竞争力。经学校、建设单位及监理单位的共同努力，11月3日项目完成验收。

【临港国际校区维修改造项目概算获批】2021年10月，总署批复学校临港国际校区维修改造项目初步设计和投资概算，核定改造面积22,903平方米，总概算6,760万元，所需投资由总署安排解决。该项目是按照临港国际校区的6大功能定位，对该校区（临港大道11号）进行整体维修和改造，重新布局教学活动区、智库及论坛区、宿舍区、办公区、餐饮区、多功能区、地下车库及人防等。新校区预计于2023年投入使用。

【通过上海市教委安全文明校园检查】2021年12月24日，上海市教委创建安全文明校园检查组莅临学校进行评估验收。此次评测维度涉及组织领导、制度建设、安全防范、校园稳定5大类16项指标。考核组对学校校园安全管理情况给予了肯定。特别是学校2020级大学生参加上海市安全教育网络教学及考试，本科生通过率在上海高校排名第三、研究生通过率排名第一。通过此次评估验收，为学校进一步提升安全文明校园的工作注入强劲的助推力，学校也同时获得2022年精神文明单位评比入场券。

【校园一期两处建筑确权补证】2021年12月，学校完成校园一期活动中心、学苑食堂扩建共两处房屋的确权补证工作，补证建筑面积为5,478.86平方米。由于种种历史原因，学校部分一期校园建筑长期无法办出不动产权证，此次按照上海市教育系统开展不动产权证确权补证工作的统一部署，多方协力办出面积最大的两栋单体的不动产权证，使学校产证规范办理工作迈上新台阶。

【完成学生公寓电气火灾防控系统建设】2021 年，学校持续开展校园消防物联网建设（宿舍电器火灾防控模块），推进校园安全管理融入上海市智慧消防建设，纳入“一网统管”城市运行管理体系。通过对男生公寓 A、B、C 楼建立电器火灾防控系统，对公寓楼内用电不规范、私拉乱接电线和使用大功率电器设备的现象进行监控管理。对离开宿舍忘记断开电路的情况通过宿管员手机 App 进行远程控制。目前该项目运行良好，有效避免了学生公寓因电器使用行为不规范而造成的安全事故。

【后勤智慧化标准化建设】2021 年，学校建立并上线卫生保健综合管理系统，实现门诊 HIS 管理、信息查询、电子支付、健康档案管理等功能；企业微信端上线客房预定、教师激励计划住宿申请小程序和公务用车线上申请、派车、车辆管理的“云上管车”应用。对标国际标准、国家及行业的 ISO 质量管理标准，梳理搭建后勤服务保障体系。通过以上后勤智慧化项目和体系建设，为后勤保障工作提供了科技助力，进一步提高了管理保障服务质量和效能。

【新冠肺炎疫情防控】2021 年，学校修订完善新冠肺炎疫情防控相关管理制度 8 项，组织开展防疫应急演练 4 次；完成全校师生共计3,291人新冠肺炎疫苗两剂接种；开展重点时期、重点岗位工作人员核酸检测共计11,750人次；做好 114 人、1,061间/夜的隔离观察区服务保障工作；做好新冠肺炎疫情防控物资储备工作，全年共采购储备 4.5 万个口罩，洗手液 250 瓶，消毒液 160 瓶、27 桶等。通过全方位的服务保障工作为全校新冠肺炎疫情防控筑牢防线，确保在校师生员工健康平安。

（撰稿人：王丽莎　叶　俊　杨　军　陈　杨　黄　娟）

第十一篇

表彰与奖励

2021年获奖（表彰）集体和个人

获奖（表彰）集体

单位/部门	荣誉称号	授奖单位
上海海关学院	2019—2020年上海市文明校园	上海市政府
上海海关学院	垃圾分类“百佳学校”	市垃圾分类减量联合办公室
学生处党总支部	上海市教卫工作党委系统先进基层党组织	中共上海市教育卫生工作委员会
“关魂”青年团队	上海市五四奖章集体	共青团上海市委员会、上海市人力资源和社会保障局

获奖（表彰）个人

教职工	荣誉称号	授予单位
匡增杰	上海市优秀共产党员	中共上海市委员会
龚　毅	上海市三八红旗手	上海市妇女联合会、上海市人力资源和社会保障局
匡增杰	上海市教卫工作党委系统优秀共产党员	中共上海市教育卫生工作委员会
杨　翎	上海市教卫工作党委系统优秀党务工作者	中共上海市教育卫生工作委员会
孙　浩	上海市教育系统三八红旗手	中国教育工会上海市委员会
宋丽萍	上海学校共青团工作研究课题二等奖	共青团上海市委员会
胡　妤	首届上海市高校教师教学创新大赛三等奖及优秀基层教学组织奖	中国高等教育学会
钟昌元	首届上海市高校教师教学创新大赛优秀奖	中国高等教育学会
万曙春	首届上海市高校教师教学创新大赛优秀奖	中国高等教育学会

2021 年教学质量工程项目和奖项一览表

统计要点	教学质量工程项目名称	负责人
教育部和省部级教学团队（1）	贸易安全与便利课程思政教学名师和团队（研究生）	胡　蓉
省部级一流课程（6）	物流管理（市级线下课程、署级）	孙浩
	高等数学（市级线上线下混合式课程、署级）	龚毅
	国际海关法（市级线上线下混合式课程）	王珉
	国际贸易实务（署级）	匡增杰
	关贸律师实务（署级）	娄万锁
	国际贸易实务 International Trade Practice（市级示范性全英语课程）	匡增杰
省部级课程思政项目（4）	笔译 II（汉译英）（署级）	胡兴文
	海关管理概论（署级）	丁敏
	高等数学（署级）	赵振刚
	《艺术鉴赏》之海派文化的传承（署级）	钱明
省部级重点课程（3）	国际经济学（市级）	姚海华
	高等数学（市级）	龚毅、杨骁
	国际贸易实务（市级）	匡增杰
省部级教学成果奖（4）	对接海关，对标国际，高质量培养海关高素质人才的改革与创新（署级）	丛玉豪
	贯彻新文科理念，创海关管理专业应用型人才培养模式（署级）	黄胜强
	新时代“一德四能”关务人才培养体系构建与实践（署级）	孙浩
	关校融合、校企协同、国际合作，海关法特色精英化人才培养模式（署级）	万曙春
优秀教材（2）	海关估价（第二版）（署级）	林弘
	关税制度案例分析（署级）	钟昌元
实验教学示范中心（1）	一流引领　智慧升级　实践强基——海关管理专业实验教学示范中心建设（署级）	陈振海
虚拟仿真实验教学中心（1）	海关国门安全虚拟仿真实验教学中心（署级）	侯彩虹
示范性实习/实践基地（2）	上海海关实习基地（本科）（署级）	黄丙志
	上海海关学院税务专业学位研究生　上海外高桥保税区海关实践基地（研究生）（署级）	李九领
国家级教改项目（3）	新文科背景下海关特色专业的建构研究与实践探索	丛玉豪
	对标新文科对接新海关——海关国门安全专业建设探索与实践	黄胜强
	新文科理念下海关管理专业复合型人才培养创新与实践	黄丙志

续表

统计要点	教学质量工程项目名称	负责人
省部级教改项目（2）	进口关税完税价格争议案例（署级）（研究生）	钟昌元、李九领、毛道根
	套约对贸易安全与便利的影响（署级）（研究生）	胡蓉

2021年学生学科竞赛获奖名单

院系	专业班级	姓名	获奖项目名称	获奖等级	颁奖单位
工商管理与关务学院	物流管理1801	陈汇婷	“中国外运杯”第七届全国大学生物流设计大赛	三等奖	中国物流与采购联合会
工商管理与关务学院	物流管理1801	曾心怡	“中国外运杯”第七届全国大学生物流设计大赛	三等奖	中国物流与采购联合会
工商管理与关务学院	物流管理1801	李淑澜	“中国外运杯”第七届全国大学生物流设计大赛	三等奖	中国物流与采购联合会
工商管理与关务学院	物流管理1801	李航彤	“中国外运杯”第七届全国大学生物流设计大赛	三等奖	中国物流与采购联合会
工商管理与关务学院	物流管理1801	张嘉芮	“中国外运杯”第七届全国大学生物流设计大赛	三等奖	中国物流与采购联合会
海关与公共管理学院	海关管理2002	高业翔	《瀚青国韵·百年芳华杯》全国书画艺术大赛	三等奖	瀚青国韵文化艺术中心
工商管理与关务学院	国际商务1801	张　微	2020年（第五届）金蝶云管理创新杯互联网+管理应用大赛全国总决赛	二等奖	高校毕业生就业协会
海关与公共管理学院	海关管理1902	吴沛阳	2020年（第五届）金蝶云管理创新杯互联网+管理应用大赛全国总决赛	二等奖	高校毕业生就业协会
工商管理与关务学院	国际商务1802	苏怡宁	2020年（第五届）金蝶云管理创新杯互联网+管理应用大赛全国总决赛	二等奖	高校毕业生就业协会
工商管理与关务学院	国际商务1801	倪能茜	2020年第八届全球大学生国际经贸与商务专题竞赛中国地区选拔赛	一等奖	中国国际贸易促进委员会商业行业委员会
工商管理与关务学院	国际商务1801	倪能茜	2020年度“工商银行杯”全国大学生金融科技创新大赛决赛	一等奖	团中央青年发展部

续表1

院系	专业班级	姓名	获奖项目名称	获奖等级	颁奖单位
海关与公共管理学院	海关管理1806	曹子淇	2020年度“工商银行杯”全国大学生金融科技创新大赛决赛	一等奖	团中央青年发展部
海关与公共管理学院	海关管理1907	陈广博	2020年全国大学生英语翻译大赛	一等奖	国际英语外语教师协会中国英语外语教师协会（IATEFL · TEFL China）和中国人生科学学会语言教育专业委员会
海关与公共管理学院	海关管理1908	张沛琮	2020年全国大学生英语翻译大赛	一等奖	国际英语外语教师协会中国英语外语教师协会（IATEFL · TEFL China）和中国人生科学学会语言教育专业委员会
海关外语系	英语1901	陶淳艺	2020年全国大学生英语竞赛B类	二等奖	国际英语外语教师协会中国英语外语教师协会（IATEFL · TEFL China）和高等学校大学外语教学研究会
海关外语系	英语1802	孔金华	2020年全国大学生英语竞赛B类	三等奖	国际英语外语教师协会中国英语外语教师协会（IATEFL · TEFL China）和高等学校大学外语教学研究会
海关与公共管理学院	海关管理1804	仝曼羽	2020年全国大学生英语竞赛C类	二等奖	国际英语外语教师协会中国英语外语教师协会（IATEFL · TEFL China）和高等学校大学外语教学研究会
海关与公共管理学院	海关管理1901	倪豫芝	2020年全国大学生英语竞赛C类	二等奖	国际英语外语教师协会中国英语外语教师协会（IATEFL · TEFL China）和高等学校大学外语教学研究会
海关与公共经济学院	税收学1901	骆奕佳	2020年全国大学生英语竞赛C类	二等奖	国际英语外语教师协会中国英语外语教师协会（IATEFL · TEFL China）和高等学校大学外语教学研究会
海关与公共经济学院	海关管理1906	杨晓彤	2020年全国大学生英语竞赛C类	二等奖	国际英语外语教师协会中国英语外语教师协会（IATEFL · TEFL China）和高等学校大学外语教学研究会
海关与公共管理学院	海关管理1802	董美池	2020年全国大学生英语竞赛C类	二等奖	国际英语外语教师协会中国英语外语教师协会（IATEFL · TEFL China）和高等学校大学外语教学研究会
海关与公共管理学院	海关管理1902	梁凯琪	2020年全国大学生英语竞赛C类	三等奖	国际英语外语教师协会中国英语外语教师协会（IATEFL · TEFL China）和高等学校大学外语教学研究会

续表2

院系	专业班级	姓名	获奖项目名称	获奖等级	颁奖单位
海关与公共经济学院	税收学1801	漆　奕	2020年全国大学生英语竞赛C类	三等奖	国际英语外语教师协会中国英语外语教师协会（IATEFL·TEFL China）和高等学校大学外语教学研究会
海关与公共管理学院	海关管理1908	吴可佳	2020年全国大学生英语竞赛C类	三等奖	国际英语外语教师协会中国英语外语教师协会（IATEFL·TEFL China）和高等学校大学外语教学研究会
海关与公共经济学院	经济统计学1901	罗怡若	2020年全国大学生英语竞赛C类	三等奖	国际英语外语教师协会中国英语外语教师协会（IATEFL·TEFL China）和高等学校大学外语教学研究会
海关与公共管理学院	海关管理1901	薛亦锴	2020年全国大学生英语竞赛C类	三等奖	国际英语外语教师协会中国英语外语教师协会（IATEFL·TEFL China）和高等学校大学外语教学研究会
海关与公共管理学院	海关管理1903	姚雨梦	2020年全国大学生英语竞赛C类	三等奖	国际英语外语教师协会中国英语外语教师协会（IATEFL·TEFL China）和高等学校大学外语教学研究会
海关与公共管理学院	海关管理1905	卞浩宇	2020年全国大学生英语竞赛C类	三等奖	国际英语外语教师协会中国英语外语教师协会（IATEFL·TEFL China）和高等学校大学外语教学研究会
海关法律系	法学1901	李　涵	2020年全国大学生英语竞赛C类	三等奖	国际英语外语教师协会中国英语外语教师协会（IATEFL·TEFL China）和高等学校大学外语教学研究会
海关与公共管理学院	海关管理1906	毛美云	2020年全国高校计算机能力挑战赛，office高级应用赛（Word）	三等奖	全国高等学校计算机教育研究会
海关与公共管理学院	海关管理1904	李烋灏	2021年（第14届）中国大学生计算机设计大赛	三等奖	中国大学生计算机设计大赛组织委员会
海关与公共管理学院	海关管理1904	卢泳全	2021年（第14届）中国大学生计算机设计大赛	三等奖	中国大学生计算机设计大赛组织委员会
海关与公共经济学院	经济统计学1901	罗怡若	2021年第五届普译奖全国大学生翻译比赛汉译英组	一等奖	普译奖全国大学生翻译比赛组委会
海关与公共管理学院	海关管理1906	毛美云	2021年第五届普译奖全国大学生翻译比赛英译汉组	三等奖	普译奖全国大学生翻译比赛组委会
海关外语系	英语1901	陶淳艺	2021年全国大学生英语竞赛B类	二等奖	国际英语外语教师协会中国英语外语教师协会（IATEFL·TEFL China）和高等学校大学外语教学研究会

续表3

院系	专业班级	姓名	获奖项目名称	获奖等级	颁奖单位
海关外语系	英语 2001	陈莉洋	2021 年全国大学生英语竞赛 B 类	二等奖	国际英语外语教师协会中国英语外语教师协会（IATEFL · TEFL China）和高等学校大学外语教学研究会
海关外语系	英语 1802	浦　茜	2021 年全国大学生英语竞赛 B 类	三等奖	国际英语外语教师协会中国英语外语教师协会（IATEFL · TEFL China）和高等学校大学外语教学研究会
海关外语系	英语 1901	吴婷婷	2021 年全国大学生英语竞赛 B 类	三等奖	国际英语外语教师协会中国英语外语教师协会（IATEFL · TEFL China）和高等学校大学外语教学研究会
海关外语系	英语 1801	王一染	2021 年全国大学生英语竞赛 B 类	一等奖	国际英语外语教师协会中国英语外语教师协会（IATEFL · TEFL China）和高等学校大学外语教学研究会
海关与公共管理学院	海关管理 2008	裴思聪	2021 年全国大学生英语竞赛 C 类	二等奖	国际英语外语教师协会中国英语外语教师协会（IATEFL · TEFL China）和高等学校大学外语教学研究会
海关与公共管理学院	海关管理 1802	刘宇霖	2021 年全国大学生英语竞赛 C 类	二等奖	国际英语外语教师协会中国英语外语教师协会（IATEFL · TEFL China）和高等学校大学外语教学研究会
海关与公共管理学院	海关管理 1905	丁　早	2021 年全国大学生英语竞赛 C 类	二等奖	国际英语外语教师协会中国英语外语教师协会（IATEFL · TEFL China）和高等学校大学外语教学研究会
海关与公共管理学院	海关管理 2001	郭静宜	2021 年全国大学生英语竞赛 C 类	二等奖	国际英语外语教师协会中国英语外语教师协会（IATEFL · TEFL China）和高等学校大学外语教学研究会
海关与公共管理学院	海关管理 1902	巫晨杰	2021 年全国大学生英语竞赛 C 类	二等奖	国际英语外语教师协会中国英语外语教师协会（IATEFL · TEFL China）和高等学校大学外语教学研究会
海关与公共管理学院	海关管理 1904	陈伊琳	2021 年全国大学生英语竞赛 C 类	二等奖	国际英语外语教师协会中国英语外语教师协会（IATEFL · TEFL China）和高等学校大学外语教学研究会
海关与公共管理学院	海关管理 1804	王睿乾	2021 年全国大学生英语竞赛 C 类	三等奖	国际英语外语教师协会中国英语外语教师协会（IATEFL · TEFL China）和高等学校大学外语教学研究会

续表4

院系	专业班级	姓名	获奖项目名称	获奖等级	颁奖单位
海关与公共管理学院	海关管理2009	卞泽麟	2021年全国大学生英语竞赛C类	三等奖	国际英语外语教师协会中国英语外语教师协会（IATEFL · TEFL China）和高等学校大学外语教学研究会
海关与公共管理学院	海关管理2002	封依哲	2021年全国大学生英语竞赛C类	三等奖	国际英语外语教师协会中国英语外语教师协会（IATEFL · TEFL China）和高等学校大学外语教学研究会
海关与公共经济学院	税收学1901	杨婧怡	2021年全国大学生英语竞赛C类	三等奖	国际英语外语教师协会中国英语外语教师协会（IATEFL · TEFL China）和高等学校大学外语教学研究会
海关与公共管理学院	海关管理1903	姚雨梦	2021年全国大学生英语竞赛C类	三等奖	国际英语外语教师协会中国英语外语教师协会（IATEFL · TEFL China）和高等学校大学外语教学研究会
海关与公共管理学院	海关管理1908	凌轶澜	2021年全国大学生英语竞赛C类	三等奖	国际英语外语教师协会中国英语外语教师协会（IATEFL · TEFL China）和高等学校大学外语教学研究会
海关与公共管理学院	海关管理1905	奚晓龙	2021年全国大学生英语竞赛C类	三等奖	国际英语外语教师协会中国英语外语教师协会（IATEFL · TEFL China）和高等学校大学外语教学研究会
海关与公共管理学院	海关管理2004	郑博之	2021年全国大学生英语竞赛C类	三等奖	国际英语外语教师协会中国英语外语教师协会（IATEFL · TEFL China）和高等学校大学外语教学研究会
海关与公共经济学院	税收学1901	骆奕佳	2021年全国大学生英语竞赛C类	三等奖	国际英语外语教师协会中国英语外语教师协会（IATEFL · TEFL China）和高等学校大学外语教学研究会
海关与公共管理学院	海关管理2001	吴乐天	2021年全国大学生英语竞赛C类	三等奖	国际英语外语教师协会中国英语外语教师协会（IATEFL · TEFL China）和高等学校大学外语教学研究会
海关与公共管理学院	海关管理2009	黄　媛	2021年全国大学生英语竞赛C类	三等奖	国际英语外语教师协会中国英语外语教师协会（IATEFL · TEFL China）和高等学校大学外语教学研究会
海关与公共管理学院	海关管理2010	张蕎艺	2021年全国大学生英语竞赛C类	三等奖	国际英语外语教师协会中国英语外语教师协会（IATEFL · TEFL China）和高等学校大学外语教学研究会

续表5

院系	专业班级	姓名	获奖项目名称	获奖等级	颁奖单位
海关与公共管理学院	海关管理2005	陈曦偎	2021年全国大学生英语竞赛C类	一等奖	国际英语外语教师协会中国英语外语教师协会（IATEFL·TEFL China）和高等学校大学外语教学研究会
工商管理与关务学院	国际商务1801	倪能茜	2021年全国高校商业精英挑战赛国际贸易竞赛（英语组）总决赛	二等奖	中国国际贸易促进委员会商业行业分会
工商管理与关务学院	国际商务1802	苏怡宁	2021年全国高校商业精英挑战赛国际贸易竞赛（英语组）总决赛	二等奖	中国国际贸易促进委员会商业行业分会
海关与公共管理学院	海关管理2008	黎若曦	第四届BETT全国商务英语翻译大赛初赛个人组笔译赛	三等奖	全国商务外语考试办公室　全国商务外语专业会员会
海关与公共经济学院	税收学1801	漆　奕	2020年（第五届）金蝶云管理创新杯南京赛区区域赛本科组	二等奖	高校毕业生就业协会
工商管理与关务学院	审计学1801	吴萌萌	2020年（第五届）金蝶云管理创新杯南京赛区区域赛本科组	二等奖	高校毕业生就业协会
工商管理与关务学院	国际商务1901	周朱同	2020年（第五届）金蝶云管理创新杯南京赛区区域赛本科组	二等奖	高校毕业生就业协会
工商管理与关务学院	物流管理1801	吴　维	2020年“百碟杯”第六届全国大学生物流仿真设计大赛	一等奖	中国物流生产力促进中心
工商管理与关务学院	物流管理1801	葛蓁妮	2020年“百碟杯”第六届全国大学生物流仿真设计大赛	一等奖	中国物流生产力促进中心
工商管理与关务学院	物流管理1801	董桢元	2020年“百碟杯”第六届全国大学生物流仿真设计大赛	一等奖	中国物流生产力促进中心
海关与公共管理学院	海关管理1801	李希斌	2020年“知行杯”上海市大学生社会实践项目大赛	三等奖	中共上海市委宣传部、上海市精神文明建设委员会办公室、中共上海市教育卫生工作委员会、上海市教育委员会、共青团上海市委员会、上海市学生联合会
海关与公共管理学院	海关管理1903	梁佳聪	2020年“知行杯”上海市大学生社会实践项目大赛	三等奖	中共上海市委宣传部、上海市精神文明建设委员会办公室、中共上海市教育卫生工作委员会、上海市教育委员会、共青团上海市委员会、上海市学生联合会

续表6

院系	专业班级	姓名	获奖项目名称	获奖等级	颁奖单位
海关与公共管理学院	海关管理1801	谢乘枫	2020年“知行杯”上海市大学生社会实践项目大赛	三等奖	中共上海市委宣传部、上海市精神文明建设委员会办公室、中共上海市教育卫生工作委员会、上海市教育委员会、共青团上海市委员会、上海市学生联合会
海关与公共管理学院	海关管理1801	宣　洋	2020年“知行杯”上海市大学生社会实践项目大赛	三等奖	中共上海市委宣传部、上海市精神文明建设委员会办公室、中共上海市教育卫生工作委员会、上海市教育委员会、共青团上海市委员会、上海市学生联合会
海关与公共管理学院	海关管理1802	张　妍	2020年“知行杯”上海市大学生社会实践项目大赛	三等奖	中共上海市委宣传部、上海市精神文明建设委员会办公室、中共上海市教育卫生工作委员会、上海市教育委员会、共青团上海市委员会、上海市学生联合会
海关与公共管理学院	海关管理1802	黄睿涵	2020年“知行杯”上海市大学生社会实践项目大赛	三等奖	中共上海市委宣传部、上海市精神文明建设委员会办公室、中共上海市教育卫生工作委员会、上海市教育委员会、共青团上海市委员会、上海市学生联合会
海关与公共管理学院	海关管理1802	刘馨鸿	2020年“知行杯”上海市大学生社会实践项目大赛	三等奖	中共上海市委宣传部、上海市精神文明建设委员会办公室、中共上海市教育卫生工作委员会、上海市教育委员会、共青团上海市委员会、上海市学生联合会
海关与公共管理学院	海关管理1901	兰嘉鑫	2020年“知行杯”上海市大学生社会实践项目大赛	三等奖	中共上海市委宣传部、上海市精神文明建设委员会办公室、中共上海市教育卫生工作委员会、上海市教育委员会、共青团上海市委员会、上海市学生联合会

续表7

院系	专业班级	姓名	获奖项目名称	获奖等级	颁奖单位
海关与公共经济学院	经济统计学 1901	潘晨昱	2020 年“知行杯”上海市大学生社会实践项目大赛	三等奖	中共上海市委宣传部、上海市精神文明建设委员会办公室、中共上海市教育卫生工作委员会、上海市教育委员会、共青团上海市委员会、上海市学生联合会
工商管理与关务学院	国际商务 1801	倪能茜	2020 年度“工商银行杯”全国大学生金融科技创新大赛（上海赛区）	特等奖	共青团中央委员会青年发展部、“工商银行杯”全国大学生金融科技创新大赛组委会
海关与公共管理学院	海关管理 1806	曹子淇	2020 年度“工商银行杯”全国大学生金融科技创新大赛（上海赛区）	特等奖	共青团中央委员会青年发展部、“工商银行杯”全国大学生金融科技创新大赛组委会
工商管理与关务学院	物流管理 1801	吴　维	2020 年全国高校商业精英挑战赛经贸物流实践竞赛	二等奖	中国国际贸易促进委员会商业行业委员会、中国仓储与配送协会
海关与公共管理学院	海关管理 1805	蔡　洁	2020 年全国高校商业精英挑战赛经贸物流实践竞赛	二等奖	中国国际贸易促进委员会商业行业委员会、中国仓储与配送协会
工商管理与关务学院	物流管理 1801	葛蓁妮	2020 年全国高校商业精英挑战赛经贸物流实践竞赛	二等奖	中国国际贸易促进委员会商业行业委员会、中国仓储与配送协会
工商管理与关务学院	物流管理 1801	董桢元	2020 年全国高校商业精英挑战赛经贸物流实践竞赛	二等奖	中国国际贸易促进委员会商业行业委员会、中国仓储与配送协会
海关与公共经济学院	税收学 1901	玫鹭茜	2021“创新创业”全国管理决策模拟大赛上海市总决赛	一等奖	全国管理决策模拟大赛组委会
工商管理与关务学院	物流管理 1901	刘一诺	2021“创新创业”全国管理决策模拟大赛上海市总决赛	一等奖	全国管理决策模拟大赛组委会
工商管理与关务学院	物流管理 1901	徐　柳	2021“创新创业”全国管理决策模拟大赛上海市总决赛	一等奖	全国管理决策模拟大赛组委会
海关法律系	法学 1901	罗胡靖雯	2021 年第五届普译奖全国大学生翻译比赛	一等奖	普译奖全国大学生翻译比赛组委会
工商管理与关务学院	国际商务 1801	倪能茜	POCIB 全国外贸从业能力大赛 2020—2021 赛季（春季赛）	二等奖	中国国际贸易学会、全国外经贸职业教育教学指导委员会
工商管理与关务学院	国际商务 1801	连金洁	POCIB 全国外贸从业能力大赛 2020—2021 赛季（春季赛）	二等奖	中国国际贸易学会、全国外经贸职业教育教学指导委员会
工商管理与关务学院	国际商务 1802	马昕怡	POCIB 全国外贸从业能力大赛 2020—2021 赛季（春季赛）	二等奖	中国国际贸易学会、全国外经贸职业教育教学指导委员会

续表8

院系	专业班级	姓名	获奖项目名称	获奖等级	颁奖单位
工商管理与关务学院	国际商务1802	苗　佳	POCIB全国外贸从业能力大赛2020—2021赛季（春季赛）	二等奖	中国国际贸易学会、全国外经贸职业教育教学指导委员会
工商管理与关务学院	国际商务1802	苏怡宁	POCIB全国外贸从业能力大赛2020—2021赛季（春季赛）	二等奖	中国国际贸易学会、全国外经贸职业教育教学指导委员会
工商管理与关务学院	国际商务1801	孙璐瑶	POCIB全国外贸从业能力大赛2020—2021赛季（春季赛）	二等奖	中国国际贸易学会、全国外经贸职业教育教学指导委员会
工商管理与关务学院	国际商务1801	萧劼莹	POCIB全国外贸从业能力大赛2020—2021赛季（春季赛）	二等奖	中国国际贸易学会、全国外经贸职业教育教学指导委员会
工商管理与关务学院	国际商务1801	应　茵	POCIB全国外贸从业能力大赛2020—2021赛季（春季赛）	二等奖	中国国际贸易学会、全国外经贸职业教育教学指导委员会
工商管理与关务学院	国际商务1801	张　微	POCIB全国外贸从业能力大赛2020—2021赛季（春季赛）	二等奖	中国国际贸易学会、全国外经贸职业教育教学指导委员会
工商管理与关务学院	国际商务1802	张　羽	POCIB全国外贸从业能力大赛2020—2021赛季（春季赛）	二等奖	中国国际贸易学会、全国外经贸职业教育教学指导委员会
工商管理与关务学院	国际商务1801	倪能茜	POCIB全国外贸从业能力大赛2020—2021赛季（春季赛）	三等奖	中国国际贸易学会、全国外经贸职业教育教学指导委员会
工商管理与关务学院	国际商务1802	苗　佳	POCIB全国外贸从业能力大赛2020—2021赛季（春季赛）	三等奖	中国国际贸易学会、全国外经贸职业教育教学指导委员会
海关与公共管理学院	海关管理1901	兰嘉鑫	第六届“汇创青春”——上海大学生文化创意作品展示活动	三等奖	中共上海市教育卫生工作委员会、上海市教育委员会
海关与公共经济学院	经济统计学1901	潘晨昱	第六届“汇创青春”——上海大学生文化创意作品展示活动	三等奖	中共上海市教育卫生工作委员会、上海市教育委员会
海关与公共管理学院	海关管理1802	黄睿涵	第六届“汇创青春”——上海大学生文化创意作品展示活动	三等奖	中共上海市教育卫生工作委员会、上海市教育委员会
海关与公共管理学院	海关管理1802	张　妍	第六届“汇创青春”——上海大学生文化创意作品展示活动	三等奖	中共上海市教育卫生工作委员会、上海市教育委员会
海关与公共管理学院	海关管理2003	邓　琳	第六届“汇创青春”——上海大学生文化创意作品展示活动	三等奖	中共上海市教育卫生工作委员会、上海市教育委员会
海关与公共管理学院	海关管理1907	谢雪樱	第六届“汇创青春”——上海大学生文化创意作品展示活动	三等奖	中共上海市教育卫生工作委员会、上海市教育委员会
海关与公共管理学院	海关管理2003	黄　乐	第六届“汇创青春”——上海大学生文化创意作品展示活动	三等奖	中共上海市教育卫生工作委员会、上海市教育委员会
海关与公共管理学院	行政管理1901	王硕湲	第六届“汇创青春”——上海大学生文化创意作品展示活动	三等奖	中共上海市教育卫生工作委员会、上海市教育委员会

续表9

院系	专业班级	姓名	获奖项目名称	获奖等级	颁奖单位
海关与公共管理学院	海关管理1908	莫哲涵	第六届“汇创青春”——上海大学生文化创意作品展示活动	一等奖	中共上海市教育卫生工作委员会、上海市教育委员会
海关与公共管理学院	海关管理1802	张钧月	第六届“汇创青春”——上海大学生文化创意作品展示活动	一等奖	中共上海市教育卫生工作委员会、上海市教育委员会
海关与公共管理学院	海关管理1802	刘昊东	第六届“汇创青春”——上海大学生文化创意作品展示活动	一等奖	中共上海市教育卫生工作委员会、上海市教育委员会
海关与公共管理学院	海关管理1802	刘建廷	第六届“汇创青春”——上海大学生文化创意作品展示活动	一等奖	中共上海市教育卫生工作委员会、上海市教育委员会
海关与公共管理学院	海关管理1802	刘馨鸿	第六届“汇创青春”——上海大学生文化创意作品展示活动	一等奖	中共上海市教育卫生工作委员会、上海市教育委员会
海关与公共管理学院	海关管理1802	吴　滢	第六届“汇创青春”——上海大学生文化创意作品展示活动	一等奖	中共上海市教育卫生工作委员会、上海市教育委员会
海关与公共管理学院	海关管理1803	郭颖轩	第六届“汇创青春”——上海大学生文化创意作品展示活动	一等奖	中共上海市教育卫生工作委员会、上海市教育委员会
海关与公共管理学院	海关管理1901	刘有为	第六届“汇创青春”——上海大学生文化创意作品展示活动	一等奖	中共上海市教育卫生工作委员会、上海市教育委员会
海关与公共管理学院	海关管理1901	伊力亚尔·阿不都吾拉木	第六届“汇创青春”——上海大学生文化创意作品展示活动	一等奖	中共上海市教育卫生工作委员会、上海市教育委员会
海关与公共管理学院	海关管理1903	伊　然	第六届“汇创青春”——上海大学生文化创意作品展示活动	一等奖	中共上海市教育卫生工作委员会、上海市教育委员会
海关与公共管理学院	海关管理1904	谢　豪	第六届“汇创青春”——上海大学生文化创意作品展示活动	一等奖	中共上海市教育卫生工作委员会、上海市教育委员会
海关与公共管理学院	海关管理1905	蔡宇泽	第六届“汇创青春”——上海大学生文化创意作品展示活动	一等奖	中共上海市教育卫生工作委员会、上海市教育委员会
海关与公共管理学院	海关管理1905	孙若彤	第六届“汇创青春”——上海大学生文化创意作品展示活动	一等奖	中共上海市教育卫生工作委员会、上海市教育委员会
海关与公共管理学院	海关管理1905	钟梓凯	第六届“汇创青春”——上海大学生文化创意作品展示活动	一等奖	中共上海市教育卫生工作委员会、上海市教育委员会
海关与公共管理学院	海关管理1905	万多多	第六届“汇创青春”——上海大学生文化创意作品展示活动	一等奖	中共上海市教育卫生工作委员会、上海市教育委员会
海关与公共管理学院	海关管理1905	陈纳川	第六届“汇创青春”——上海大学生文化创意作品展示活动	一等奖	中共上海市教育卫生工作委员会、上海市教育委员会

续表10

院系	专业班级	姓名	获奖项目名称	获奖等级	颁奖单位
海关与公共经济学院	海关管理1906	高　旭	第六届“汇创青春”——上海大学生文化创意作品展示活动	一等奖	中共上海市教育卫生工作委员会、上海市教育委员会
海关与公共管理学院	海关管理1907	刘博威	第六届“汇创青春”——上海大学生文化创意作品展示活动	一等奖	中共上海市教育卫生工作委员会、上海市教育委员会
海关与公共管理学院	海关管理1907	王　晨	第六届“汇创青春”——上海大学生文化创意作品展示活动	一等奖	中共上海市教育卫生工作委员会、上海市教育委员会
海关与公共管理学院	海关管理1907	曹晋玻	第六届“汇创青春”——上海大学生文化创意作品展示活动	一等奖	中共上海市教育卫生工作委员会、上海市教育委员会
海关与公共管理学院	海关管理1907	蒋　易	第六届“汇创青春”——上海大学生文化创意作品展示活动	一等奖	中共上海市教育卫生工作委员会、上海市教育委员会
海关与公共管理学院	海关管理1907	袁嘉彬	第六届“汇创青春”——上海大学生文化创意作品展示活动	一等奖	中共上海市教育卫生工作委员会、上海市教育委员会
海关与公共管理学院	海关管理1907	常　清	第六届“汇创青春”——上海大学生文化创意作品展示活动	一等奖	中共上海市教育卫生工作委员会、上海市教育委员会
海关与公共管理学院	海关管理1908	刘　祺	第六届“汇创青春”——上海大学生文化创意作品展示活动	一等奖	中共上海市教育卫生工作委员会、上海市教育委员会
海关与公共管理学院	海关管理1908	姚雨彤	第六届“汇创青春”——上海大学生文化创意作品展示活动	一等奖	中共上海市教育卫生工作委员会、上海市教育委员会
海关与公共管理学院	海关管理1908	吴可佳	第六届“汇创青春”——上海大学生文化创意作品展示活动	一等奖	中共上海市教育卫生工作委员会、上海市教育委员会
海关与公共管理学院	海关管理2001	江明铭	第六届“汇创青春”——上海大学生文化创意作品展示活动	一等奖	中共上海市教育卫生工作委员会、上海市教育委员会
海关与公共管理学院	海关管理2001	崔益成	第六届“汇创青春”——上海大学生文化创意作品展示活动	一等奖	中共上海市教育卫生工作委员会、上海市教育委员会
海关与公共管理学院	海关管理2002	刘穆阳	第六届“汇创青春”——上海大学生文化创意作品展示活动	一等奖	中共上海市教育卫生工作委员会、上海市教育委员会
海关与公共管理学院	海关管理2002	乔彦杰	第六届“汇创青春”——上海大学生文化创意作品展示活动	一等奖	中共上海市教育卫生工作委员会、上海市教育委员会
海关与公共管理学院	海关管理2004	刘　欢	第六届“汇创青春”——上海大学生文化创意作品展示活动	一等奖	中共上海市教育卫生工作委员会、上海市教育委员会
海关与公共管理学院	海关管理2006	张博然	第六届“汇创青春”——上海大学生文化创意作品展示活动	一等奖	中共上海市教育卫生工作委员会、上海市教育委员会
海关与公共管理学院	行政管理2001	傅玺楠	第六届“汇创青春”——上海大学生文化创意作品展示活动	一等奖	中共上海市教育卫生工作委员会、上海市教育委员会

续表11

院系	专业班级	姓名	获奖项目名称	获奖等级	颁奖单位
海关法律系	法学1901	白　玉	第六届“汇创青春”——上海大学生文化创意作品展示活动	一等奖	中共上海市教育卫生工作委员会、上海市教育委员会
海关法律系	法学2001	张淑坤	第六届“汇创青春”——上海大学生文化创意作品展示活动	一等奖	中共上海市教育卫生工作委员会、上海市教育委员会
工商管理与关务学院	国际商务1801	刘羿丹	第六届“汇创青春”——上海大学生文化创意作品展示活动	一等奖	中共上海市教育卫生工作委员会、上海市教育委员会
工商管理与关务学院	物流管理1801	米叶赛尔·麦合木提	第六届“汇创青春”——上海大学生文化创意作品展示活动	一等奖	中共上海市教育卫生工作委员会、上海市教育委员会
工商管理与关务学院	物流管理1801	王一洁	第六届“汇创青春”——上海大学生文化创意作品展示活动	一等奖	中共上海市教育卫生工作委员会、上海市教育委员会
海关与公共经济学院	经济统计学2001	金　楠	第六届“汇创青春”——上海大学生文化创意作品展示活动	一等奖	中共上海市教育卫生工作委员会、上海市教育委员会
海关与公共经济学院	税收学2001	黄倩华	第六届“汇创青春”——上海大学生文化创意作品展示活动	一等奖	中共上海市教育卫生工作委员会、上海市教育委员会
海关与公共管理学院	海关管理2004	马　悦	第六届“汇创青春”——上海大学生文化创意作品展示活动（戏剧舞蹈类）优秀作品展	二等奖	中共上海市教育卫生工作委员会、上海市教育委员会
海关与公共管理学院	海关管理1908	莫哲涵	第六届大学生艺术展演上海市活动艺术表演类声乐（合唱）专场甲组	二等奖	中共上海市教育卫生工作委员会、上海市教育委员会
海关与公共管理学院	海关管理1802	张钧月	第六届大学生艺术展演上海市活动艺术表演类声乐（合唱）专场甲组	二等奖	中共上海市教育卫生工作委员会、上海市教育委员会
海关与公共管理学院	海关管理1802	刘昊东	第六届大学生艺术展演上海市活动艺术表演类声乐（合唱）专场甲组	二等奖	中共上海市教育卫生工作委员会、上海市教育委员会
海关与公共管理学院	海关管理1802	刘建廷	第六届大学生艺术展演上海市活动艺术表演类声乐（合唱）专场甲组	二等奖	中共上海市教育卫生工作委员会、上海市教育委员会
海关与公共管理学院	海关管理1802	刘馨鸿	第六届大学生艺术展演上海市活动艺术表演类声乐（合唱）专场甲组	二等奖	中共上海市教育卫生工作委员会、上海市教育委员会

续表12

院系	专业班级	姓名	获奖项目名称	获奖等级	颁奖单位
海关与公共管理学院	海关管理1802	吴　滢	第六届大学生艺术展演上海市活动艺术表演类声乐（合唱）专场甲组	二等奖	中共上海市教育卫生工作委员会、上海市教育委员会
海关与公共管理学院	海关管理1803	郭颖轩	第六届大学生艺术展演上海市活动艺术表演类声乐（合唱）专场甲组	二等奖	中共上海市教育卫生工作委员会、上海市教育委员会
海关与公共管理学院	海关管理1901	刘有为	第六届大学生艺术展演上海市活动艺术表演类声乐（合唱）专场甲组	二等奖	中共上海市教育卫生工作委员会、上海市教育委员会
海关与公共管理学院	海关管理1901	伊力亚尔·阿不都吾拉木	第六届大学生艺术展演上海市活动艺术表演类声乐（合唱）专场甲组	二等奖	中共上海市教育卫生工作委员会、上海市教育委员会
海关与公共管理学院	海关管理1903	伊　然	第六届大学生艺术展演上海市活动艺术表演类声乐（合唱）专场甲组	二等奖	中共上海市教育卫生工作委员会、上海市教育委员会
海关与公共管理学院	海关管理1904	谢　豪	第六届大学生艺术展演上海市活动艺术表演类声乐（合唱）专场甲组	二等奖	中共上海市教育卫生工作委员会、上海市教育委员会
海关与公共管理学院	海关管理1905	蔡宇泽	第六届大学生艺术展演上海市活动艺术表演类声乐（合唱）专场甲组	二等奖	中共上海市教育卫生工作委员会、上海市教育委员会
海关与公共管理学院	海关管理1905	孙若彤	第六届大学生艺术展演上海市活动艺术表演类声乐（合唱）专场甲组	二等奖	中共上海市教育卫生工作委员会、上海市教育委员会
海关与公共管理学院	海关管理1905	钟梓凯	第六届大学生艺术展演上海市活动艺术表演类声乐（合唱）专场甲组	二等奖	中共上海市教育卫生工作委员会、上海市教育委员会
海关与公共管理学院	海关管理1905	万多多	第六届大学生艺术展演上海市活动艺术表演类声乐（合唱）专场甲组	二等奖	中共上海市教育卫生工作委员会、上海市教育委员会
海关与公共管理学院	海关管理1905	陈纳川	第六届大学生艺术展演上海市活动艺术表演类声乐（合唱）专场甲组	二等奖	中共上海市教育卫生工作委员会、上海市教育委员会

续表13

院系	专业班级	姓名	获奖项目名称	获奖等级	颁奖单位
海关与公共经济学院	海关管理1906	高　旭	第六届大学生艺术展演上海市活动艺术表演类声乐（合唱）专场甲组	二等奖	中共上海市教育卫生工作委员会、上海市教育委员会
海关与公共管理学院	海关管理1907	刘博威	第六届大学生艺术展演上海市活动艺术表演类声乐（合唱）专场甲组	二等奖	中共上海市教育卫生工作委员会、上海市教育委员会
海关与公共管理学院	海关管理1907	王　晨	第六届大学生艺术展演上海市活动艺术表演类声乐（合唱）专场甲组	二等奖	中共上海市教育卫生工作委员会、上海市教育委员会
海关与公共管理学院	海关管理1907	曹晋玻	第六届大学生艺术展演上海市活动艺术表演类声乐（合唱）专场甲组	二等奖	中共上海市教育卫生工作委员会、上海市教育委员会
海关与公共管理学院	海关管理1907	蒋　易	第六届大学生艺术展演上海市活动艺术表演类声乐（合唱）专场甲组	二等奖	中共上海市教育卫生工作委员会、上海市教育委员会
海关与公共管理学院	海关管理1907	袁嘉彬	第六届大学生艺术展演上海市活动艺术表演类声乐（合唱）专场甲组	二等奖	中共上海市教育卫生工作委员会、上海市教育委员会
海关与公共管理学院	海关管理1907	常　清	第六届大学生艺术展演上海市活动艺术表演类声乐（合唱）专场甲组	二等奖	中共上海市教育卫生工作委员会、上海市教育委员会
海关与公共管理学院	海关管理1908	刘　祺	第六届大学生艺术展演上海市活动艺术表演类声乐（合唱）专场甲组	二等奖	中共上海市教育卫生工作委员会、上海市教育委员会
海关与公共管理学院	海关管理1908	姚雨彤	第六届大学生艺术展演上海市活动艺术表演类声乐（合唱）专场甲组	二等奖	中共上海市教育卫生工作委员会、上海市教育委员会
海关与公共管理学院	海关管理1908	吴可佳	第六届大学生艺术展演上海市活动艺术表演类声乐（合唱）专场甲组	二等奖	中共上海市教育卫生工作委员会、上海市教育委员会
海关与公共管理学院	海关管理2001	江明铭	第六届大学生艺术展演上海市活动艺术表演类声乐（合唱）专场甲组	二等奖	中共上海市教育卫生工作委员会、上海市教育委员会

续表14

院系	专业班级	姓名	获奖项目名称	获奖等级	颁奖单位
海关与公共管理学院	海关管理2001	崔益成	第六届大学生艺术展演上海市活动艺术表演类声乐（合唱）专场甲组	二等奖	中共上海市教育卫生工作委员会、上海市教育委员会
海关与公共管理学院	海关管理2002	刘穆阳	第六届大学生艺术展演上海市活动艺术表演类声乐（合唱）专场甲组	二等奖	中共上海市教育卫生工作委员会、上海市教育委员会
海关与公共管理学院	海关管理2002	乔彦杰	第六届大学生艺术展演上海市活动艺术表演类声乐（合唱）专场甲组	二等奖	中共上海市教育卫生工作委员会、上海市教育委员会
海关与公共管理学院	海关管理2004	刘　欢	第六届大学生艺术展演上海市活动艺术表演类声乐（合唱）专场甲组	二等奖	中共上海市教育卫生工作委员会、上海市教育委员会
海关与公共管理学院	海关管理2006	张博然	第六届大学生艺术展演上海市活动艺术表演类声乐（合唱）专场甲组	二等奖	中共上海市教育卫生工作委员会、上海市教育委员会
海关与公共管理学院	行政管理2001	傅玺楠	第六届大学生艺术展演上海市活动艺术表演类声乐（合唱）专场甲组	二等奖	中共上海市教育卫生工作委员会、上海市教育委员会
海关法律系	法学1901	白　玉	第六届大学生艺术展演上海市活动艺术表演类声乐（合唱）专场甲组	二等奖	中共上海市教育卫生工作委员会、上海市教育委员会
海关法律系	法学2001	张淑坤	第六届大学生艺术展演上海市活动艺术表演类声乐（合唱）专场甲组	二等奖	中共上海市教育卫生工作委员会、上海市教育委员会
工商管理与关务学院	国际商务1801	刘羿丹	第六届大学生艺术展演上海市活动艺术表演类声乐（合唱）专场甲组	二等奖	中共上海市教育卫生工作委员会、上海市教育委员会
工商管理与关务学院	物流管理1801	米叶赛尔·麦合木提	第六届大学生艺术展演上海市活动艺术表演类声乐（合唱）专场甲组	二等奖	中共上海市教育卫生工作委员会、上海市教育委员会
工商管理与关务学院	物流管理1801	王一洁	第六届大学生艺术展演上海市活动艺术表演类声乐（合唱）专场甲组	二等奖	中共上海市教育卫生工作委员会、上海市教育委员会

续表15

院系	专业班级	姓名	获奖项目名称	获奖等级	颁奖单位
海关与公共经济学院	经济统计学 2001	金　楠	第六届大学生艺术展演上海市活动艺术表演类声乐（合唱）专场甲组	二等奖	中共上海市教育卫生工作委员会、上海市教育委员会
海关与公共经济学院	税收学 2001	黄倩华	第六届大学生艺术展演上海市活动艺术表演类声乐（合唱）专场甲组	二等奖	中共上海市教育卫生工作委员会、上海市教育委员会
海关与公共管理学院	海关管理 2004	马　悦	第六届大学生艺术展演上海市活动艺术表演类舞蹈专场甲组	二等奖	中共上海市教育卫生工作委员会、上海市教育委员会
海关与公共经济学院	税收学 1801	赖科文	第六届中国国际“互联网+”大学生创新创业大赛	三等奖	上海市教育委员会、上海市经济和信息化委员会、上海市发展和改革委员会、共青团上海市委员会、上海市人力资源和社会保障局
工商管理与关务学院	国际商务 1702	梁瑞焜	第六届中国国际“互联网+”大学生创新创业大赛	三等奖	上海市教育委员会、上海市经济和信息化委员会、上海市发展和改革委员会、共青团上海市委员会、上海市人力资源和社会保障局
海关与公共管理学院	海关管理 1806	曹子淇	第六届中国国际“互联网+”大学生创新创业大赛	三等奖	上海市教育委员会、上海市经济和信息化委员会、上海市发展和改革委员会、共青团上海市委员会、上海市人力资源和社会保障局
海关与公共管理学院	海关管理 1905	奚晓龙	第六届中国国际“互联网+”大学生创新创业大赛	三等奖	上海市教育委员会、上海市经济和信息化委员会、上海市发展和改革委员会、共青团上海市委员会、上海市人力资源和社会保障局
海关与公共管理学院	海关管理 1904	徐　展	第六届中国国际“互联网+”大学生创新创业大赛	三等奖	上海市教育委员会、上海市经济和信息化委员会、上海市发展和改革委员会、共青团上海市委员会、上海市人力资源和社会保障局
海关与公共管理学院	海关管理 1904	徐　柳	第六届中国国际“互联网+”大学生创新创业大赛	三等奖	上海市教育委员会、上海市经济和信息化委员会、上海市发展和改革委员会、共青团上海市委员会、上海市人力资源和社会保障局

续表16

院系	专业班级	姓名	获奖项目名称	获奖等级	颁奖单位
海关与公共管理学院	海关管理1903	周炳龙	第六届中国国际“互联网+”大学生创新创业大赛	三等奖	上海市教育委员会、上海市经济和信息化委员会、上海市发展和改革委员会、共青团上海市委员会、上海市人力资源和社会保障局
工商管理与关务学院	国际商务1801	倪能茜	第六届中国国际“互联网+”大学生创新创业大赛	三等奖	上海市教育委员会、上海市经济和信息化委员会、上海市发展和改革委员会、共青团上海市委员会、上海市人力资源和社会保障局
工商管理与关务学院	国际商务1701	凌易群	第六届中国国际“互联网+”大学生创新创业大赛	三等奖	上海市教育委员会、上海市经济和信息化委员会、上海市发展和改革委员会、共青团上海市委员会、上海市人力资源和社会保障局
海关与公共管理学院	海关管理1901	陈清华	第七届云南省“互联网+”大学生创新创业大赛	二等奖	中共云南省委教育工委、云南省教育厅
海关与公共管理学院	海关管理1805	孙乔敏	第七届中国国际“互联网+”大学生创新创业大赛	铜奖	上海市教育委员会、上海市经济和信息化委员会、上海市发展和改革委员会、共青团上海市委员会、上海市人力资源和社会保障局
海关外语系	英语1901	贾　茹	第七届中国国际“互联网+”大学生创新创业大赛	铜奖	上海市教育委员会、上海市经济和信息化委员会、上海市发展和改革委员会、共青团上海市委员会、上海市人力资源和社会保障局
海关与公共管理学院	海关管理1902	王宇思	第七届中国国际“互联网+”大学生创新创业大赛	铜奖	上海市教育委员会、上海市经济和信息化委员会、上海市发展和改革委员会、共青团上海市委员会、上海市人力资源和社会保障局
海关与公共管理学院	海关管理1906	陈翊衔	第七届中国国际“互联网+”大学生创新创业大赛	铜奖	上海市教育委员会、上海市经济和信息化委员会、上海市发展和改革委员会、共青团上海市委员会、上海市人力资源和社会保障局
海关与公共管理学院	行政管理1901	张　念	第七届中国国际“互联网+”大学生创新创业大赛	铜奖	上海市教育委员会、上海市经济和信息化委员会、上海市发展和改革委员会、共青团上海市委员会、上海市人力资源和社会保障局

续表17

院系	专业班级	姓名	获奖项目名称	获奖等级	颁奖单位
海关与公共管理学院	海关管理1901	兰嘉鑫	第七届中国国际“互联网+”大学生创新创业大赛	铜奖	上海市教育委员会、上海市经济和信息化委员会、上海市发展和改革委员会、共青团上海市委员会、上海市人力资源和社会保障局
海关与公共管理学院	海关管理1802	黄睿涵	第七届中国国际“互联网+”大学生创新创业大赛	铜奖	上海市教育委员会、上海市经济和信息化委员会、上海市发展和改革委员会、共青团上海市委员会、上海市人力资源和社会保障局
海关与公共经济学院	经济统计学1901	潘晨昱	第七届中国国际“互联网+”大学生创新创业大赛	铜奖	上海市教育委员会、上海市经济和信息化委员会、上海市发展和改革委员会、共青团上海市委员会、上海市人力资源和社会保障局
海关与公共管理学院	海关管理1802	张　妍	第七届中国国际“互联网+”大学生创新创业大赛	铜奖	上海市教育委员会、上海市经济和信息化委员会、上海市发展和改革委员会、共青团上海市委员会、上海市人力资源和社会保障局
海关与公共经济学院	经济统计学1901	刘迪一	第七届中国国际“互联网+”大学生创新创业大赛	铜奖	上海市教育委员会、上海市经济和信息化委员会、上海市发展和改革委员会、共青团上海市委员会、上海市人力资源和社会保障局
海关与公共管理学院	海关管理1907	谢雪樱	第七届中国国际“互联网+”大学生创新创业大赛	铜奖	上海市教育委员会、上海市经济和信息化委员会、上海市发展和改革委员会、共青团上海市委员会、上海市人力资源和社会保障局
海关与公共管理学院	海关管理2003	黄　乐	第七届中国国际“互联网+”大学生创新创业大赛	铜奖	上海市教育委员会、上海市经济和信息化委员会、上海市发展和改革委员会、共青团上海市委员会、上海市人力资源和社会保障局
海关与公共管理学院	海关管理2003	邓　琳	第七届中国国际“互联网+”大学生创新创业大赛	铜奖	上海市教育委员会、上海市经济和信息化委员会、上海市发展和改革委员会、共青团上海市委员会、上海市人力资源和社会保障局
海关与公共管理学院	海关管理1805	刘　琪	第十二届“挑战杯”上海市大学生创业计划竞赛	铜奖	第十二届“挑战杯”中国大学生创业计划竞赛组织委员会

续表18

院系	专业班级	姓名	获奖项目名称	获奖等级	颁奖单位
海关与公共管理学院	海关管理1905	王浩任	第十二届“挑战杯”上海市大学生创业计划竞赛	铜奖	第十二届“挑战杯”中国大学生创业计划竞赛组织委员会
海关与公共管理学院	海关管理1806	王韵萍	第十二届“挑战杯”上海市大学生创业计划竞赛	铜奖	第十二届“挑战杯”中国大学生创业计划竞赛组织委员会
海关与公共管理学院	海关管理1801	段吴梦雪	第十二届“挑战杯”上海市大学生创业计划竞赛	铜奖	第十二届“挑战杯”中国大学生创业计划竞赛组织委员会
海关与公共管理学院	海关管理1908	莫哲涵	第十二届“挑战杯”上海市大学生创业计划竞赛	铜奖	第十二届“挑战杯”中国大学生创业计划竞赛组织委员会
海关与公共经济学院	税收学1801	马宸佳	第十二届“挑战杯”上海市大学生创业计划竞赛	铜奖	第十二届“挑战杯”中国大学生创业计划竞赛组织委员会
工商管理与关务学院	国际商务1701	陈　妍	第十二届“挑战杯”上海市大学生创业计划竞赛	铜奖	第十二届“挑战杯”中国大学生创业计划竞赛组织委员会
海关与公共管理学院	海关管理1907	王靖武	第十二届“挑战杯”上海市大学生创业计划竞赛	铜奖	第十二届“挑战杯”中国大学生创业计划竞赛组织委员会
海关与公共管理学院	海关管理1904	吕　玲	第十二届“挑战杯”上海市大学生创业计划竞赛	铜奖	第十二届“挑战杯”中国大学生创业计划竞赛组织委员会
工商管理与关务学院	国际商务1901	徐海鹏	第十二届“挑战杯”上海市大学生创业计划竞赛	铜奖	第十二届“挑战杯”中国大学生创业计划竞赛组织委员会
海关与公共管理学院	海关管理1702	黄映福	第十二届“挑战杯”上海市大学生创业计划竞赛	铜奖	第十二届“挑战杯”中国大学生创业计划竞赛组织委员会
海关与公共管理学院	海关管理1804	古亮锋	第十二届“挑战杯”上海市大学生创业计划竞赛	铜奖	第十二届“挑战杯”中国大学生创业计划竞赛组织委员会
海关与公共管理学院	海关管理1804	庞颖怡	第十二届“挑战杯”上海市大学生创业计划竞赛	铜奖	第十二届“挑战杯”中国大学生创业计划竞赛组织委员会
海关与公共管理学院	海关管理1702	董　永	第十二届“挑战杯”上海市大学生创业计划竞赛	铜奖	第十二届“挑战杯”中国大学生创业计划竞赛组织委员会
海关与公共管理学院	海关管理1803	崔仁杰	第十二届“挑战杯”上海市大学生创业计划竞赛	铜奖	第十二届“挑战杯”中国大学生创业计划竞赛组织委员会
海关与公共管理学院	海关管理1802	包云青	第十二届“挑战杯”上海市大学生创业计划竞赛	铜奖	第十二届“挑战杯”中国大学生创业计划竞赛组织委员会
海关与公共管理学院	海关管理1803	杨　臻	第十二届“挑战杯”上海市大学生创业计划竞赛	铜奖	第十二届“挑战杯”中国大学生创业计划竞赛组织委员会
海关与公共管理学院	海关管理1802	吴晟民	第十二届“挑战杯”上海市大学生创业计划竞赛	铜奖	第十二届“挑战杯”中国大学生创业计划竞赛组织委员会

续表19

院系	专业班级	姓名	获奖项目名称	获奖等级	颁奖单位
海关与公共管理学院	海关管理1803	黄　熠	第十二届“挑战杯”上海市大学生创业计划竞赛	铜奖	第十二届“挑战杯”中国大学生创业计划竞赛组织委员会
海关与公共管理学院	海关管理1801	蓝贤柏	第十二届“挑战杯”上海市大学生创业计划竞赛	银奖	第十二届“挑战杯”中国大学生创业计划竞赛组织委员会
海关与公共管理学院	海关管理1906	陶祎頔	第十二届“挑战杯”上海市大学生创业计划竞赛	银奖	第十二届“挑战杯”中国大学生创业计划竞赛组织委员会
海关与公共管理学院	海关管理1906	吴洁彤	第十二届“挑战杯”上海市大学生创业计划竞赛	银奖	第十二届“挑战杯”中国大学生创业计划竞赛组织委员会
海关与公共管理学院	海关管理1907	李东仪	第十二届“挑战杯”上海市大学生创业计划竞赛	银奖	第十二届“挑战杯”中国大学生创业计划竞赛组织委员会
海关与公共管理学院	海关管理1906	王文怡	第十二届“挑战杯”上海市大学生创业计划竞赛	银奖	第十二届“挑战杯”中国大学生创业计划竞赛组织委员会
工商管理与关务学院	审计学1901	马晓晴	第十二届“挑战杯”上海市大学生创业计划竞赛	银奖	第十二届“挑战杯”中国大学生创业计划竞赛组织委员会
海关与公共管理学院	海关管理1906	杨晓彤	第十二届“挑战杯”上海市大学生创业计划竞赛	银奖	第十二届“挑战杯”中国大学生创业计划竞赛组织委员会
海关与公共管理学院	海关管理1901	陈清华	第十二届“挑战杯”上海市大学生创业计划竞赛	银奖	第十二届“挑战杯”中国大学生创业计划竞赛组织委员会
工商管理与关务学院	物流管理1901	胡佳龙	第十二届“挑战杯”上海市大学生创业计划竞赛	银奖	第十二届“挑战杯”中国大学生创业计划竞赛组织委员会
海关与公共管理学院	海关管理1901	卢仪婷	第十二届“挑战杯”上海市大学生创业计划竞赛	银奖	第十二届“挑战杯”中国大学生创业计划竞赛组织委员会
海关与公共管理学院	海关管理1802	张　妍	第十二届“挑战杯”上海市大学生创业计划竞赛	银奖	第十二届“挑战杯”中国大学生创业计划竞赛组织委员会
海关与公共管理学院	海关管理1802	黄睿涵	第十二届“挑战杯”上海市大学生创业计划竞赛	银奖	第十二届“挑战杯”中国大学生创业计划竞赛组织委员会
海关与公共管理学院	海关管理1802	刘馨鸿	第十二届“挑战杯”上海市大学生创业计划竞赛	银奖	第十二届“挑战杯”中国大学生创业计划竞赛组织委员会
海关与公共管理学院	海关管理1901	兰嘉鑫	第十二届“挑战杯”上海市大学生创业计划竞赛	银奖	第十二届“挑战杯”中国大学生创业计划竞赛组织委员会
工商管理与关务学院	物流管理1801	蔡治强	第十二届上海市大学生数学竞赛（高教社杯）非数学类	一等奖	上海市数学会、上海社会科学院
海关与公共管理学院	海关管理1905	奚晓龙	第十二届上海市大学生数学竞赛（高教社杯）非数学类	一等奖	上海市数学会、上海社会科学院

续表20

院系	专业班级	姓名	获奖项目名称	获奖等级	颁奖单位
海关与公共管理学院	海关管理1907	王靖武	第十二届上海市大学生数学竞赛（高教社杯）非数学类	一等奖	上海市数学会、上海社会科学院
工商管理与关务学院	国际商务1801	倪能茜	第十七届“挑战杯”上海市大学生课外学术科技作品竞赛	三等奖	共青团上海市委员会、上海市教育委员会、上海市科学技术委员会、上海市科学技术协会、上海社会科学院、上海市学生联合会
工商管理与关务学院	国际商务1801	张　微	第十七届“挑战杯”上海市大学生课外学术科技作品竞赛	三等奖	共青团上海市委员会、上海市教育委员会、上海市科学技术委员会、上海市科学技术协会、上海社会科学院、上海市学生联合会
工商管理与关务学院	国际商务1802	张　言	第十七届“挑战杯”上海市大学生课外学术科技作品竞赛	三等奖	共青团上海市委员会、上海市教育委员会、上海市科学技术委员会、上海市科学技术协会、上海社会科学院、上海市学生联合会
海关与公共经济学院	税收学1801	赖科文	第十七届“挑战杯”上海市大学生课外学术科技作品竞赛	三等奖	共青团上海市委员会、上海市教育委员会、上海市科学技术委员会、上海市科学技术协会、上海社会科学院、上海市学生联合会
工商管理与关务学院	国际商务1702	梁瑞焜	第十七届“挑战杯”上海市大学生课外学术科技作品竞赛	三等奖	共青团上海市委员会、上海市教育委员会、上海市科学技术委员会、上海市科学技术协会、上海社会科学院、上海市学生联合会
海关与公共管理学院	海关管理1806	曹子淇	第十七届“挑战杯”上海市大学生课外学术科技作品竞赛	三等奖	共青团上海市委员会、上海市教育委员会、上海市科学技术委员会、上海市科学技术协会、上海社会科学院、上海市学生联合会
海关与公共管理学院	海关管理1905	奚晓龙	第十七届“挑战杯”上海市大学生课外学术科技作品竞赛	三等奖	共青团上海市委员会、上海市教育委员会、上海市科学技术委员会、上海市科学技术协会、上海社会科学院、上海市学生联合会
海关与公共管理学院	海关管理1904	徐　展	第十七届“挑战杯”上海市大学生课外学术科技作品竞赛	三等奖	共青团上海市委员会、上海市教育委员会、上海市科学技术委员会、上海市科学技术协会、上海社会科学院、上海市学生联合会

续表21

院系	专业班级	姓名	获奖项目名称	获奖等级	颁奖单位
海关与公共管理学院	海关管理1904	徐　柳	第十七届“挑战杯”上海市大学生课外学术科技作品竞赛	三等奖	共青团上海市委员会、上海市教育委员会、上海市科学技术委员会、上海市科学技术协会、上海社会科学院、上海市学生联合会
海关与公共管理学院	海关管理1903	周炳龙	第十七届“挑战杯”上海市大学生课外学术科技作品竞赛	三等奖	共青团上海市委员会、上海市教育委员会、上海市科学技术委员会、上海市科学技术协会、上海社会科学院、上海市学生联合会
工商管理与关务学院	国际商务1901	巫亚迪	第十七届“挑战杯”上海市大学生课外学术科技作品竞赛	三等奖	共青团上海市委员会、上海市教育委员会、上海市科学技术委员会、上海市科学技术协会、上海社会科学院、上海市学生联合会
海关与公共管理学院	海关管理1802	张钧月	第十七届“挑战杯”上海市大学生课外学术科技作品竞赛	三等奖	共青团上海市委员会、上海市教育委员会、上海市科学技术委员会、上海市科学技术协会、上海社会科学院、上海市学生联合会
海关与公共管理学院	海关管理1908	吴可佳	第十七届“挑战杯”上海市大学生课外学术科技作品竞赛	三等奖	共青团上海市委员会、上海市教育委员会、上海市科学技术委员会、上海市科学技术协会、上海社会科学院、上海市学生联合会
工商管理与关务学院	国际商务1802	蔡　澳	第十七届“挑战杯”上海市大学生课外学术科技作品竞赛	三等奖	共青团上海市委员会、上海市教育委员会、上海市科学技术委员会、上海市科学技术协会、上海社会科学院、上海市学生联合会
工商管理与关务学院	国际商务1802	王靖怡	第十七届“挑战杯”上海市大学生课外学术科技作品竞赛	三等奖	共青团上海市委员会、上海市教育委员会、上海市科学技术委员会、上海市科学技术协会、上海社会科学院、上海市学生联合会
海关与公共管理学院	海关管理1903	徐成禹	第十七届“挑战杯”上海市大学生课外学术科技作品竞赛	三等奖	共青团上海市委员会、上海市教育委员会、上海市科学技术委员会、上海市科学技术协会、上海社会科学院、上海市学生联合会

续表22

院系	专业班级	姓名	获奖项目名称	获奖等级	颁奖单位
海关与公共管理学院	海关管理1903	王俣尊	第十七届“挑战杯”上海市大学生课外学术科技作品竞赛	三等奖	共青团上海市委员会、上海市教育委员会、上海市科学技术委员会、上海市科学技术协会、上海社会科学院、上海市学生联合会
工商管理与关务学院	物流管理1801	陈汇婷	第十七届“挑战杯”上海市大学生课外学术科技作品竞赛	三等奖	共青团上海市委员会、上海市教育委员会、上海市科学技术委员会、上海市科学技术协会、上海社会科学院、上海市学生联合会
工商管理与关务学院	物流管理1801	曾心怡	第十七届“挑战杯”上海市大学生课外学术科技作品竞赛	三等奖	共青团上海市委员会、上海市教育委员会、上海市科学技术委员会、上海市科学技术协会、上海社会科学院、上海市学生联合会
工商管理与关务学院	物流管理1801	张嘉芮	第十七届“挑战杯”上海市大学生课外学术科技作品竞赛	三等奖	共青团上海市委员会、上海市教育委员会、上海市科学技术委员会、上海市科学技术协会、上海社会科学院、上海市学生联合会
工商管理与关务学院	物流管理1801	陆佳雯	第十七届“挑战杯”上海市大学生课外学术科技作品竞赛	三等奖	共青团上海市委员会、上海市教育委员会、上海市科学技术委员会、上海市科学技术协会、上海社会科学院、上海市学生联合会
工商管理与关务学院	物流管理1801	梁康妮	第十七届“挑战杯”上海市大学生课外学术科技作品竞赛	三等奖	共青团上海市委员会、上海市教育委员会、上海市科学技术委员会、上海市科学技术协会、上海社会科学院、上海市学生联合会
工商管理与关务学院	物流管理1801	李航彤	第十七届“挑战杯”上海市大学生课外学术科技作品竞赛	三等奖	共青团上海市委员会、上海市教育委员会、上海市科学技术委员会、上海市科学技术协会、上海社会科学院、上海市学生联合会
海关与公共管理学院	海关管理1804	付宇朋	第十七届“挑战杯”上海市大学生课外学术科技作品竞赛	一等奖	共青团上海市委员会、上海市教育委员会、上海市科学技术委员会、上海市科学技术协会、上海社会科学院、上海市学生联合会

续表23

院系	专业班级	姓名	获奖项目名称	获奖等级	颁奖单位
海关与公共管理学院	海关管理1805	罗亦凡	第十七届“挑战杯”上海市大学生课外学术科技作品竞赛	一等奖	共青团上海市委员会、上海市教育委员会、上海市科学技术委员会、上海市科学技术协会、上海社会科学院、上海市学生联合会
工商管理与关务学院	审计学1901	肖艾妤	第十七届“挑战杯”上海市大学生课外学术科技作品竞赛	一等奖	共青团上海市委员会、上海市教育委员会、上海市科学技术委员会、上海市科学技术协会、上海社会科学院、上海市学生联合会
海关与公共经济学院	税收学2001	陈　妤	第十七届“挑战杯”上海市大学生课外学术科技作品竞赛	一等奖	共青团上海市委员会、上海市教育委员会、上海市科学技术委员会、上海市科学技术协会、上海社会科学院、上海市学生联合会
海关与公共经济学院	税收学2001	张　凡	第十七届“挑战杯”上海市大学生课外学术科技作品竞赛	一等奖	共青团上海市委员会、上海市教育委员会、上海市科学技术委员会、上海市科学技术协会、上海社会科学院、上海市学生联合会
工商管理与关务学院	物流管理1801	李淑澜	第十七届“挑战杯”上海市大学生课外学术科技作品竞赛	一等奖	共青团上海市委员会、上海市教育委员会、上海市科学技术委员会、上海市科学技术协会、上海社会科学院、上海市学生联合会
工商管理与关务学院	国际商务1801	倪能茜	全国大学生数学建模竞赛2020年上海赛区本科组	二等奖	上海市教育委员会
海关与公共经济学院	税收学1802	曹晶婧	全国大学生数学建模竞赛2020年上海赛区本科组	二等奖	上海市教育委员会
海关与公共管理学院	海关管理1806	曹子淇	全国大学生数学建模竞赛2020年上海赛区本科组	二等奖	上海市教育委员会
海关外语系	英语2001	金瑜莉	全国第六届大学生艺术展演上海市活动艺术表演类舞蹈专场	二等奖	中共上海市教育卫生工作委员会、上海市教育委员会
海关外语系	英语2001	金瑜莉	上海市第六届“汇创青春”——上海大学生舞蹈类优秀作品展演	二等奖	中共上海市教育卫生工作委员会、上海市教育委员会
海关法律系	法学1901	卢智虞	上海市第三届大学生法律案例分析大赛	二等奖	上海市律师协会

续表24

院系	专业班级	姓名	获奖项目名称	获奖等级	颁奖单位
海关法律系	法学1901	赵志龙	上海市第三届大学生法律案例分析大赛	三等奖	上海市律师协会
海关与公共管理学院	海关管理1904	李姚灏	上海市第十三届大学生计算机应用能力大赛	二等奖	上海市教育委员会
海关与公共管理学院	海关管理1904	卢泳全	上海市第十三届大学生计算机应用能力大赛	二等奖	上海市教育委员会
海关与公共经济学院	税收学1802	陈思悦	“正大杯”第十一届全国大学生市场调查与分析大赛上海市赛选拔赛	三等奖	教育部高等学校统计学类专业教学指导委员会、中国商业统计学会
海关与公共经济学院	税收学1802	廖申仪	“正大杯”第十一届全国大学生市场调查与分析大赛上海市赛选拔赛	三等奖	教育部高等学校统计学类专业教学指导委员会、中国商业统计学会
海关与公共经济学院	税收学1802	刘慧芳	“正大杯”第十一届全国大学生市场调查与分析大赛上海市赛选拔赛	三等奖	教育部高等学校统计学类专业教学指导委员会、中国商业统计学会
海关与公共经济学院	经济统计学1901	罗怡若	“正大杯”第十一届全国大学生市场调查与分析大赛上海市赛选拔赛	三等奖	教育部高等学校统计学类专业教学指导委员会、中国商业统计学会
海关与公共经济学院	经济统计学1901	陈俊宇	“正大杯”第十一届全国大学生市场调查与分析大赛上海市赛选拔赛	三等奖	教育部高等学校统计学类专业教学指导委员会、中国商业统计学会
海关与公共经济学院	经济统计学1901	盛诗颖	“正大杯”第十一届全国大学生市场调查与分析大赛上海市赛选拔赛	三等奖	教育部高等学校统计学类专业教学指导委员会、中国商业统计学会
海关与公共经济学院	经济统计学1901	张　昊	“正大杯”第十一届全国大学生市场调查与分析大赛上海市赛选拔赛	三等奖	教育部高等学校统计学类专业教学指导委员会、中国商业统计学会
海关与公共管理学院	海关管理1901	陈　琢	“正大杯”第十一届全国大学生市场调查与分析大赛上海市赛选拔赛	三等奖	教育部高等学校统计学类专业教学指导委员会、中国商业统计学会

2021 年学生科创竞赛获奖名单

竞赛名称	院系	专业班级	姓名	作品名称	获奖等级	颁奖单位
“挑战杯”全国大学生课外学术科技作品竞赛	海关与公共管理学院	海关管理1804	付宇朋	基于PSM-DID模型的中国跨境经济合作区发展路径的实证探究和创新	上海市一等奖	共青团上海市委员会、上海市教育委员会、上海市科学技术委员会、上海市科学技术协会、上海社会科学院、上海市学生联合会
“挑战杯”全国大学生课外学术科技作品竞赛	海关与公共管理学院	海关管理1802	张钧月	“后疫情”时代下对返乡在校大学生志愿群体融入基层社区治理的思考	上海市三等奖	共青团上海市委员会、上海市教育委员会、上海市科学技术委员会、上海市科学技术协会、上海社会科学院、上海市学生联合会
“挑战杯”全国大学生课外学术科技作品竞赛	工商管理与关务学院	物流管理1801	陈汇婷	基于混合免疫遗传算法的集装器装载问题优化研究	上海市三等奖	共青团上海市委员会、上海市教育委员会、上海市科学技术委员会、上海市科学技术协会、上海社会科学院、上海市学生联合会
“挑战杯”全国大学生课外学术科技作品竞赛	工商管理与关务学院	国际商务1801	倪能茜	基于PCA-TOPSIS的国内自贸区贸易便利化差异性实证分析研究	上海市三等奖	共青团上海市委员会、上海市教育委员会、上海市科学技术委员会、上海市科学技术协会、上海社会科学院、上海市学生联合会
“挑战杯”全国大学生课外学术科技作品竞赛	工商管理与关务学院	物流管理1801	陆佳雯	医疗废弃物暂存处置中心选址与回收路径优化研究——以金华市为例	上海市三等奖	共青团上海市委员会、上海市教育委员会、上海市科学技术委员会、上海市科学技术协会、上海社会科学院、上海市学生联合会

续表1

竞赛名称	院系	专业班级	姓名	作品名称	获奖等级	颁奖单位
“挑战杯”全国大学生课外学术科技作品竞赛	海关与公共经济学院	税收学1801	赖科文	技术性贸易措施对我国生物医药行业出口的影响研究——基于上海生物医药行业出口的调查分析	上海市三等奖	共青团上海市委员会、上海市教育委员会、上海市科学技术委员会、上海市科学技术协会、上海社会科学院、上海市学生联合会
“挑战杯”全国大学生课外学术科技作品竞赛	工商管理与关务学院	国际商务1802	蔡　澳	我国轮毂产品遭受境外贸易救济调查现状、影响及应对	上海市三等奖	共青团上海市委员会、上海市教育委员会、上海市科学技术委员会、上海市科学技术协会、上海社会科学院、上海市学生联合会
上海市“知行杯”暑期社会实践大赛	海关与公共管理学院	海关管理2006	陆富伟	社会主义现代化示范引领区背景下我国上海港口文化传播与发展对策的调查研究——基于保护古港口遗址与港口未来规划建设角度	上海市三等奖	中共上海市委宣传部、上海市精神文明建设委员会办公室、中共上海市教育卫生工作委员会、上海市教育委员会、共青团上海市委员会、上海市学生联合会
上海市“知行杯”暑期社会实践大赛	海关与公共管理学院	海关管理1905	王浩任	美丽中国，雄安样板——以雄安新区白洋淀、“千年秀林”项目为例探究生态城市建设路径	上海市三等奖	中共上海市委宣传部、上海市精神文明建设委员会办公室、中共上海市教育卫生工作委员会、上海市教育委员会、共青团上海市委员会、上海市学生联合会
上海市“知行杯”暑期社会实践大赛	海关与公共经济学院	经济统计学1901	潘晨昱	浦东新区财税体制改革中财政预决算偏离度对经济发展的影响研究	上海市三等奖	中共上海市委宣传部、上海市精神文明建设委员会办公室、中共上海市教育卫生工作委员会、上海市教育委员会、共青团上海市委员会、上海市学生联合会

续表2

竞赛名称	院系	专业班级	姓名	作品名称	获奖等级	颁奖单位
上海市“知行杯”暑期社会实践大赛	海关与公共管理学院	海关管理2003	吴佳凝	“百年光影，鉴影度形”：对非遗文化与红色文化资源结合创新的实践探索——以湖南影子戏为例	上海市三等奖	中共上海市委宣传部、上海市精神文明建设委员会办公室、中共上海市教育卫生工作委员会、上海市教育委员会、共青团上海市委员会、上海市学生联合会
全国大中专学生志愿者暑期“三下乡”社会实践活动	海关与公共管理学院	海关管理1905	王浩任	美丽中国，雄安样板——以雄安新区白洋淀、“千年秀林”项目为例探究生态城市建设路径	全国优秀团队	只有公示，还未收到证书
“工商银行杯”全国大学生金融科技创新大赛	海关与公共管理学院	海关管理1806	曹子淇	税银e站通	上海市特等奖	中国工商银行股份有限公司上海市分行
“工商银行杯”全国大学生金融科技创新大赛	工商管理与关务学院	国际商务1801	张　微	工银e校通	上海市三等奖	中国工商银行股份有限公司上海市分行
“工商银行杯”全国大学生金融科技创新大赛	海关与公共管理学院	海关管理2005	张子辰	“e”学无忧互联网金融知识学习平台	上海市三等奖	中国工商银行股份有限公司上海市分行
“工商银行杯”全国大学生金融科技创新大赛	海关与公共管理学院	海关管理2010	杨博宇	数字化金融与线上就医陪护	上海市三等奖	中国工商银行股份有限公司上海市分行
全国大学生电子商务“创新、创意及创业”挑战赛	海关与公共管理学院	海关管理1804	付宇朋	基于PSM-DID模型的中国跨境经济合作区发展路径实证探究——以广西为例	上海市优胜奖	上海市教育委员会
全国大学生电子商务“创新、创意及创业”挑战赛	海关与公共管理学院	海关管理1805	孙乔敏	鬼才实验室	上海市优胜奖	上海市教育委员会
全国大学生电子商务“创新、创意及创业”挑战赛	海关与公共管理学院	海关管理1901	兰嘉鑫	智客通关——创新驱动发展战略下的旅客通关服务	上海市优胜奖	上海市教育委员会
全国大学生电子商务“创新、创意及创业”挑战赛	工商管理与关务学院	审计学1901	王红静	第二空间智慧社区	上海市优胜奖	上海市教育委员会

续表3

竞赛名称	院系	专业班级	姓名	作品名称	获奖等级	颁奖单位
全国大学生电子商务“创新、创意及创业”挑战赛	海关与公共管理学院	海关管理1908	莫哲涵	“云海之关”海关文化多媒体平台	上海市优胜奖	上海市教育委员会
全国大学生电子商务“创新、创意及创业”挑战赛	海关与公共管理学院	行政管理1901	陈泽榕	即视-食堂智能化服务系统	上海市优胜奖	上海市教育委员会
全国大学生电子商务“创新、创意及创业”挑战赛	海关与公共管理学院	海关管理1901	倪豫芝	一带一路上的“钢铁驼队”	上海市优胜奖	上海市教育委员会
全国大学生电子商务“创新、创意及创业”挑战赛	海关与公共管理学院	海关管理2010	杨博宇	E陪护线上陪护平台	上海市优胜奖	上海市教育委员会
全国大学生电子商务“创新、创意及创业”挑战赛	海关与公共管理学院	海关管理2005	吕一潇	基于智慧海关下跨境电商监管与服务的设计方案	上海市优胜奖	上海市教育委员会
中国国际“互联网+”大学生创新创业大赛	海关与公共管理学院	海关管理1805	孙乔敏	鬼才实验室	上海市铜奖（高教主赛道）	上海市教育委员会、上海市经济和信息化委员会、上海市发展和改革委员会、共青团上海市委员会、上海市人力资源与社会保障局
中国国际“互联网+”大学生创新创业大赛	海关与公共管理学院	海关管理1901	兰嘉鑫	智客通关：基于.NET Code的跨平台旅客通关服务	上海市铜奖（高教主赛道）	上海市教育委员会、上海市经济和信息化委员会、上海市发展和改革委员会、共青团上海市委员会、上海市人力资源与社会保障局

2021年政府奖学金获奖学生名单

院系	专业班级	姓名	奖学金名称	颁奖单位
海关与公共管理学院	海关管理1804	宋凯歌	国家奖学金	教育部
海关与公共管理学院	海关管理2003	颜钦涵	国家奖学金	教育部
海关与公共管理学院	海关管理2010	邓舒榆	国家奖学金	教育部

续表1

院系	专业班级	姓名	奖学金名称	颁奖单位
海关与公共管理学院	海关管理2005	吕一潇	国家奖学金	教育部
海关与公共管理学院	海关管理1804	王睿乾	国家奖学金	教育部
海关与公共管理学院	海关管理2006	林诗琪	国家奖学金	教育部
海关外语系	英语1801	姜逸菲	国家奖学金	教育部
海关与公共经济学院	税收学1802	肖心怡	国家奖学金	教育部
工商管理与关务学院	审计学1901	张师可	国家奖学金	教育部
海关与公共经济学院	税收学1901	杨婧怡	国家奖学金	教育部
工商管理与关务学院	国际商务1802	张　言	国家奖学金	教育部
海关与公共管理学院	海关管理2007	徐凡茹	国家奖学金	教育部
海关与公共经济学院	经济统计学2001	施鑫宸	国家奖学金	教育部
海关外语系	英语2001	向泓璟	国家奖学金	教育部
海关与公共管理学院	海关管理2008	冯太微	国家奖学金	教育部
海关与公共管理学院	海关管理1801	李希斌	国家奖学金	教育部
海关法律系	法学1801	徐　帆	国家奖学金	教育部
海关与公共管理学院	海关管理1908	杨越雄	国家奖学金	教育部
海关与公共管理学院	海关管理1901	倪豫芝	国家奖学金	教育部
海关与公共管理学院	海关管理2004	郑博之	国家奖学金	教育部
海关与公共管理学院	海关管理1902	梁凯琪	国家奖学金	教育部
海关与公共管理学院	海关管理1906	缪东辰	国家奖学金	教育部
海关与公共管理学院	海关管理2001	郭静宜	国家奖学金	教育部
海关与公共管理学院	行政管理2001	周　烨	国家励志奖学金	教育部
工商管理与关务学院	审计学1801	吴萌萌	国家励志奖学金	教育部
海关与公共管理学院	海关管理1904	吕　玲	国家励志奖学金	教育部
海关外语系	英语1802	孔金华	国家励志奖学金	教育部
海关与公共经济学院	税收学1901	段麟燕	国家励志奖学金	教育部
工商管理与关务学院	国际商务2001	汪思雨	国家励志奖学金	教育部
海关与公共管理学院	行政管理2001	邹海航	国家励志奖学金	教育部
海关法律系	法学1801	旷烨桦	国家励志奖学金	教育部
海关外语系	英语1802	郭朋鹭	国家励志奖学金	教育部
海关与公共经济学院	税收学1801	路中航	国家励志奖学金	教育部
海关与公共经济学院	税收学2001	陈心慈	国家励志奖学金	教育部
工商管理与关务学院	物流管理2001	陈缘华	国家励志奖学金	教育部
海关与公共管理学院	海关管理1906	胡奉时	国家励志奖学金	教育部
工商管理与关务学院	国际商务1802	任文文	国家励志奖学金	教育部
工商管理与关务学院	物流管理2001	文佳茹	国家励志奖学金	教育部

续表2

院系	专业班级	姓名	奖学金名称	颁奖单位
海关与公共管理学院	海关管理1805	王林飞	国家励志奖学金	教育部
海关法律系	法学1801	甘清瑞	国家励志奖学金	教育部
海关与公共管理学院	海关管理1905	王　凯	国家励志奖学金	教育部
海关与公共管理学院	行政管理2001	王条红	国家励志奖学金	教育部
海关与公共管理学院	海关管理1802	赖明慧	国家励志奖学金	教育部
海关与公共管理学院	海关管理1805	黄智霖	国家励志奖学金	教育部
海关与公共经济学院	税收学1801	汪文彦	国家励志奖学金	教育部
海关与公共经济学院	税收学2001	初燕玲	国家励志奖学金	教育部
海关与公共管理学院	海关管理1802	张　妍	国家励志奖学金	教育部
海关外语系	英语1801	王　植	国家励志奖学金	教育部
工商管理与关务学院	审计学1901	张素丹	国家励志奖学金	教育部
海关法律系	法学1801	秦　旋	国家励志奖学金	教育部
海关与公共管理学院	海关管理2006	刘启明	国家励志奖学金	教育部
工商管理与关务学院	物流管理1801	石永梅	国家励志奖学金	教育部
海关与公共管理学院	海关管理1904	赵天福	国家励志奖学金	教育部
海关与公共经济学院	经济统计学1901	丁瑞阁	国家励志奖学金	教育部
工商管理与关务学院	物流管理1901	胡丽雲	国家励志奖学金	教育部
工商管理与关务学院	审计学1801	陈　阳	国家励志奖学金	教育部
海关与公共经济学院	税收学1802	刘香楠	国家励志奖学金	教育部
工商管理与关务学院	物流管理1901	黄梦娟	国家励志奖学金	教育部
工商管理与关务学院	审计学1801	马　蕊	国家励志奖学金	教育部
工商管理与关务学院	审计学1801	滕　一	国家励志奖学金	教育部
海关与公共经济学院	税收学1801	董雯欣	国家励志奖学金	教育部
工商管理与关务学院	审计学1901	施婧瑜	国家励志奖学金	教育部
海关与公共经济学院	经济统计学1901	李雯雯	国家励志奖学金	教育部
海关与公共经济学院	税收学1801	熊玲珠	国家励志奖学金	教育部
海关法律系	法学1801	张　悦	国家励志奖学金	教育部
海关与公共经济学院	经济统计学1901	汪一鸣	国家励志奖学金	教育部
工商管理与关务学院	物流管理2001	陈佳盈	国家励志奖学金	教育部
海关法律系	法学1801	李　雪	国家励志奖学金	教育部
海关外语系	英语2001	高小倩	国家励志奖学金	教育部
海关与公共管理学院	海关管理2006	蔡亮亮	国家励志奖学金	教育部
海关法律系	法学1901	吴程诚	国家励志奖学金	教育部
海关法律系	法学1801	张　淇	国家励志奖学金	教育部
海关法律系	法学2001	吕　旭	国家励志奖学金	教育部

续表3

院系	专业班级	姓名	奖学金名称	颁奖单位
海关与公共管理学院	海关管理 1903	刘博聪	国家励志奖学金	教育部
海关与公共管理学院	海关管理 1904	栾延昌	国家励志奖学金	教育部
海关与公共经济学院	税收学 1801	马新然	国家励志奖学金	教育部
海关法律系	法学 1801	罗德正	国家励志奖学金	教育部
海关法律系	法学 1801	王俊娟	国家励志奖学金	教育部
工商管理与关务学院	物流管理 2001	陈瑜婷	国家励志奖学金	教育部
海关与公共管理学院	海关管理 1904	何潇源	国家励志奖学金	教育部
海关与公共管理学院	行政管理 1901	陈巧夷	国家励志奖学金	教育部
海关外语系	英语 1901	苏欣宇	国家励志奖学金	教育部
海关与公共管理学院	海关管理 2010	康　帅	国家励志奖学金	教育部
海关与公共管理学院	海关管理 1806	农锦程	国家励志奖学金	教育部
海关法律系	法学 1901	李　佳	国家励志奖学金	教育部
海关法律系	法学 1801	魏　婷	国家励志奖学金	教育部
海关与公共管理学院	海关管理 2008	李俊杰	国家励志奖学金	教育部
海关与公共经济学院	税收学 1801	赵　玥	国家励志奖学金	教育部
海关与公共管理学院	行政管理 1901	吴三妹	国家励志奖学金	教育部
海关法律系	法学 1801	黄　升	国家励志奖学金	教育部
工商管理与关务学院	物流管理 2001	刘明艳	国家励志奖学金	教育部
海关与公共管理学院	海关管理 1806	刘鲁豫	国家励志奖学金	教育部
海关与公共管理学院	海关管理 1904	贝新宇	国家励志奖学金	教育部
海关与公共管理学院	行政管理 1901	狄智勇	国家励志奖学金	教育部
海关与公共经济学院	税收学 1802	胡曼莉	国家励志奖学金	教育部
海关与公共管理学院	海关管理 2010	陈华栋	国家励志奖学金	教育部
海关与公共管理学院	海关管理2002	段雨晗	上海市奖学金	上海市教育委员会
海关与公共经济学院	税收学 1802	曹晶婧	上海市奖学金	上海市教育委员会
工商管理与关务学院	物流管理 1801	吴　维	上海市奖学金	上海市教育委员会
工商管理与关务学院	国际商务 1802	王婧怡	上海市奖学金	上海市教育委员会
海关法律系	法学 2001	王书靖	上海市奖学金	上海市教育委员会

2021年上海海关学院优秀毕业生名单

院系	专业班级	姓名	颁奖单位
海关与公共管理学院	海关管理1701	李韵琛	上海海关学院
海关与公共管理学院	海关管理1701	裘金阳	上海海关学院
海关与公共管理学院	海关管理1701	徐俊雷	上海海关学院
海关与公共管理学院	海关管理1701	赖思源	上海海关学院
海关与公共管理学院	海关管理1702	陈语葳	上海海关学院
海关与公共管理学院	海关管理1702	黄映福	上海海关学院
海关与公共管理学院	海关管理1702	王圣博	上海海关学院
海关与公共管理学院	海关管理1702	郑一农	上海海关学院
海关与公共管理学院	海关管理1702	刘知杭	上海海关学院
海关与公共管理学院	海关管理1703	胡林冀	上海海关学院
海关与公共管理学院	海关管理1703	朱钰涵	上海海关学院
海关与公共管理学院	海关管理1703	吴俊杰	上海海关学院
海关与公共管理学院	海关管理1703	陈露遥	上海海关学院
海关与公共管理学院	海关管理1704	尹林苾蕊	上海海关学院
海关与公共管理学院	海关管理1704	潘慧清	上海海关学院
海关与公共管理学院	海关管理1704	黄沛薇	上海海关学院
海关与公共管理学院	海关管理1704	李亚楠	上海海关学院
海关与公共管理学院	海关管理1705	罗佳宜	上海海关学院
海关与公共管理学院	海关管理1705	詹昊谕	上海海关学院
海关与公共管理学院	海关管理1705	郑紫怡	上海海关学院
海关与公共管理学院	海关管理1705	陈奕冰	上海海关学院
工商管理与关务学院	国际商务1701	凌易群	上海海关学院
工商管理与关务学院	国际商务1701	叶　贝	上海海关学院
工商管理与关务学院	国际商务1701	陈妍　马久尊	上海海关学院
工商管理与关务学院	国际商务1702	杨天豪	上海海关学院
工商管理与关务学院	国际商务1702	周睿彤	上海海关学院
工商管理与关务学院	国际商务1702	梁瑞焜	上海海关学院
工商管理与关务学院	审计学1701	严岑菲	上海海关学院
工商管理与关务学院	审计学1701	熊依盈	上海海关学院
工商管理与关务学院	审计学1701	刘雯艳	上海海关学院
工商管理与关务学院	审计学1701	倪嘉璇	上海海关学院
工商管理与关务学院	审计学1702	王欣慧	上海海关学院
工商管理与关务学院	审计学1702	季炜玮	上海海关学院
工商管理与关务学院	审计学1702	高乐天	上海海关学院
工商管理与关务学院	审计学1702	王雪纯	上海海关学院

续表1

院系	专业班级	姓名	颁奖单位
工商管理与关务学院	物流管理1701	祝欣怡	上海海关学院
工商管理与关务学院	物流管理1701	薛玉婕	上海海关学院
工商管理与关务学院	物流管理1701	魏月荷	上海海关学院
工商管理与关务学院	物流管理1701	汪陈昕	上海海关学院
海关外语系	英语1701	卫悦阳	上海海关学院
海关外语系	英语1701	李金丽	上海海关学院
海关外语系	英语1702	吴一慧	上海海关学院
海关外语系	英语1702	唐岚项	上海海关学院
海关外语系	英语1702	钱晨	上海海关学院
海关法律系	法学1701	沈嘉晟	上海海关学院
海关法律系	法学1701	郜　萌	上海海关学院
海关法律系	法学1701	徐静巍	上海海关学院
海关法律系	法学1701	于子涵	上海海关学院
海关与公共经济学院	税收学1701	叶　平	上海海关学院
海关与公共经济学院	税收学1701	蔡　萌	上海海关学院
海关与公共经济学院	税收学1701	陈海欣	上海海关学院
海关与公共经济学院	税收学1701	吴垠	上海海关学院
海关与公共经济学院	税收学1701	金雨静	上海海关学院
海关与公共经济学院	税收学1702	张雅婷	上海海关学院
海关与公共经济学院	税收学1702	王丽媛	上海海关学院
海关与公共经济学院	税收学1702	徐洁敏	上海海关学院
海关与公共经济学院	税收学1702	陈亦欣	上海海关学院
海关与公共经济学院	税务专业研究生	范欣悦	上海海关学院
海关与公共经济学院	税务专业研究生	蒋　悦	上海海关学院
海关与公共经济学院	税务专业研究生	寿亦如	上海海关学院
海关与公共经济学院	税务专业研究生	刘予楷	上海海关学院
海关与公共经济学院	税务专业研究生	沈梦妮	上海海关学院
海关与公共经济学院	税务专业研究生	苑淑文	上海海关学院
海关与公共经济学院	税务专业研究生	娄佳莹	上海海关学院
海关与公共经济学院	税务专业研究生	周玲丽	上海海关学院
海关与公共经济学院	税务专业研究生	陆景茜	上海海关学院
海关与公共经济学院	税务专业研究生	王梦婷	上海海关学院
海关与公共经济学院	税务专业研究生	张津津	上海海关学院
海关与公共经济学院	税务专业研究生	徐凯旋	上海海关学院

2021年上海市优秀毕业生名单

院系	专业班级	姓名	颁奖单位
海关与公共管理学院	海关管理1701	李韵琛	上海市教育委员会
海关与公共管理学院	海关管理1701	裘金阳	上海市教育委员会
海关与公共管理学院	海关管理1702	陈语葳	上海市教育委员会
海关与公共管理学院	海关管理1702	黄映福	上海市教育委员会
海关与公共管理学院	海关管理1703	胡林冀	上海市教育委员会
海关与公共管理学院	海关管理1703	朱钰涵	上海市教育委员会
海关与公共管理学院	海关管理1704	尹林苾蕊	上海市教育委员会
海关与公共管理学院	海关管理1704	潘慧清	上海市教育委员会
海关与公共管理学院	海关管理1705	罗佳宜	上海市教育委员会
海关与公共管理学院	海关管理1705	詹昊谕	上海市教育委员会
工商管理与关务学院	国际商务1701	凌易群	上海市教育委员会
工商管理与关务学院	国际商务1701	叶贝	上海市教育委员会
工商管理与关务学院	国际商务1702	杨天豪	上海市教育委员会
工商管理与关务学院	国际商务1702	周睿彤	上海市教育委员会
工商管理与关务学院	审计学1701	严岑菲	上海市教育委员会
工商管理与关务学院	审计学1701	熊依盈	上海市教育委员会
工商管理与关务学院	审计学1702	王欣慧	上海市教育委员会
工商管理与关务学院	审计学1702	季炜玮	上海市教育委员会
工商管理与关务学院	物流管理1701	祝欣怡	上海市教育委员会
工商管理与关务学院	物流管理1701	薛玉婕	上海市教育委员会
海关外语系	英语1701	卫悦阳	上海市教育委员会
海关外语系	英语1702	吴一慧	上海市教育委员会
海关外语系	英语1702	唐岚琐	上海市教育委员会
海关法律系	法学1701	沈嘉晟	上海市教育委员会
海关法律系	法学1701	郜　萌	上海市教育委员会
海关与公共经济学院	税收学1701	叶　平	上海市教育委员会
海关与公共经济学院	税收学1701	蔡　萌	上海市教育委员会
海关与公共经济学院	税收学1702	张雅婷	上海市教育委员会
海关与公共经济学院	税收学1702	王丽媛	上海市教育委员会
海关与公共经济学院	税务专业研究生	范欣悦	上海市教育委员会
海关与公共经济学院	税务专业研究生	蒋悦	上海市教育委员会

第十二篇

大事记

2021年上海海关学院大事记

1月

▲1日　党委书记唐赟峰、校长丛玉豪慰问元旦在校值班人员和留校学生。

▲4日　学校举行升国旗仪式。

学校召开校长办公会议，会议共审议六项议题。

▲5日　党委书记唐赟峰赴市委党校出席2020年度市教卫工作党委系统单位党委（党组）书记抓基层党建工作述职评议会。

▲6日　人事处组织召开职能部门绩效考核总结会。

▲7日　校长丛玉豪赴上海交通大学医学院出席第二届上海市文明校园创建终期评估集中展示。

▲11日　学校召开校长办公会议，会议共审议六项议题。

学校召开2021年集中采购工作会议。

▲12日　综合保障处组织召开智慧教室建设工作研讨会。

▲13日　人事处组织召开海关与经贸研究院相关工作协商会。

▲13—14日　综合保障处组织召开智慧校园“十四五”规划以及综合保障改革座谈会。

▲14日　公共教学部举行陈志宏客座教授聘任仪式。

▲18日　校长丛玉豪主持召开校长办公会议，会议共审议五项议题。

学校召开形势分析及工作督查例会，全体校领导、科长及以上中层干部出席会议。

学校组织召开校务会议，全体校领导、科长及以上中层干部出席。

▲19日　党委办公室组织召开民主生活督导会。

学校与中国工商银行股份有限公司上海市分行签署战略合作协议。

▲20日　学校组织召开2020年度党政班子述职评议会。

▲20—21日　学校召开2021年度各部门绩效指标会商会。

▲28日　学校召开党委（扩大）会议，专题学习贯彻2021年全国海关工作会议和全面从严治党工作会议精神，研究学

校贯彻落实意见。党委班子全体成员及相关单位主要负责同志出席。

▲29 日　上海市教育委员会公布 2020 年度上海高等学校一流本科课程认定结果，学校《海关估价》《海关法》《海关稽查》及《海关国门安全危机事件处置虚拟仿真实验》四门课程成功入选上海高校一流本科课程。

2 月

▲1 日　学校召开校长办公会，会议共审议三项议题。

学校召开党委 2020 年度民主生活会暨党委 2021 年第三次会议。

▲11 日　校长丛玉豪、纪委书记侯长立、副校长李纳新在校与除夕留校人员共迎农历新年。

3 月

▲1 日　学校召开校长办公会议，会议共审议十项议题。

学校召开上海商务委口岸办课题调研会。

校领导带队对本学期各教学单位开设课程的在线建设情况进行检查。

▲2 日　教务处组织召开署级奖项申请事宜座谈会。

学校组织召开 2021 年全面从严治党工作会议及春季学期工作会议。全体校领导、各单位科级及以上领导干部、各支部书记、专职组织员、全体教授、专业带头人、教研室主任、实验室主任出席。

▲3 日　财务处组织召开 2021 年预算会商会。

▲4 日　综合保障处组织召开基建工作小组会议。

▲5 日　教务处组织召开海关检验检疫安全专业建设研讨会。

学校副校长李纳新带领党办、团委相关同志带队赴上海市文明办调研文明单位创建工作。

▲8 日　学校召开校长办公会议，会议共审议三项议题。

▲9 日　教务处组织召开教学工作例会。

总署召开 2021 年全国海关科技工作会议，校领导以视频形式参会。

研究生处组织召开 PICARD 认证工作会议。

马克思主义学院组织召开“国门中国”课程集体备课会。

人事处组织召开公开招聘校级面试。

▲10 日　学校召开 2021 年第一次预决算委员会会议。

纪委书记侯长立到图书馆开展工作调研。

▲11 日　综合保障处组织召开关于二期大修项目进展情况汇报会。

▲15 日　学校召开校长办公会议，会议共审议五项议题。

▲16 日　总署人事教育司召开海关类专业招生就业工作会，校长丛玉豪、副校

长岳龙参加会议。

学生处组织召开教学联动征求意见座谈会。

▲**17 日** 副署长胡伟来校出席全国海关学习贯彻党的十九届五中全会精神暨党史学习教育专题培训班开班仪式及海关总署党校校务委员会 2021 年全体会议并讲话。

学校举办与上海海关合作备忘录签约仪式，双方就课题研究、人才交流、学科建设、资源共享等方面开展全面合作。副署长胡伟出席仪式并见证签约，总署人事教育司、全国海关教育培训中心、上海海关及学校相关领导出席签约仪式。

第一期全国海关司局级干部学习党的十九届五中全会精神轮训班支委会在校召开。

▲**18 日** 学生处组织召开学生工作研讨会。

副署长胡伟听取学校“十四五”发展规划汇报及临港大道 11 号改造工作汇报，就学校“十四五”发展规划给出指导性意见，明确了临港大道 11 号总体功能定位为上海海关学院临港国际校区。

▲**22 日** 学校召开校长办公会议，会议共审议三项议题。

学校组织召开临港国际校区相关工作推进会。

▲**23 日** 教务处组织召开教学联动研讨会。

学生处组织召开学生党员党史学习教育研讨会。

教务处组织召开人才培养方案论证会。

学校召开党委理论中心组（扩大）党史学习专题会议，全体校领导出席。

▲**24 日** 学校组织召开《京都公约》相关工作研讨会。

▲**25 日** 纪委书记侯长立到学生处开展工作调研。

▲**26 日** 副校长李纳新赴上海师范大学参加 2021 年上海高校后勤工作会议。

研究生处组织召开学位点调研会。

学生处组织召开 2021 届毕业生就业工作会议。

▲**29 日** 学校召开校长办公会议，会议共审议三项议题。

党委书记唐赟峰赴上海展览中心出席上海市警示教育大会。

学校召开研究生招生复试工作会议。

▲**30 日** 第三期全国海关司局级干部学习党的十九届五中全会精神轮训班支委会及开班式在校召开。

教务处组织召开国家级教学成果奖获奖交流座谈会。

学校召开形势分析及工作督查例会。

原创话剧《关魂》第二季《怒海雄关》在校正式上演。总署思想政治工作办公室、广州海关、上海市教委等相关领导，合作单位与兄弟高校的领导和嘉宾，全体校领导、师生、培训学员观看了演出。

▲31日 教务处组织召开总署评奖评审相关工作研讨会。

发展规划处组织召开科研处“十四五”规划研讨会。

纪委书记侯长立到国际交流部开展工作调研。

4月

▲1日 纪委书记侯长立到海关与公共管理学院开展工作调研。

▲2日 第十二届全国大学生数学竞赛上海赛区暨第十二届上海市大学生数学竞赛（高教社杯）颁奖典礼举行，物流管理1801班蔡治强同学获得上海赛区一等奖，海关管理1905班奚晓龙同学、海关管理1907班王靖武同学获得三等奖。

▲6日 学校召开校长办公会议，会议共审议三项议题。

学校举行2021年党政工作部署会暨部门绩效指标签约仪式。

研究生处组织进行公共管理硕士研究生复试。

▲8日 纪委书记侯长立到工商管理与关务学院开展工作调研。

学校党委召开迎接总署巡视工作专题会议。

▲9日 纪委书记侯长立到海关法律系开展工作调研。

▲12日 总署党委第十二巡视组巡视上海海关学院工作动员会召开。

学校召开校长办公会议，会议共审议五项议题。

▲13日 第四期全国海关司局级干部学习党的十九届五中全会精神轮训班支委会及开班式在校召开。

教务处组织召开教学工作例会。

学校举行2021年度春季招聘会。

学校召开疫苗接种动员宣传会。

上海海关学院“校友之家”正式揭牌。

▲14日 副校长李纳新赴华东理工大学出席全国教育系统制止餐饮浪费工作会议。

▲15日 党校工作部组织召开“中国共产党领导下的海关革命斗争史”书稿编写集中工作。

▲16日 综合保障处举行支部节粮专题集中学习。

▲19日 学校召开校长办公会议，会议共审议四项议题。

▲20日 第五期全国海关司局级干部学习党的十九届五中全会精神轮训班支委会及开班式在校召开。

学校举行中央党校中央和国家机关分校2021年春季中青班（总第18期）开学典礼及支委会。

学生处组织召开辅导员工作会议。

教务处组织召开智慧教室启用工作会。

“马克思主义传播在中国——文献中的百年党建”红色专题图片展在图书馆举办。

▲21日　东方国际（集团）有限公司一行八人来学校调研座谈。

纪委书记侯长立到教务处开展工作调研。

▲22日　纪委书记侯长立到海关外语系开展工作调研。

▲23日　教务处组织召开新文科项目申报研讨会。

▲25日　学校召开校长办公会议，会议共审议四项议题，传达两项内容。

学校召开党的建设领导小组暨党史学习教育领导小组会议。

▲27日　副校长李纳新出席全国海关系统卫生检疫工作电视电话会议。

国家移民局党校来访，副校长李纳新出席会面。

学校召开学校形势分析及工作督查例会，全体校领导、各单位主要负责人出席会议。

▲28日　纪委书记侯长立到海关与公共经济学院开展工作调研。

▲29日　研究生处组织召开校学位评定委员会会议。

纪委书记侯长立到海关外语系开展工作调研。

党委书记唐赟峰走进课堂，为一至三年级、九个专业近150名本科生带来“国门中国”系列课程第一讲。

▲30日　校长丛玉豪、副校长岳龙赴上海市委党校出席上海市研究生教育工作会议。

5月

▲6日　学校举行升国旗仪式。

综合保障处组织召开基建工作小组会议。

学校召开校长办公会议，会议共审议五项议题，传达两项内容。

▲9日　党委书记唐赟峰、校长丛玉豪、副校长岳龙组成的学校代表队参加上海市第九届教职工运动会高校“校长杯”健步走比赛。

▲11日　学党史、强信念、跟党走——“书记零距离”青年学子座谈会举办。

▲12日　驻署纪检监察组组长陶治国来校调研，对学校党委提出三点要求：一要旗帜鲜明讲政治，全面贯彻新时代党的教育方针；二要坚持全面从严，推进管党治党责任落实落地；三要突出以上率下，管好班子带好队伍。陶组长参观了学校图书馆、校史馆，并视察教学现场。

▲17日　学校召开校长办公会议，会议共审议两项议题，传达两项内容。

原创话剧《关魂·怒海雄关》成功入围上海市大学生话剧节线上竞选单元的决赛。

▲18日　学校官方微信在“上海教育”上获评4月最佳进步奖。

▲20日　副署长胡伟通过视频会议形式听取了学校临港国际校区建设推进情况汇报。

▲**25日**　学校召开形势分析及工作督查例会。

学校原创舞蹈作品《关·守》在上海市第六届“汇创青春”——上海大学生文化创意作品展示活动戏剧舞蹈类优秀作品展演和全国第六届大学生艺术展演上海市展演活动中均收获二等奖。

以“青春艺韵心绽放，百年征程启新章”为主题的校园文化节开幕。

▲**26日**　副署长胡伟通过视频会议形式主持召开海关史研究座谈会，听取了上海海关学院、中国海关学会、中国海关博物馆主要负责同志，有关老同志，办公厅负责同志，海关系统专家关于海关史特别是新中国海关史研究情况的汇报。

▲**27日**　学校召开党委理论中心组（扩大）会议，专题学习《中国共产党普通高等学校基层组织工作条例》。总署党史学习教育第七巡回指导组到会指导。

▲**30日**　原创话剧《关魂·怒海雄关》斩获第六届“汇创青春”——上海大学生文化创意作品展示季一等奖。

▲**20—30日**　学校工会联合举办庆祝“六一”儿童节系列活动。

▲**31日**　学校召开校长办公会，会议共审议七项议题。

综合保障处组织召开网络信息安全小组工作会议。

人事处组织召开专业技术职务聘任委员会会议。

财务处组织召开2022—2024年项目支出需求会议。

党委书记唐赟峰赴公共教学部党支部调研。

6月

▲**1日**　学校与济南海关在校签署合作备忘录。

学生处在篮球场组织庆祝建党100周年快闪和党史宣讲活动。

教务处组织召开新专业申报专家论证会。

学生处举办“不负韶华　职引未来”求职模拟大赛。

学生处组织召开“百年伟力　青春梦扬”庆祝建党一百周年主题活动暨五四表彰活动。

人事处组织召开离退休干部工作领导小组专题会议。

学校举行中青班座谈会。

纪委书记侯长立赴财务处开展工作调研。

▲**3日**　纪委书记侯长立赴检验检疫技术交流部调研。

▲**4日**　学校举办第三十期志远讲坛暨“学史·铸魂”红色讲坛活动，邀请中国延安干部学院科研管理处副处长、教授李瑞芳到校授课，海关系统第十八期中青班全体学员、党委班子成员、基层党务工作者和师生代表等聆听专题报告。

▲**7日**　检验检疫技术交流部组织召开工作推进会。

▲8 日　教务处组织召开教学工作例会。

国际交流部举办“一带一路”业务骨干高级英语强化班结业式。

纪委书记侯长立赴人事处调研。

▲9 日　综合保障处组织召开基建工作小组会议。

▲10 日　学校召开学位评定委员会会议。

▲15 日　学校召开校长办公会，会议共审议九项议题。

“两优一先”评选领导小组会议召开。

总署党委理论学习中心组（扩大）学习暨党史学习教育读书班视频会议召开，全体校领导参会。

▲16 日　纪委书记侯长立赴党委办公室开展工作调研。

发展规划处组织召开新时代教育评价改革推进会。

教务处组织召开高校分类评价工作布置会。

▲17 日　纪委书记侯长立赴发展规划处、校长办公室调研。

▲18 日　学校 2021 届毕业典礼暨学位授予仪式在学生活动中心大礼堂举行。全体校领导、学位评定委员会委员、相关部门和院系负责同志、教师代表、家长代表出席了毕业典礼。

▲21 日　学校召开校长办公会，会议共审议四项议题。

学校召开形势分析及工作督查例会，全体校领导、各单位主要负责同志出席会议。

▲22 日　综合保障处组织召开公有住房工作小组会议。

▲23 日　校长丛玉豪带队赴普洛斯调研交流，相关部门负责同志陪同参加调研。

▲24 日　副校长李纳新带队赴上海海关保健中心调研。

副校长李纳新赴市教委参加文明校园答辩会。

学校邀请上海市教委政策法规处处长郁能文为学校作“高等学校依法治校的新形式新任务”专题讲座，学校各单位代表参加讲座。

▲25 日　党校工作部组织召开中青班论文答辩。

▲27 日　党委书记唐赟峰带队开展校园安全大检查。

▲28 日　综合保障处组织召开垃圾分类管理工作会议。

▲29 日　学校召开校长办公会，会议审议两项议题。

▲30 日　党校工作部组织召开中青班学习伟大抗疫精神访谈课。

7 月

▲1 日　学校党委班子全体成员、13 个直属党支部师生党员及群众通过电视直播集中收看庆祝中国共产党成立 100 周年大会。

学校在图书馆举办“奋斗百年路启航新征程”庆祝建党百年系列主题展览。

▲2 日 学校党委召开专题会议，学习习近平总书记在庆祝中国共产党成立100周年大会上的重要讲话精神。在校党委班子成员参加学习，并作交流研讨。

▲5 日 学校庆祝中国共产党成立100周年主题活动暨“两优一先”表彰大会举行。党委班子成员，处科级领导干部、师生党员代表及中青班学员代表，“光荣在党50年”纪念章获得者、获上海市表彰的先进个人和集体、校级“两优一先”荣誉获得者出席。

马克思主义学院组织参加上海大中小学思政课一体化建设党史学习教育主题教学展示活动。

党校工作部组织召开中青班座谈会。

党校工作部组织召开中青班结业晚会。

▲6 日 党校工作部组织召开中青班结业典礼。

学校七届教职工代表大会暨第十届工会会员代表大会第二次会议召开。

▲7 日 校长丛玉豪会见带队来访的上海建平中学西校校长赵之浩等一行，副校长李纳新、学校有关职能部门同志陪同会见。

▲8 日 学校召开校长办公会，会议共审议八项议题。

学校举行加强新冠肺炎疫情安全防护工作视频会议。

▲9 日 副校长李纳新带队实地检查校园安全及新冠肺炎疫情防控部署落实情况。

▲16 日 学校《国际经济学》（线下课程）、《高等数学》（线上线下混合式课程）、《国际贸易实务》（全英语课程）三门课程获批2021年度上海高校市级重点课程立项。

▲23 日 学校召开校长办公会，会议审议了学校2021年秋季学生住宿安排情况等议题。

▲25 日 校长丛玉豪、副校长岳龙在台风来临前率队进行校园安全检查。

8月

▲10 日 总署党委第十二巡视组巡视学校党委巡视情况反馈视频会举行。副署长胡伟出席会议并讲话，巡视组组长杨德春向学校党委反馈巡视意见。

上海特派办召开巡视整改监督视频会议，上海特派办副主任徐华良出席会议并讲话，上海特派办巡视工作处副处长曲艳，学校纪委书记侯长立、副校长李纳新、相关部门主要负责同志出席会议。

9月

▲6 日 学校召开校长办公会，会议共审议九项议题。

▲7 日 学校组织召开学习习近平总书记“七一”重要讲话读书班现场教学活动，全体校领导出席活动。

综合保障处组织召开安保合同签订研讨会。

▲8 日　学校组织召开学习习近平总书记“七一”重要讲话专题辅导报告会。

公有住房工作小组组织召开南北楼教工宿舍腾退专项工作组会议。

▲9 日　学校组织开展本年度秋季开学的新冠肺炎疫情防控演练。

学校组织召开 2021—2022 学年第一学期工作会议暨庆祝教师节、警示教育大会。

▲10 日　学校组织召开党委巡视整改专题民主生活会。

临港国际校区工作专班及基建工作小组组织召开筹建临港国际校区工作专班暨基建工作小组会议。

教务处组织召开教学工作例会。

总署向学校发来教师节慰问信。

▲11—12 日　学生返校和新生报到顺利进行。

▲13 日　学校召开学校党委 2021 年第 21 次党委会议暨巡视整改专题民主生活会。

学校召开校长办公会，会议共审议九项议题。

▲16 日　党委书记唐赟峰、副校长岳龙到学校篮球场检查指导 2021 级本科新生军训工作，看望慰问军训学生和教官。

▲17 日　学校召开校长办公会，会议共审议两项议题。

学校举行 2021 级新生开学典礼。

▲21 日　中秋节当日，校长丛玉豪、副校长岳龙带领校相关部门负责人看望和慰问在校坚持工作的教职工和留校学生。

▲22 日　财务处组织召开集中采购工作组会议。

上海市教育委员会召开上海市学校 2021 年秋季开学新冠肺炎疫情防控工作视频会议，副校长李纳新、副校长岳龙以及学校新冠肺炎疫情防控工作组的全体成员单位通过视频方式参会。

▲23 日　教务处组织召开“海关稽查”本科新专业设置专家论证会。

校长丛玉豪接待华为公司到访。

教务处组织召开“海关国门安全”本科新专业设置专家论证会。

学生处组织召开 2022 年上海退役大学生免试专升本政策研制研讨会。

▲24 日　教务处组织召开海关高等教育优秀教学成果评选工作会议。

党委书记唐赟峰、校长丛玉豪、副校长李纳新通过视频会议形式参加上海高校党的建设工作会议。

学校组织召开校园安全演练活动。

▲26 日　纪委书记侯长立参加上海市高校系统纪检监察培训会。

▲27 日　新冠肺炎疫情防控工作小组组织召开新冠肺炎疫情防控工作会议。

▲28 日　教务处组织召开课程思政指导委员会会议。

▲29 日　纪检监察室组织召开巡视整改监督工作推进会。

学校召开形势分析及工作督查例会。

学生处组织召开上海市青春期与性心理工作委员会家校共育研讨会。

▲30 日 党委书记唐赟峰、校长丛玉豪、副校长李纳新参加 2021 年上海高校宣传德育工作会议。

研究生处组织召开 2022 年上海市硕士研究生考试招生工作会议。

10 月

▲8 日 学校组织召开升旗仪式，全体校领导及各部门代表参加。

▲11 日 学校召开校长办公会，会议共审议 13 项议题。

▲12 日 学校党委理论学习中心组（扩大）学习习近平总书记“七一”重要讲话精神专题交流会在校举行。

▲13 日 学校举行 2021 年敬老节“回娘家”活动，部分离退休教职工代表受邀参加。

校长丛玉豪为大一新生上了题为“学习习近平新时代中国特色社会主义思想，做实现中华民族伟大复兴中国梦的接班人”的思政课。

▲15 日 学校党委班子集体听了青年教师《思想道德修养与法治》课，并随后召开思政工作现场办公会议。

▲18 日 学校开展文明校园建设暨准军事化内务规范检查。

▲19 日 党校工作部组织召开中青班支委会。

党委办公室组织召开巡视整改工作督导会。

▲21 日 党校工作部组织召开中青班开学典礼。

▲21—23 日 学校在苏州分校举办支部书记培训班。

▲25 日 学校召开校长办公会，会议共审议五项议题。

▲26 日 教务处组织召开教学工作例会。

学生处组织召开少数民族学生大会。

学校召开节约粮食整改工作协调会。

▲27 日 学生处组织召开“生命守门人”培训班开班式。

国际交流部组织召开 RTC 主任会议开幕式。

学校召开形势分析及工作督查例会。

学校举办 2021 年度退役士兵迎接仪式暨退役军人适应性培训动员会。

副校长李纳新率队赴上海工程技术大学就做好新时代高校宣传思想工作开展专题调研。

▲26 日 学校召开节粮爱粮工作推进会。

▲28 日 新冠肺炎疫情防控工作小组组织召开新冠肺炎疫情防控工作小组会议。

总署财务司司长王新平赴学校临港国际校区检查校区建设工作。

▲29 日 学校举行第三十二届运动会。

教务处组织召开东北片高校合作办学教学协作组第191次会议。

11月

▲**1日**　学校召开校长办公会，会议共审议四项议题。

学校召开党的建设领导小组暨党史学习教育领导小组工作会议。

▲**2日**　研究生处组织召开博士、硕士学位授权单位和学位点建设工作会。

学校举行校园招聘会。

▲**3日**　党委书记唐赟峰参加教育系统安全稳定和新冠肺炎疫情防控工作会议。

▲**4日**　总署风险管理司与学校合作备忘录签署仪式举行。

学校遴选119位在校生参加第四届中国国际进口博览会志愿服务工作。

▲**8日**　学校召开校长办公会，会议共审议五项议题。

校长丛玉豪、副校长岳龙来到第四届中国国际进口博览会主会场看望慰问服务在会场第一线的学校志愿者。

▲**9日**　学校学生在2021年“知行杯”上海市大学生社会实践项目大赛中获四个三等奖。

▲**10日**　学校举行大学生体质健康测试中心揭牌仪式。

▲**11日**　学校获批国际商务、翻译两个硕士专业学位授权点。

▲**12日**　副校长岳龙带队走访上海自贸区临港新片区管委会、临港集团。

▲**13日**　学校三个项目获首批新文科研究与改革实践项目立项，获批数位列上海高校第十位。

▲**14日**　校健美操、啦啦操队获2021年上海市学生阳光体育大联赛啦啦操比赛（高校组）集体自选花球一等奖。

▲**15日**　学校召开校长办公会，会议共审议两项议题。

学校召开党委理论学习中心组扩大会议，学习贯彻党的十九届六中全会精神。

▲**18日**　校长丛玉豪、副校长岳龙，相关部门负责同志参加上海市博士学位授予单位培育建设项目答辩评审会。

▲**19日**　学校纪委召开纪检监察业务培训会议。

▲**22日**　学校召开校长办公会议。

▲**23日**　教务处组织召开教学工作例会。

副校长李纳新赴海关与公共管理学院进行意识形态责任制落实情况实地督查。

学校召开形势分析及工作督查例会。

学校组织师生进行新冠肺炎疫苗加强针集中接种。

▲**24日**　研究生处组织召开招生工作会议。

▲**29日**　学校召开校长办公会。

党委书记唐赟峰、副校长李纳新出席统一战线与民族宗教工作领导小组会议。

学校举行海关与公共管理学院大学生研习中心揭牌仪式。

▲30 日　副校长岳龙赴教育考试院参加基础教育考试命题高校协作会。

12 月

▲1 日　全体校领导参加总署学习党的十九届六中全会精神专题学习班辅导报告会。

▲11 月 30 日—12 月 6 日　学校召开 2021 年度基层党组织书记抓党建工作述职评议考核会。

▲6 日　学校举办第九届心理剧表演大赛。

▲7 日　学校召开部门绩效考核现场述职会。

海关管理 1904 班获得本年度“校长杯”篮球赛冠军。

▲12 日　校健美操、啦啦操队参加 2021 年上海市大学生健美操锦标赛，荣获轻器械健身操项目第一名。

▲13 日　学校召开校长办公会。

副校长岳龙出席海关高级英语翻译网上培训班开班式。

副校长李纳新、副校长岳龙带队开展新冠肺炎疫情防控实地检查。

学校举办研究生导师科研和心理健康教育工作研讨会。

▲14 日　教务处组织召开上海市一流本科引领项目论证会。

▲15 日　副校长李纳新率工会赴上海尚德实验学校调研。

▲16 日　学校召开巡视整改领导小组办公室成员单位会议。

▲18 日　学校举办 MIB 学位点建设研讨会。

▲20 日　学校召开校长办公会。

▲21 日　教务处组织召开教学工作例会。

▲24 日　学校召开理论学习中心组扩大会议。

▲27 日　学校举办中青班毕业典礼。

学校召开校长办公会。

▲29 日　学校召开形势分析及工作督查例会。

▲30 日　中国海关管理干部学院来校调研。

附录

上海海关学院历史沿革

上海海关学院是经教育部批准设立的具有本科和硕士研究生层次的全日制普通高校，系统设置海关类课程和专业，由总署直接领导和管理。学校位于上海浦东新区华夏西路（中环线）5677号。

上海海关学院前身为上海海关学校。1951年5月，总署在上海举办干部训练班，并酝酿筹建上海海关学校。1952年年初，为适应海关业务需要，总署决定创办一所中等专业学校，经中央财经委员会批准后，决定将校址设在上海，由上海海关代总署直接领导，并成立建校筹备委员会，上海海关关长兼任主任委员。人员从各地海关借调干部数人，雇佣医师、护士、教员各1人，工友2人构成。上海海关学校于1953年9月14日正式开学，因校址未建成，暂时在上海海关大楼上课、住宿，同年11月12—18日，迁校于汾阳路45号。上海海关学校是中华人民共和国成立后第一所部属中等海关专业学校，它的任务是为全国海关培养有社会主义觉悟、有文化、又红又专的海关干部，同时也承担海关干部在职培训任务。

1953—1966年，是上海海关学校的发展提高时期。这一期间，上海海关学校共招收九届学生，招生对象先为初中毕业生，后转为招收高中毕业生，招生地区由上海扩大至全国。在1958年教育革命中，明确培养立场坚定、思想进步、身体健壮、热爱劳动、热爱海关专业、机智灵敏、遵守纪律、初步具有运用马列主义毛泽东思想来分析和处理问题的实际能力，具有高中的文化程度和海关业务的基本知识，能在海关工作中初步运用一门外语和具有独立工作能力的海关干部。1961年，根据上海市文教会议和外贸部教育工作座谈会的精神，学校把培养目标修订为“根据党的教育方针和国家建设的需要，培养具有社会主义觉悟，掌握一定文化科学知识，具有海关工作的基本理论知识和实际技能，身体健康，既能从事脑力劳动，又能从事体力劳动的海关干部”。上海海关学校自1959年7月起，被教育部批准为机密性专业，招生条件按机密性专业要求招收，培养目标仍为中等海关专业人才。1958—1960年，为提高海关工作骨干力量的政治和业务水平，上海海关学校还举办了两期干部培训班（老干部特别班），培养工农干部84人，对改善海关干部结构起了积极的作用。从1953年建校到1966年“文化大革命”前的13年间，学校共培养1,208名毕业生。广大毕业生服从国家需要，热爱海关工作，从内地到边疆，都留下了关校毕业生的足迹，许多人成长为肩负重任的海关领导和业务骨干。上海海关学校为全国各地海关培养干部做出了积极的贡献。

1968年8月，上海海关学校被撤销，并入上海外贸学院。上海外贸学院自1972年4月起停办，上海海关学校与被撤销的上海外贸学院一起并入上海外国语学院，培养海关专门人才的教育任务中断长达十多年。

“文化大革命”结束后，随着国家的工作重点转向以经济建设为中心，海关干部队伍的质量、海关人员的专业知识和外语水平普遍下降，干部来源没有正常渠道。为适应新形势要求，1978年4月，上海海关学校经对外贸易部批准复校，定名为上海海关干部学校，9月正式复校。

1979年以后，上海海关干部学校进入了一个新的发展时期。海关教育作为海关现代化建设的战略重点之一，在总署的关怀下，各方面有了很大的发展，其任务是培养有理想、有道德、有文化、有纪律的海关现场业务骨干。

1979年2月，总署决定先举办海关干部外语培训班，招生对象是政治思想进步、热爱海关工作、具有中学文化程度和一定外语基础、35岁以下、身体健康的业务干部。来自全国15个海关的100名学员参加了学习。与此同时，组织力量筹建上海海关专科学校，招收高中毕业生，培养德智体全面发展的、具有一定外语水平和实际工作能力的监管员。同年秋，参加全国高等学校的统一招生，从上海地区招收高中毕业生32人，开办第一届大专生班。

1980年5月8日，经国务院批准，以上海海关干部学校为基础，改建为上海海关专科学校。上海海关专科学校作为一所由总署直属、专门为全国海关培养高级海关管理专业人才的高等学校，设置海关管理专业，面向全国招收高中毕业生，学制三年。1985年11月1日，时任总署署长戴杰来上海海关专科学校视察工作，对学校的办学方向、教学管理工作的改革作了重要指示。上海海关专科学校据此提出了“海关学校为海关，依靠海关办学校”的指导思想。

1990年9月，时任总署署长戴杰在教师节庆祝大会上发表了重要讲话，首次提出了到浦东筹建新校的设想。1992年，根据总署关于“坚持促进为主的方针，为开发开放浦东服务”的指示，以及上海市人民政府教卫办关于浦东新区教育“八五”启动项目建设和十年规划的设想，上海海关专科学校在浦东建校被列入教育发展的“八五”规划之中。1992年5月，时任总署署长戴杰在上海现场办公时指示上海海关协助搞好学校在浦东的选址，并在会见时任上海市委书记吴邦国同志时，请上海市委对上海海关专科学校在浦东建立新校工作予以支持。1992年7月18日，时任上海市委书记吴邦国、上海市市长黄菊在康平路市委办公室邀请上海海关领导进行座谈，总署指示上海海关将学校迁址浦东的问题列入向市领导请示汇报的四个问题之一。黄菊市长当即对学校迁址至浦东征地一事谈了相关意见。1993年总署对沪关校（1993）24号文《关于关校校址论证情况及选址意见的报告》作出批复，决定上海海关专科学校迁校选址建设。上海海关专科学校浦东新校位于浦东北蔡镇东南，占地面积约12.93万平方米，规划建筑面积约5万平方米。

1995年5月，总署在上海召开了全国海关教育培训工作会议，确立了海关教育事业的战略地位，为学校全面推进准军事化管理指出了明确的目标和方向。1995年，时任总署署长钱冠林、上海市副市长孟建柱来上海海关专科学校祝贺教师节，在总署领导的关心和全国海关的支持下，在庆祝教师节期间成立了校董事会，并建立了教育发展基金，为学校教学改革深入发展创造了条件。

1996年4月，国家教委计划建设司根据《普通高等学校申请更改名称问题的规定》和《关于加强普通高等专科教育工作的意见》，同意上海海关专科学校改名为上海海关高等专科学校。

1997年，根据国家教委关于高等专科学校的办学指导思想和海关教育培训工作会议精神，上海海关高等专科学校积极探索海关高层次专业人才的培养模式，明确提出把培养目标定位于“应用与复合型”，并分别提出了符合实际的规格要求和衡量培养目标现实状况的评价标准。同年8月8日，时任国务院副总理李岚清同志为学校四十五周年校庆题词：办好海关高等教育，造就更多的海关优秀人才。

1997年暑假，上海海关高等专科学校正式搬迁至浦东新校区。10月15日，时任总署署长钱冠林视察浦东新校，提出上海海关高等专科学校应向更高层次发展。为谋求发展，上海海关高等专科学校多次与上级领导、专家研讨办学模式，努力寻求合理、有效、可行的途径，以实现“专升本”的战略目标。为实现总署在《关于加强教育培训工作的决定》中提出的把学校“逐步办成本科学院”和“办成教学、科研、国际合作与交流基地”的目标，建立本科学院成为整个海关系统较为紧迫的任务。

从1997年开始，上海海关高等专科学校积极酝酿、探讨“升本”模式和方案，曾先后于1998年、1999年和2000年三次向总署提交了筹办本科学院的方案和实施意见。1999年2月19日，应总署邀请，时任中共中央委员、教育部部长陈至立前来浦东新校视察和考察学校“专升本”，表示支持总署办本科学院，具体条件可适当考虑，但要加大投入，积极创造条件，待基本具备办学条件后，再正式申报。

2000年10月30日，总署党组作出决定，将中国海关管理干部学院迁址上海。2001年8月24日，总署批复学校机构升格为正局级机构，对外加挂“海关管理干部学院”院牌，运行模式为两块牌子一套班子。2001年10月，中国海关管理干部学院正式迁址上海。2002年5月18日，原海峡两岸关系协会会长、原上海市市长汪道涵先生专门为迁地上海后的“海关管理干部学院”题写校名。

2001年7月13日，总署党组根据海关事业发展和队伍建设的需要，为上海海关高等专科学校确定了“学历教育要调整，培训力度要加大”的发展指导方针。2003年11月8日，上海海关高等专科学校举行成立50周年庆典大会，时任总署署长牟新生在会上提出了学校升本的发展目标。

2004年11月24日，世界海关组织（WCO）亚太培训中心在上海海关高等专科学校成立，作为世界海关组织（WCO）亚太培训中心，承担区域海关人员的培训任务，为学校办学的专业化、区域化和国际化提供了更广阔、更深远的发展空间。

2005年4月13日，总署在上海海关高等专科学校设立中共海关总署党校。2006年8月10日，经总署党组研究决定，依托上海海关高等专科学校组建海关国际问题研究中心，主要职责是通过加强对中国海关参与国际合作中政策性、专题性、前瞻性问题的研究力度，及时跟踪国际海关领域出现的新动向，完成总署拟定的海关国际合作领域的课题研究，撰写研究论文，编写相关刊物，为总署领导和有关部门、直属海关参加国际交流和应对国际问题提供参考。

2007年3月19日，教育部发布《教育部关于同意在上海海关高等专科学校基础上正式设立上海海关学院的通知》，标志着上海海关高等专科学校“专升本”工作取得了成功，升格为本科院校，更名为上海海关学院。2007年6月6日上午，上海海关学院正式成立暨全国海关教育培训工作会议在上海海关学院举行，时任上海市委书记习近平和时任总署署长、党组书记牟新生为上海海关学院揭牌，时任上海市市长韩正代表上海市委、市政府表示祝贺。

2010年8月30日，总署批复同意学生处对外加挂“上海海关学院党委学生工作部”牌子，培训部对外加挂“中共海关总署党校工作部”牌子。

2011年10月17日，国务院学位办将学校列为学士学位授予单位开展培养硕士专业学位研究生试点工作建设单位。10月27日，时任总署署长于广洲批示：“努力提升学院人才培养质量，及时做好相关工作。”

2012年6月26日，学校与总署关税

征管司、上海海关签署了联合培养税务硕士研究生的合作备忘录。三方通过实施双导师制、毕业论文选题机制等创新举措，共同培养税务硕士专业学位研究生。

2013 年 4 月 18 日，总署原署长牟新生受聘为上海海关学院名誉校长。

2016 年 4 月，学校顺利通过本科教学工作合格评估。

2016 年 7 月 25 日，总署任命丛玉豪教授担任学校校长。丛玉豪校长到任后，进一步明确办学方向，凝练办学思路：始终坚持社会主义办学方向，全面贯彻落实党的教育方针，落实立德树人根本任务；在总署的领导和上海市教委的指导下，坚持和完善党委领导下的校长负责制，融入海关，服务国家和地方经济社会发展；围绕“人才强校、关校融合、国际化”三大战略，以需求、目标、问题、效果为导向，坚持继承、稳定、改革和发展，立地顶天，依特做特，以特促强，走特色办学的内涵发展之路。自此，学校发展步入快车道。

2018 年 5 月 10 日，学校正式获得硕士授予单位授权，同时获得税务硕士和公共管理硕士两个授权点。

2019 年 4 月，时任总署署长倪岳峰和时任上海市市长应勇签署署市合作备忘录。在备忘录中，总署与上海市决定共建上海海关学院。

2019 年年末，学校海关管理专业获批国家级一流本科专业建设点，税收学专业获批省级一流本科专业建设点。

2021 年，学校设立上海海关学院临港国际校区，获批国际商务、翻译硕士两个专业学位授权点，顺利纳入上海市博士授予单位培育建设名单以及上海市博士后流动站建设筹备单位名单。

学校一直是海关干部培训的重要基地之一，承担总署下达的国际国内培训任务，承担海关系统中、高级干部继续教育、知识更新和业务培训等任务，先后举办各类各级岗位培训班、局处领导干部培训班、非海关专业的大学生培训班，不定期地举办专题研讨班和海关业务骨干强化班等短期培训班。

涉外培训始于 1999 年，迄今为止已有越南、蒙古国、哈萨克斯坦、美国、荷兰、委内瑞拉、朝鲜、中亚区域国家、非洲国家和联合国环境规划署、世界海关组织、世界贸易组织、上海合作组织等 140 多个国家、地区或国际组织以及我国香港、澳门地区学员，来学校参加培训。

学校积极参与地方两个文明建设，自 2001 年至今，学校已连续十次被评为“上海市文明单位”，在传播海关文化、树立海关形象等方面做出了应有的贡献。

后记

后 记

编纂出版年鉴，是总署党委贯彻落实习近平总书记关于修史修志、借鉴历史等重要指示批示精神，推动党史学习教育常态化、长效化的重要举措，也是加强海关史研究的一项重要基础性工作。

学校是海关系统直属单位，认真贯彻总署党委部署，将年鉴编纂作为总结学校改革发展经验、深化校园文化建设的一项重要工作来组织推进，成立由党委书记和校长为首的年鉴编纂委员会，组建由海关史研究院牵头负责、各院系部门撰稿人组成的年鉴编辑部，分管校领导全程督导跟进，制订工作方案，明确任务分工及进度要求，积极参与《中国海关年鉴（2022）》的撰稿，独立编纂出版《上海海关学院年鉴（2022）》，致力在海关史研究和海关修史编志中发挥应有作用。

《上海海关学院年鉴（2022）》的编纂出版，始终坚持以习近平新时代中国特色社会主义思想为指导，把好政治关、史实关、特色关，增强"四个意识"、坚定"四个自信"、做到"两个维护"，全面记述了2021年学校事业发展取得的新进展、新成绩、新局面，客观反映了学校推动教育改革发展的重大部署、重大举措、重大事件，以便起到存史资政、团结育人的作用。

《上海海关学院年鉴（2022）》的编纂出版，从2021年12月底启动至今付梓，历时近一年时间。2022年3月至6月间，因受新冠肺炎疫情影响学校封闭管理，工作进度有所放缓，之后学校克服新冠肺炎疫情影响，通过线上线下结合的方式，相继完成资料收集整理、编目大纲编制审定、分目撰稿、年鉴文稿统稿及校审等工作，经校长办公会审议后，最后按期上报总署关史办审稿、交付中国海关出版社有限公司编辑出版。

《上海海关学院年鉴（2022）》的编纂出版，得到总署关史办、上海市地方志办公室领导和专家们的悉心指导，也得到全校各院系部门的鼎力支持配合，凝聚着编纂委员会委员、编辑部人员的心血，谨此一并致以衷心感谢！

按照总署党委提出的"打造精品年鉴"要求，学校年鉴编纂委员会和编辑部人员边学习边探索边实践，收获了经验和信心，为今后更好地推进年鉴编纂出版工作奠定了基础。因为是首部年鉴，时间紧、任务重，难免存在疏漏和不足，期望读者们予以指正，我们将在今后工作中不断改进提高。

《上海海关学院年鉴（2022）》编纂委员会
二〇二二年十一月

“中国海关史料丛书” 编委会